1 MONTH OF
FREE
READING

at
www.ForgottenBooks.com

By purchasing this book you are eligible for one month membership to ForgottenBooks.com, giving you unlimited access to our entire collection of over 700,000 titles via our web site and mobile apps.

To claim your free month visit:

www.forgottenbooks.com/free375526

ISBN 978-0-332-43319-6
PIBN 10375526

CLASSIQUES FRANÇOIS.

COLLECTION

DU

PRINCE IMPÉRIAL

DÉDIÉE

A SON ALTESSE IMPÉRIALE

AVEC

L'AUTORISATION DE L'EMPEREUR.

PARIS. TYPOGRAPHIE DE HENRI PLON,

RUE GARANCIÈRE, 8.

LA RUE

UVRES

COMPLÈTES

BRUYÈRE

IE PREMIER.

PARIS,

PLON, ÉDITEUR,

RUE GARANCIÈRE.

RE, BIBLIOPHILE.

MDCCCLXXII

AVERTISSEMENT.

C'est un sujet continuel de scandale et de chagrin pour ceux qui aiment les bons livres et les livres bien faits, que de voir avec quelle négligence les auteurs classiques se réimpriment journellement. L'ignorance, l'étourderie, ou le faux jugement des divers éditeurs, y ont successivement introduit des fautes et des altérations de texte, que l'on répète avec une désolante fidélité. On fait plus ; on y ajoute chaque fois des fautes nouvelles, et la dernière édition, ordinairement la plus belle de toutes, est souvent aussi la plus mauvaise. Que falloit-il faire pour échapper à ce reproche ? Simplement recourir à la dernière édition donnée ou avouée par l'auteur, et la reproduire avec exactitude. C'est ce que nous avons fait pour les *Caractères* de la Bruyère[1]. Nous ne vou-

___

[1] La huitième et dernière édition originale, publiée

lons pas nous prévaloir d'un soin si facile et si peu méritoire; mais nous devons justifier, par quelques exemples, la sévérité avec laquelle nous venons de parler de ceux qui l'ont négligé.

La Bruyère, écrivain original et hardi, s'est souvent permis des expressions qu'un usage universel n'avoit pas encore consacrées; mais il a eu la prudente attention de les souligner : c'étoit avertir le lecteur de ses témérités, et s'en justifier par là même. L'aversion des nouveaux typographes pour les lettres italiques les a portés à imprimer ces mêmes mots en caractères ordinaires. Ce changement, qui semble être sans conséquence, fait disparoître chaque fois la trace d'un fait qui n'est pas sans utilité pour l'histoire de notre langue; il nous empêche de connoître à quelle époque tel mot, employé aujourd'hui sans scrupule, n'étoit encore qu'un néologisme plus ou moins audacieux. Nous

par l'auteur en 1694, est celle qui nous a servi de copie. — Une neuvième édition, portant la date de 1697, était en cours d'impression lorsque La Bruyère mourut : elle ne diffère de la précédente que par une moins bonne correction, dont la responsabilité doit être renvoyée à l'imprimeur.

avons rétabli partout les caractères italiques [1].

La Bruyère ne peint pas toujours des caractères ; il ne fait pas toujours de ces portraits où l'on doit reconnoître, non pas un individu, mais une espèce. Quelquefois il particularise, et écrit des personnalités, tantôt malignes, tantôt flatteuses. Alors, pour rendre la satire moins directe, ou la louange plus délicate, il use de certains artifices qui ne trompent aucun lecteur ; il jette, sur son expression plutôt que sur sa pensée, certains voiles qui ne cachent aucune vérité. Ce sont ou des lettres initiales, ou des noms tout en blanc, ou des noms antiques pour des noms modernes. Fiers de pouvoir révéler ce que n'ignore personne, nos récents éditeurs, au lieu de mettre en note un éclaircissement inutile, mais innocent, ont altéré le texte de l'auteur, soit en suppléant ce qu'il avoit omis à dessein, soit en substituant le nom véritable au nom supposé. Ainsi

---

[1] Nous avons également rétabli en lettres capitales les noms que La Bruyère a voulu voir ainsi imprimés. (*Voyez* tome II, page 331, la Préface de son *Discours à l'Académie*.)

quand La Bruyère dit : « Quel besoin a *Tro-*
« *phime* d'être cardinal? » bien sûr que ni son
siècle ni la postérité ne pourra hésiter à reconnoître dans cette phrase le grand homme
qu'on s'étonna de ne point voir revêtu de la
pourpre romaine, et de qui elle eût reçu plus
d'éclat qu'il n'auroit pu en recevoir d'elle, ces
éditeurs changent témérairement *Trophime* en
Bénigne; et, comme si ce n'étoit pas assez
clair encore, ils écrivent au bas de la page :
« Jacques-Bénigne Bossuet, évêque de Meaux. »
Mais voici un trait bien plus frappant de
cette ridicule manie d'instruire un lecteur, qui
n'en a que faire, en *élucidant* un auteur qui
croyoit être assez clair, ou qui ne vouloit pas
l'être davantage. Dans le chapitre *De la Cour,*
La Bruyère fait une description qui commence
par ces mots : « On parle d'une région, etc. »,
et qui se termine ainsi : « Les gens du pays le
« nomment *** ; il est à quelque quarante-
« huit degrés d'élévation du pôle, et à plus
« de onze cents lieues de mer des Iroquois
« et des Hurons. » Pour le moins éclairé, le
moins sagace de tous les lecteurs, l'allégorie

est aussi transparente qu'elle est ingénieuse et maligne; nul ne peut douter qu'il ne s'agisse de la résidence royale de France; et chacun, en nommant ce lieu, lorsque l'auteur le tait, peut s'applaudir d'un acte de pénétration qui lui a peu coûté. Que font nos malencontreux éditeurs? Ils impriment en toutes lettres le nom de *Versailles*, et ils ne s'aperçoivent pas que ce seul nom dénature entièrement le morceau, dont tout l'effet, tout le charme consiste à décrire Versailles, en termes de relation, comme on feroit quelque ville de l'Afrique ou des Indes occidentales récemment découverte par les voyageurs, et à nous faire sentir, par cette heureuse fiction, combien les mœurs de ce pays nous sembleroient singulières, bizarres et ridicules, s'il appartenoit à un autre continent que l'Europe, à un autre royaume que la France.

Depuis plus d'un siècle, les éditions de La Bruyère sont accompagnées de notes connues sous le nom de *clef*, qui ont pour objet de désigner ceux des contemporains de l'auteur qu'on prétend lui avoir servi de modèles pour

ses portraits de caractères. Nous avons exclu
de notre édition celles de ces notes qui nous
ont toujours paru une ridicule et odieuse su-
perfluité. Nous allons exposer nos motifs.

Aussitôt que parut le livre de La Bruyère,
la malignité s'en empara. On crut que chaque
caractère étoit le portrait de quelque personnage connu, et l'on voulut savoir les noms
des originaux. On osa s'adresser à l'auteur
lui-même pour en avoir la liste. Il eut beau
s'indigner, se courroucer, nier avec serment
que son intention eût été de peindre telle ou
telle personne en particulier; on s'obstina, et
ce qu'il ne vouloit ni ne pouvoit faire, on le
fit à son défaut. Des listes coururent, et La
Bruyère, qu'elles désoloient, eut en outre le
chagrin de se les voir attribuer. Heureusement,
sur ce point, il ne lui fut pas difficile de se
justifier. Il n'y avoit pas une seule clef; il y
en avoit plusieurs, il y en avoit un grand nombre : c'est assez dire qu'elles n'étoient point
semblables, qu'en beaucoup de points elles ne
s'accordoient pas entre elles. Comme elles
étoient différentes, et ne pouvoient, suivant

l'expression de La Bruyère, *servir à une même entrée*, elles ne pouvoient pas non plus avoir été forgées et distribuées par une même main ; et la main de l'auteur devoit être soupçonnée moins qu'aucune autre.

Ces *insolentes listes*, après avoir troublé les jours de La Bruyère, se sont, depuis sa mort, attachées inséparablement à son livre, comme pour faire une continuelle insulte à sa mémoire. C'étoit perpétuer un scandale en pure perte. Quand elles circuloient manuscrites, les personnages qu'elles désignoient presque toujours faussement, étoient vivants encore ou décédés depuis peu : elles étoient alors des calomnies piquantes, du moins pour ceux dont elles blessoient l'amour-propre ou les affections; mais plus tard, mais quand les générations intéressées eurent disparù, elles ne furent plus que des mensonges insipides pour tout le monde. Fussent-elles aussi véridiques qu'en général elles sont trompeuses, la malignité, la curiosité actuelle n'y pourroit trouver son compte. Pour un fort petit nombre de noms qui appartiennent à l'histoire de l'avant-dernier siècle, et

que nous ont conservés les écrits contemporains, combien de noms plus qu'obscurs, qui
ne sont point arrivés jusqu'à nous, et dont on
découvriroit tout au plus la trace dans les
vieilles matricules des compagnies de finance
ou des marguilleries de paroisse? Ajoutons que
les auteurs ou les compilateurs de ces clefs,
malgré l'assurance naturelle à cette espèce de
faussaires, ont souvent hésité entre deux et
jusqu'à trois personnages divers, et que, n'osant
décider eux-mêmes, ils en ont laissé le soin
au lecteur, qui n'a ni la possibilité, ni heureusement l'envie de faire un choix. Ce n'est pas
tout encore. Plus d'une fois le nom d'un
même personnage se trouve inscrit au bas de
deux portraits tout à fait dissemblables. Ici le
duc de Beauvilliers est nommé comme le modèle du courtisan hypocrite; et à deux pages
de distance, comme le type du courtisan dont
la dévotion est sincère.

Quand les personnages nommés par les fabricateurs de clefs seroient tous aussi célèbres
qu'ils sont presque tous ignorés; quand l'in-
décision et la contradiction même d'un certain

nombre de désignations ne les feroient pas
justement soupçonner toutes de fausseté, il y
auroit encore lieu de rejeter ces prétendues
révélations du secret de l'auteur. On ne peut
douter, il est vrai, que La Bruyère, en faisant
ses portraits, n'ait eu fréquemment en vue des
personnages de la société de son temps. Mais
ne sent-on pas tout de suite combien il est
téméraire, souvent faux, et toujours nuisible,
d'affirmer que tel personnage est précisément
celui qui lui a servi de modèle? N'est-ce pas
borner le mérite, et restreindre l'utilité de son
travail? Si les vices, les travers, les ridicules
marqués dans cette image, ont été ceux d'un
homme et non de l'humanité, d'un individu
et non d'une espèce, le prétendu peintre d'histoire ou de genre n'est plus qu'un peintre de
portrait, et le moraliste n'est plus qu'un satirique[1]. Quel profit y auroit-il pour les mœurs,

---

[1] « J'ai peint d'après nature, dit La Bruyère, mais je n'ai
pas toujours songé à peindre celui-ci ou celui-là dans mon
livre *Des mœurs*. Je ne me suis point loué au public pour
faire des portraits qui ne fussent que vrais et ressemblants,
de peur que quelquefois ils ne fussent pas croyables, et ne

quel avantage y auroit-il pour la gloire de Molière, à prouver que ce grand homme n'a pas voulu peindre l'avarice, mais quelque avare de son temps, dont il a caché le nom, par prudence, sous le nom forgé d'Harpagon?

Il n'est pas interdit toutefois de savoir et de faire connoître aux autres quels personnages et quelles anecdotes peuvent avoir fourni des traits à l'écrivain qui a peint les mœurs d'une époque sur la scène ou dans un livre, quand ces personnages ont quelque célébrité, et ces anecdotes quelque intérêt. Sans nuire à l'effet moral, ces sortes d'éclaircissements satisfont la curiosité littéraire. Chaque fois donc que La Bruyère fait évidemment allusion à un homme ou à un fait de quelque importance,

parussent feints ou imaginés. Me rendant plus difficile, je suis allé plus loin : j'ai pris un trait d'un côté et un trait d'un autre; et de ces divers traits, qui pouvoient convenir à une même personne, j'en ai fait des peintures vraisemblables, cherchant moins à réjouir les lecteurs par le caractère, ou, comme le disent les mécontents, par la satire de quelqu'un, qu'à leur proposer des défauts à éviter et des modèles à suivre.» (*Voyez* la Préface déjà citée, tome II, pages 330, 331.)

nous avons pris soin de le remarquer. C'est à ce genre d'explications que nos notes se bornent.

La notice qui suit est celle que M. Suard a placée en tête du petit volume intitulé : *Maximes et réflexions morales, extraites de La Bruyère.* Ce morceau, qui renferme une analyse délicate et une appréciation aussi juste qu'ingénieuse du talent de La Bruyère, considéré comme écrivain, est un des meilleurs qui soient sortis de la plume de cet académicien, si distingué par la finesse de son esprit, la politesse de ses manières et l'élégance de son langage. Nous y avons ajouté un petit nombre de notes, principalement faites pour compléter ce qui regarde la personne de La Bruyère par quelques particularités que l'auteur a omises ou ignorées.

L. S. AUGER,
de l'Académie françoise.

NOTICE

SUR LA PERSONNE ET LES ÉCRITS

DE LA BRUYÈRE.

Jean DE LA BRUYÈRE naquit à Dourdan [1] en 1639. Il venoit d'acheter une charge de trésorier de France à Caen, lorsque Bossuet le fit

---

[1] Une note inexacte, mise sur le catalogue de la Bibliothèque du Roi, par le conservateur Nicolas Clément, note reproduite en 1729, par l'abbé d'Olivet, dans son *Histoire de l'Académie françoise,* a fait maintenir, jusqu'en 1867, Dourdan ou ses environs comme lieu de naissance de La Bruyère.

M. Jal, dans le précieux ouvrage qu'il a publié sous le titre de *Dictionnaire critique de biographie et d'histoire,* 1 vol. in-8°, *Paris,* H. Plon, 1867, a donné l'acte authentique qui rétablit et le lieu et la date de la naissance de l'auteur des *Caractères.*

Voici cet acte, extrait des Registres de la paroisse de Saint-Christophe dans la Cité, près de Notre-Dame : — « Le jeudi dix-septiesme aoust 1645 a été baptisé Jehan,

venir à Paris pour enseigner l'histoire à **M. le Duc**[1] ; et il resta jusqu'à la fin de sa vie attaché au prince en qualité d'homme de lettres, avec mille écus de pension. Il publia son livre des *Caractères* en 1687, fut reçu à l'Académie françoise en 1693 (le 15 juin), et mourut en 1696 (le 10 mai)[2].

Voilà tout ce que l'histoire littéraire nous

---

fils de noble homme Loys de la Brière (*sic*), controlleur des rentes de la ville de Paris ;

« Et de demoiselle Elisabeth Hamouyn, ses père et mère ; lequel a esté tenu et eslevé sur les saints fonts baptismaux de St Xρ(isto)phe par noble Jean de la Brière (parain) ; la maraine fut dame Geneviesve du Boys, espouse de M. Daniel Hamouyn ; et ont signé : DE LA BRUYÈRE. — DE LA BRUYÈRE. G. DU BOIS. »

[1] M. le Duc Louis III de Bourbon, petit-fils du grand Condé, et père de celui qui fut premier ministre sous Louis XV. Né le 10 octobre 1668, ce prince mourut en 1710. Des biographes ont prétendu que l'élève de La Bruyère avoit été le duc de Bourgogne. Ils se sont trompés.

[2] L'abbé d'Olivet raconte ainsi sa mort : « Quatre jours « auparavant, il étoit à Paris dans une compagnie de gens « qui me l'ont conté, où tout à coup il s'aperçut qu'il de- « venoit sourd, mais absolument sourd. Il s'en retourna « à Versailles, où il avoit son logement à l'hôtel de Condé ; « et une apoplexie d'un quart d'heure l'emporta, n'étant « âgé que de cinquante-deux ans. »

apprend de cet écrivain, à qui nous devons un des meilleurs ouvrages qui existent dans aucune langue; ouvrage qui, par le succès qu'il eut dès sa naissance, dut attirer les yeux du public sur son auteur, dans ce beau règne où l'attention que le monarque donnoit aux productions du génie réfléchissoit sur les grands talents un éclat dont il ne reste plus que le souvenir.

On ne connoît rien de la famille de La Bruyère [1], et cela est fort indifférent; mais on aimeroit à savoir quels étoient son caractère, son genre de vie, la tournure de son esprit dans la société; et c'est ce qu'on ignore aussi [2].

Peut-être que l'obscurité même de sa vie est un assez grand éloge de son caractère. Il vécut dans la maison d'un prince; il souleva contre lui une foule d'hommes vicieux ou ridi-

---

[1] On sait au moins qu'il descendoit d'un fameux ligueur du même nom, qui, dans le temps des barricades de Paris, exerça la charge de lieutenant civil.

[2] On ne l'ignore pas totalement; et l'auteur même de cette notice va citer quelques lignes de l'abbé d'Olivet, où il est question précisément du *caractère* de La Bruyère, de son *genre de vie* et de son *esprit dans la société*.

cules, qu'il désigna dans son livre, ou qui s'y
crurent désignés[1]; il eut tous les ennemis que
donne la satire, et ceux que donnent les succès :
on ne le voit cependant mêlé dans aucune
intrigue, engagé dans aucune querelle. Cette
destinée suppose, à ce qu'il me semble, un
excellent esprit, et une conduite sage et modeste.

« On me l'a dépeint, dit l'abbé d'Olivet,
« comme un philosophe qui ne songeoit qu'à
« vivre tranquille avec des amis et des livres;
« faisant un bon choix des uns et des autres,
« ne cherchant ni ne fuyant le plaisir, toujours
« disposé à une joie modeste, et ingénieux à
« la faire naître; poli dans ses manières, et
« sage dans ses discours; craignant toute sorte
« d'ambition, même celle de montrer de l'es-
« prit[2]. » (*Histoire de l'Académie françoise.*)

---

[1] M. de Malezieu, à qui La Bruyère montra son livre
avant de le publier, lui dit : *Voilà de quoi vous attirer
beaucoup de lecteurs et beaucoup d'ennemis.*

[2] On peut ajouter à ce peu de mots sur La Bruyère ce
que dit de lui Boileau, dans une lettre à Racine, sous la
date du 19 mai-1687, année même de la publication des

On conçoit aisément que le philosophe qui releva avec tant de finesse et de sagacité les

Caractères : « Maximilien m'est venu voir à Auteuil, et « m'a lu quelque chose de son Théophraste. C'est un fort « honnête homme, et à qui il ne manqueroit rien, si la « nature l'avoit fait aussi agréable qu'il a envie de l'être. « Du reste, il a de l'esprit, du savoir et du mérite. » Pourquoi Boileau désigne-t-il La Bruyère par le nom de *Maximilien,* qu'il ne portoit pas? Étoit-ce pour faire comme La Bruyère lui-même, qui peignoit ses contemporains sous des noms empruntés de l'histoire ancienne? Par le *Théophraste* de La Bruyère, Boileau entend-il sa traduction de Théophraste, ou l'ouvrage composé par lui à l'imitation du moraliste grec? Je croirois qu'il s'agit du dernier. Boileau semble reprocher à La Bruyère d'avoir poussé un peu plus loin qu'il ne convient l'envie d'être agréable ; et, suivant ce que rapporte d'Olivet, il n'avoit aucune ambition, pas même celle de montrer de l'esprit. C'est une contradiction assez frappante entre les deux témoignages. La Bruyère, dans son ouvrage, paroit trop constamment animé du desir de produire de l'effet pour que sa conversation ne s'en ressentît pas un peu ; je me rangerois donc volontiers à l'opinion de Boileau. Quoi qu'il en soit, ce grand poëte estimoit La Bruyère et son livre : il n'en faudroit pas d'autre preuve que ce quatrain qu'il fit pour mettre au bas de son portrait :

> Tout esprit orgueilleux qui s'aime,
> Par mes leçons se voit guéri,
> Et, dans ce livre si chéri,
> Apprend à se haïr lui-même.

vices, les travers et les ridicules, connoissoit trop les hommes pour les rechercher beaucoup ; mais il put aimer la société sans s'y livrer ; qu'il devoit y être très-réservé dans son ton et dans ses manières, attentif à ne pas blesser des convenances qu'il sentoit si bien ; trop accoutumé enfin à observer dans les autres les défauts du caractère et les foiblesses de l'amour-propre, pour ne pas les réprimer en lui-même.

Le livre des *Caractères* fit beaucoup de bruit dès sa naissance. On attribua cet éclat aux traits satiriques qu'on y remarqua, ou qu'on crut y voir. On ne peut pas douter que cette circonstance n'y contribuât en effet. Peut-être que les hommes en général n'ont ni le goût assez exercé, ni l'esprit assez éclairé, pour sentir tout le mérite d'un ouvrage de génie dès le moment où il paroît, et qu'ils ont besoin d'être avertis de ses beautés par quelque passion particulière, qui fixe plus fortement leur attention sur elles. Mais si la malignité hâta le succès du livre de La Bruyère, le temps y a mis le sceau : on l'a réimprimé cent fois ; on l'a traduit dans toutes les langues [1], et, ce qui distingue les ouvrages originaux, il a produit une foule de copies : car c'est précisément ce qui est inimitable que les esprits médiocres s'efforcent d'imiter.

Sans doute La Bruyère, en peignant les mœurs de son temps, a pris ses modèles dans le monde où il vivoit; mais il peignit les hommes, non en peintre de portrait, qui copie servilement les objets et les formes qu'il a sous les yeux, mais en peintre d'histoire, qui choisit et rassemble différents modèles; qui n'en imite que les traits de caractère et d'effet, et qui sait y ajouter ceux que lui fournit

---

[1] Je doute de la vérité de cette assertion, prise au moins dans toute son étendue. La Bruyère ayant parlé quelque part d'un *bon livre, traduit en plusieurs langues*, on prétendit qu'il avoit parlé de son propre ouvrage; et l'opinion s'en établit tellement, que ses ennemis mêmes lui firent honneur de ce grand nombre de traductions. Mais un admirateur, un imitateur et un apologiste de La Bruyère nia que les *Caractères* eussent été traduits en aucune langue. J'ignore s'il s'en est fait des traductions depuis cette discussion; mais j'aurois peine à croire qu'il s'en fût fait beaucoup : pour le fond et pour la forme, les *Caractères* sont peu traduisibles.

son imagination, pour en former cet ensemble de vérité idéale et de vérité de nature qui constitue la perfection des beaux-arts.

C'est là le talent du poëte comique : aussi a-t-on comparé La Bruyère à Molière, et ce parallèle offre des rapports frappants; mais il y a si loin de l'art d'observer des ridicules et de peindre des caractères isolés, à celui de les animer et de les faire mouvoir sur la scène, que nous ne nous arrétons pas à ce genre de rapprochement, plus propre à faire briller le bel esprit qu'à éclairer le goût. D'ailleurs, à qui convient-il de tenir ainsi la balance entre des hommes de génie? On peut bien comparer le degré de plaisir, la nature des impressions qu'on reçoit de leurs ouvrages, mais qui peut fixer exactement la mesure d'esprit et de talent qui est entrée dans la composition de ces mêmes ouvrages?

On peut considérer La Bruyère comme moraliste et comme écrivain. Comme moraliste, il paroît moins remarquable par la profondeur que par la sagacité. Montaigne, étudiant l'homme en soi-même, avoit pénétré plus avant dans les principes essentiels de la nature humaine. La Rochefoucauld a présenté l'homme sous un rapport plus général, en rapportant à un seul principe le ressort de toutes les actions humaines. La Bruyère s'est attaché particulièrement à observer les différences que le choc des passions sociales, les habitudes d'état et de profession, établissent dans les mœurs et la conduite des hommes. Montaigne et La Rochefoucauld ont peint l'homme de tous les temps et de tous les lieux; La Bruyère a peint le courtisan, l'homme de robe, le financier, le bourgeois du siècle de Louis XIV.

Peut-être que sa vue n'embrassoit pas un grand horizon, et que son esprit avoit plus de pénétration que d'étendue. Il s'attache trop à peindre les individus, lors même qu'il traite des plus grandes choses. Ainsi, dans son chapitre intitulé : *Du Souverain, ou de la République*, au milieu de quelques réflexions générales sur les principes et les vices du gouvernement, il peint toujours la cour et la ville, le négociateur et le nouvelliste. On s'attendoit à parcourir avec lui les républiques anciennes et les monarchies modernes ; et l'on est étonné, à la fin du chapitre, de n'être pas sorti de Versailles.

Il y a cependant dans ce même chapitre des pensées plus profondes qu'elles ne le paroissent au premier coup d'œil. J'en citerai quelques-unes, et je choisirai les plus courtes. « Vous pouvez aujourd'hui, dit-il, ôter à cette « ville ses franchises, ses droits, ses priviléges ; « mais demain ne songez pas même à réformer « ses enseignes.

« Le caractère des François demande du « sérieux dans le souverain.

« Jeunesse du prince, source des belles for-« tunes. » On attaquera peut-être la vérité de cette dernière observation ; mais si elle se trou-voit démentie par quelque exemple, ce seroit l'éloge du prince, et non la critique de l'obser-vateur [1].

[1] Cette phrase est une louange délicate adressée par l'auteur de cette notice à Louis XVI, qui étoit jeune encore quand le morceau parut, et qui, dès le commencement de son règne, avoit manifesté l'intention de réprimer la dilapidation des finances de l'État.

Un grand nombre des maximes de La Bruyère paroissent aujourd'hui communes; mais ce n'est pas non plus la faute de La Bruyère. La justesse même, qui fait le mérite et le succès d'une pensée lorsqu'on la met au jour, doit la rendre bientôt familière, et même triviale : c'est le sort de toutes les vérités d'un usage universel.

On peut croire que La Bruyère avoit plus de sens que de philosophie. Il n'est pas exempt de préjugés, même populaires. On voit avec peine qu'il n'étoit pas éloigné de croire un peu à la magie et au sortilège. « En cela, dit-il, « chap. XIV, *De quelques usages,* il y a un « parti à trouver entre les ames crédules et « les esprits forts. » Cependant il a eu l'honneur d'être calomnié comme philosophe; car ce n'est pas de nos jours que ce genre de persécution a été inventé. La guerre que la sottise, le vice et l'hypocrisie ont déclarée à la philosophie, est aussi ancienne que la philosophie même, et durera vraisemblablement autant qu'elle. « Il n'est pas permis, dit-il, de traiter « quelqu'un de philosophe; ce sera toujours

« lui dire une injure, jusqu'à ce qu'il ait plu
« aux hommes d'en ordonner autrement. » Mais
comment se réconciliera-t-on jamais avec cette
raison si incommode, qui, en attaquant tout ce
que les hommes ont de plus cher, leurs passions
et leurs habitudes, voudroit les forcer à ce qui
leur coûte le plus, à réfléchir et à penser par
eux-mêmes?

En lisant avec attention les *Caractéres* de
La Bruyère, il me semble qu'on est moins
frappé des pensées que du style; les tournures
et les expressions paroissent avoir quelque
chose de plus brillant, de plus fin, de plus
inattendu, que le fond des choses mêmes, et
c'est moins l'homme de génie que le grand
écrivain qu'on admire.

Mais le mérite de grand écrivain, s'il ne
suppose pas le génie, demande une réunion
des dons de l'esprit, aussi rare que le génie.

L'art d'écrire est plus étendu que ne le pensent la plupart des hommes, la plupart même
de ceux qui font des livres.

Il ne suffit pas de connoître les propriétés
des mots, de les disposer dans un ordre régu-

lier, de donner même aux membres de la phrase une tournure symétrique et harmonieuse; avec cela on n'est encore qu'un écrivain correct, et tout au plus élégant.

Le langage n'est que l'interprète de l'ame; et c'est dans une certaine association des sentiments et des idées avec les mots qui en sont les signes, qu'il faut chercher le principe de toutes les propriétés du style.

Les langues sont encore bien pauvres et bien imparfaites. Il y a une infinité de nuances, de sentiments et d'idées qui n'ont point de signes : aussi ne peut-on jamais exprimer tout ce qu'on sent. D'un autre côté, chaque mot n'exprime pas d'une manière précise et abstraite une idée simple et isolée; par une association secrète et rapide qui se fait dans l'esprit, un mot réveille encore des idées accessoires à l'idée principale dont il est le signe. Ainsi, par exemple, les mots *cheval* et *coursier*, *aimer* et *chérir*, *bonheur* et *félicité*, peuvent servir à désigner le même objet ou le même sentiment, mais avec des nuances qui en changent sensiblement l'effet principal.

Il en est des tours, des figures, des liaisons de phrase, comme des mots : les uns et les autres ne peuvent représenter que des idées, des vues de l'esprit, et ne les représentent qu'imparfaitement.

Les différentes qualités du style, comme la clarté, l'élégance, l'énergie, la couleur, le mouvement, etc., dépendent donc essentiellement de la nature et du choix des idées; de l'ordre dans lequel l'esprit les dispose; des rapports sensibles que l'imagination y attache; des sentiments enfin que l'ame y associe et du mouvement qu'elle y imprime.

Le grand secret de varier et de faire contraster les images, les formes et les mouvements du discours, suppose un goût délicat et éclairé : l'harmonie, tant des mots que de la phrase, dépend de la sensibilité plus ou moins exercée de l'organe : la correction ne demande que la connoissance réfléchie de sa langue.

Dans l'art d'écrire, comme dans tous les beaux-arts, les germes du talent sont l'œuvre de la nature; et c'est la réflexion qui les développe et les perfectionne.

Il a pu se rencontrer quelques esprits qu'un heureux instinct semble avoir dispensés de toute étude, et qui, en s'abandonnant sans art aux mouvements de leur imagination et de leur pensée, ont écrit avec grace, avec feu, avec intérêt : mais ces dons naturels sont rares ; ils ont des bornes et des imperfections très-marquées, et ils n'ont jamais suffi pour produire un grand écrivain.

Je ne parle pas des anciens, chez qui l'élocution étoit un art si étendu et si compliqué ; je citerai Despréaux et Racine, Bossuet et Montesquieu, Voltaire et Rousseau : ce n'étoit pas l'instinct qui produisoit sous leur plume ces beautés et ces grands effets auxquels notre langue doit tant de richesse et de perfection ; c'étoit l'effet du génie, sans doute, mais du génie éclairé par des études et des observations profondes.

Quelque universelle que soit la réputation dont jouit La Bruyère, il paroîtra peut-être hardi de le placer, comme écrivain, sur la même ligne que les grands hommes qu'on vient de citer ; mais ce n'est qu'après avoir relu, étudié, médité ses *Caractères*, que j'ai été frappé de l'art prodigieux et des beautés sans nombre qui semblent mettre cet ouvrage au rang de ce qu'il y a de plus parfait dans notre langue.

Sans doute La Bruyère n'a ni les élans et les traits sublimes de Bossuet; ni le nombre, l'abondance et l'harmonie de Fénelon; ni la grace brillante et abandonnée de Voltaire; ni la sensibilité profonde de Rousseau : mais aucun d'eux ne m'a paru réunir au même degré la variété, la finesse et l'originalité des formes et des tours qui étonnent dans La Bruyère. Il n'y a peut-être pas une beauté de style propre à notre idiome, dont on ne trouve des exemples et des modèles dans cet écrivain.

Despréaux observoit, à ce qu'on dit, que La Bruyère, en évitant les transitions, s'étoit épargné ce qu'il y a de plus difficile dans un ouvrage. Cette observation ne me paroît pas digne d'un si grand maître. Il savoit trop bien qu'il y a dans l'art d'écrire des secrets plus importants que celui de trouver ces formules qui servent à lier les idées, et à unir les parties du discours.

Ce n'est point sans doute pour éviter les transitions que La Bruyère a écrit son livre par fragments et par pensées détachées. Ce plan convenoit mieux à son objet ; mais il s'imposoit dans l'exécution une tâche tout autrement difficile que celle dont il s'étoit dispensé.

L'écueil des ouvrages de ce genre est la monotonie. La Bruyère a senti vivement ce danger : on peut en juger par les efforts qu'il a faits pour y échápper. Des portraits, des observations de mœurs, des maximes générales, qui se succèdent sans liaison ; voilà les matériaux de son livre. Il sera curieux d'observer toutes les ressources qu'il a trouvées dans son génie pour varier à l'infini, dans un cercle si borné, ses tours, ses couleurs et ses mouvements. Cet examen, intéressant pour tout homme de goût, ne sera peut-être pas sans utilité pour les jeunes gens qui cultivent les lettres et se destinent au grand art de l'éloquence.

Il seroit difficile de définir avec précision le caractère distinctif de son esprit : il semble réunir tous les genres d'esprit. Tour à tour noble et familier, éloquent et railleur, fin et pro-

fond, amer et gai, il change avec une extrême
mobilité de ton, de personnage, et même de sentiment, en parlant cependant des mêmes objets.

Et ne croyez pas que ces mouvements si
divers soient l'explosion naturelle d'une ame
très-sensible, qui, se livrant à l'impression
qu'elle reçoit des objets dont elle est frappée,
s'irrite contre un vice, s'indigne d'un ridicule,
s'enthousiasme pour les mœurs et la vertu. La
Bruyère montre partout les sentiments d'un
honnête homme, mais il n'est ni apôtre ni mi-
santhrope. Il se passionne, il est vrai; mais
c'est comme le poëte dramatique qui a des caractères opposés à mettre en action. Racine
n'est ni Néron ni Burrhus; mais il se pénètre
fortement des idées et des sentiments qui appartiennent au caractère et à la situation de
ces personnages, et il trouve dans son imagination échauffée tous les traits dont il a besoin
pour les peindre.

Ne cherchons donc dans le style de La
Bruyère ni l'expression de son caractère ni
l'épanchement involontaire de son ame; mais
observons les formes diverses qu'il prend tour

à tour pour nous intéresser ou nous plaire.

Une grande partie de ses pensées ne pouvoit guère se présenter que comme les résultats d'une observation tranquille et réfléchie ; mais, quelque vérité, quelque finesse, quelque profondeur même qu'il y eût dans les pensées, cette forme froide et monotone auroit bientôt ralenti et fatigué l'attention, si elle eût été trop continuement prolongée.

Le philosophe n'écrit pas seulement pour se faire lire, il veut persuader ce qu'il écrit ; et la conviction de l'esprit, ainsi que l'émotion de l'ame, est toujours proportionnée au degré d'attention qu'on donne aux paroles.

Quel écrivain a mieux connu l'art de fixer l'attention par la vivacité ou la singularité des tours, et de la réveiller sans cesse par une inépuisable variété ?

Tantôt il se passionne et s'écrie avec une sorte d'enthousiasme : « Je voudrois qu'il me « fût permis de crier de toute ma force à ces « hommes saints qui ont été autrefois blessés « des femmes : Ne les dirigez point ; laissez à « d'autres le soin de leur salut. »

Tantôt, par un autre mouvement aussi extra-ordinaire, il entre brusquement en scène : « Fuyez, retirez-vous; vous n'êtes pas assez « loin..... Je suis, dites-vous, sous l'autre tro- « pique..... Passez sous le pôle et dans l'autre « hémisphère..... M'y voilà..... Fort bien, vous « êtes en sûreté. Je découvre sur la terre un « homme avide, insatiable, inexorable, etc. » C'est dommage peut-être que la morale qui en résulte n'ait pas une importance proportionnée au mouvement qui la prépare.

Tantôt c'est avec une raillerie amère ou plaisante qu'il apostrophe l'homme vicieux ou ridicule :

« Tu te trompes, Philémon, si avec ce carrosse « brillant, ce grand nombre de coquins qui te « suivent, et ces six bêtes qui te traînent, tu « penses qu'on t'en estime davantage : on écarte « tout cet attirail qui t'est étranger pour péné- « trer jusqu'à toi, qui n'es qu'un fat.

« Vous aimez, dans un combat ou pendant « un siége, à paroître en cent endroits, pour « n'être nulle part; à prévenir les ordres du « général, de peur de les suivre, et à chercher

« les occasions plutôt que de les attendre et
« les recevoir : votre valeur seroit-elle dou-
« teuse? »

Quelquefois une réflexion qui n'est que sen-
sée est relevée par une image ou un rapport
éloigné, qui frappe l'esprit d'une manière
inattendue. « Après l'esprit de discernement,
« ce qu'il y a au monde de plus rare, ce sont
« les diamants et les perles. » Si La Bruyère
avoit dit simplement que rien n'est plus rare
que l'esprit de discernement, on n'auroit pas
trouvé cette réflexion digne d'être écrite.

C'est par des tournures semblables qu'il sait
attacher l'esprit sur des observations qui n'ont
rien de neuf pour le fond, mais qui deviennent
piquantes par un certain air de naïveté sous
lequel il sait déguiser la satire.

« Il n'est pas absolument impossible qu'une
« personne qui se trouve dans une grande fa-
« veur perde son procès.

« C'est une grande simplicité que d'apporter
« à la cour la moindre roture, et de n'y être
« pas gentilhomme. »

Il emploie la même finesse de tour dans le

portrait d'un fat, lorsqu'il dit : « Iphis met
« du rouge, mais rarement; il n'en fait pas
« habitude. »

Il seroit difficile de n'être pas vivement
frappé du tour aussi fin qu'énergique qu'il
donne à la pensée suivante, malheureusement
aussi vraie que profonde : « Un grand dit de
« Timagène votre ami qu'il est un sot, et il se
« trompe. Je ne demande pas que vous répli-
« quiez qu'il est homme d'esprit : osez seule-
« ment penser qu'il n'est pas un sot. »

C'est dans les portraits surtout que La Bruyère
a eu besoin de toutes les ressources de son
talent. Théophraste, que La Bruyère a traduit,
n'emploie pour peindre ses *Caractères* que la
forme d'énumération ou de description. En
admirant beaucoup l'écrivain grec, La Bruyère
n'a eu garde de l'imiter; ou, si quelquefois il
procède comme lui par énumération, il sait
ranimer cette forme languissante par un art
dont on ne trouve ailleurs aucun exemple.

Relisez les portraits du riche et du pauvre [1] :

---

[1] Voyez le chapitre vi, tome Ier, pages 367, 368.

« Giton a le teint frais, le visage plein, la dé-
« marche ferme, etc. Phédon a les yeux creux,
« le teint échauffé, etc. », et voyez comment
ces mots, *il est riche; il est pauvre*, rejetés à
la fin des deux portraits, frappent comme deux
coups de lumière, qui, en se réfléchissant sur
les traits qui précèdent, y répandent un nouveau jour, et leur donnent un effet extraordinaire.

Quelle énergie dans le choix des traits dont
il peint ce vieillard presque mourant qui a la
manie de planter, de bâtir, de faire des projets
pour un avenir qu'il ne verra point[1]! « Il fait
« bâtir dans la rue *** une maison de pierre
« de taille, raffermie dans les encoignures par
« des mains de fer, et dont il assure, en tous-
« sant, et avec une voix frêle et débile, qu'on
« ne verra jamais la fin : il se promène tous les
« jours dans ses ateliers sur le bras d'un valet
« qui le soulage; il montre à ses amis ce qu'il
« a fait, et leur dit ce qu'il a dessein de faire.
« Ce n'est pas pour ses enfants qu'il bâtit,

---

[1] Voyez le chapitre xi, tome II, pages 113, 114.

« car il n'en a point ; ni pour ses héritiers,
« personnes viles et qui se sont brouillées
« avec lui : c'est pour lui seul, et il mourra
« demain. »

Ailleurs il nous donne le portrait d'une
femme aimable, comme un fragment imparfait
trouvé par hasard, et ce portrait est charmant ;
je ne puis me refuser au plaisir d'en citer un
passage : « Loin de s'appliquer à vous contre-
« dire avec esprit, ARTÉNICE s'approprie vos
« sentiments ; elle les croit siens, elle les étend,
« elle les embellit : vous êtes content de vous
« d'avoir pensé si bien, et d'avoir mieux dit
« encore que vous n'aviez cru. Elle est tou-
« jours au-dessus de la vanité, soit qu'elle parle,
« soit qu'elle écrive : elle oublie les traits où
« il faut des raisons ; elle a déjà compris que
« la simplicité peut être éloquente [1]. »

Comment donnera-t-il plus de saillie au ridicule d'une femme du monde qui ne s'aperçoit
pas qu'elle vieillit, et qui s'étonne d'éprouver
la foiblesse et les incommodités qu'amènent

---

[1] Voyez le chapitre XII, tome II, page 143 *et suivantes.*

l'âge et une vie trop molle? Il en fait un apologue. C'est IRÈNE [1] qui va au temple d'Épidaure
consulter Esculape. D'abord elle se plaint
qu'elle est fatiguée : « L'oracle prononce que
« c'est par la longueur du chemin qu'elle vient
« de faire. Elle déclare que le vin lui est nui-
« sible ; l'oracle lui dit de boire de l'eau. Ma
« vue s'affoiblit, dit Irène. Prenez des lunettes,
« dit Esculape. Je m'affoiblis moi-même, con-
« tinue-t-elle ; je ne suis ni si forte, ni si saine
« que je l'ai été. C'est, dit le dieu, que vous
« vieillissez. Mais quel moyen de guérir de
« cette langueur? Le plus court, Irène, c'est de
« mourir, comme ont fait votre mère et votre
« aïeule. » A ce dialogue d'une tournure naïve
et originale, substituez une simple description
à la manière de Théophraste, et vous verrez
comment la même pensée peut paroître commune ou piquante, suivant que l'esprit ou
l'imagination sont plus ou moins intéressés
par les idées et les sentiments accessoires dont
l'écrivain a su l'embellir.

[1] Voyez le chapitre XI, tome II, page 78.

La Bruyère emploie souvent cette forme d'apologue, et presque toujours avec autant d'esprit que de goût. Il y a peu de chose dans notre langue d'aussi parfait que l'histoire d'Émire [1] : c'est un petit roman plein de finesse, de grâce, et même d'intérêt.

Ce n'est pas seulement par la nouveauté et par la variété des mouvements et des tours que le talent de La Bruyère se fait remarquer; c'est encore par un choix d'expressions vives, figurées, pittoresques; c'est surtout par ces heureuses alliances de mots, ressource féconde des grands écrivains, dans une langue qui ne permet pas, comme presque toutes les autres, de créer ou de composer des mots, ni d'en transplanter d'un idiome étranger.

« Tout excellent écrivain est excellent pein- « tre », dit La Bruyère lui-même : et il le prouve dans tout le cours de son livre. Tout vit et s'anime sous son pinceau; tout y parle à l'imagination : « La véritable grandeur se « laisse *toucher et manier*... elle *se courbe*

---

[1] Voyez le chapitre III, tome Ier, page 283.

« avec bonté vers ses inférieurs, et *revient*
« sans effort à son naturel. »

« Il n'y a rien, dit-il ailleurs, qui mette
« plus subitement un homme à la mode, et qui
« le *soulève* davantage, que le grand jeu. »

Veut-il peindre ces hommes qui n'osent avoir
un avis sur un ouvrage avant de savoir le jugement du public : « Ils ne hasardent point
« leurs suffrages ; ils veulent être *portés par la*
« *foule, et entraînés* par la multitude. »

La Bruyère veut-il peindre la manie du fleu-
riste : il vous le montre *planté* et ayant *pris
racine* devant ses tulipes ; il en fait un arbre
de son jardin. Cette figure hardie est piquante,
surtout par l'analogie des objets.

« Il n'y a rien qui rafraîchisse le sang comme
« d'avoir su éviter une sottise. » C'est une
figure bien heureuse que celle qui transforme
ainsi en sensation le sentiment qu'on veut
exprimer.

L'énergie de l'expression dépend de la force
avec laquelle l'écrivain s'est pénétré du sentiment ou de l'idée qu'il a voulu rendre. Ainsi
La Bruyère, s'élevant contre l'usage des ser-

ments, dit : « Un honnête homme qui dit oui,
« ou non, mérite d'être cru ; son caractère *jure*
« pour lui. »

Il est d'autres figures de style d'un effet
moins frappant, parce que les rapports qu'elles
expriment demandent, pour être saisis, plus
de finesse et d'attention dans l'esprit ; je n'en
citerai qu'un exemple :

« Il y a dans quelques femmes un *mérite*
« *paisible,* mais solide, accompagné de mille
« vertus qu'elles ne peuvent *couvrir* de toute
« leur modestie. »

Ce *mérite paisible* offre à l'esprit une com-
binaison d'idées très-fines, qui doit, ce me
semble, plaire d'autant plus qu'on aura le goût
plus délicat et plus exercé.

Mais les grands effets de l'art d'écrire, comme
de tous les arts, tiennent surtout aux contrastes.

Ce sont les rapprochements ou les opposi-
tions de sentiments et d'idées, de formes et
de couleurs, qui, faisant ressortir tous les
objets les uns par les autres, répandent dans
une composition la variété, le mouvement et
la vie. Aucun écrivain peut-être n'a mieux

connu ce secret, et n'en a fait un plus heureux
usage que La Bruyère. Il a un grand nombre
de pensées qui n'ont d'effet que par le contraste.

« Il s'est trouvé des filles qui avoient de la
« vertu, de la santé, de la faveur, et une bonne
« vocation, mais qui n'étoient pas assez riches
« pour faire dans une riche abbaye vœu de
« pauvreté. »

Ce dernier trait, rejeté si heureusement à
la fin de la période pour donner plus de saillie
au contraste, n'échappera pas à ceux qui aiment
à observer dans les productions des arts les
procédés de l'artiste. Mettez à la place, « qui
« n'étoient pas assez riches pour faire vœu de
« pauvreté dans une riche abbaye; » et voyez
combien cette légère transposition, quoique
peut-être plus favorable à l'harmonie, affoi-
bliroit l'effet de la phrase. Ce sont ces artifices que les anciens recherchoient avec tant
d'étude, et que les modernes négligent trop :
lorsqu'on en trouve des exemples chez nos
bons écrivains, il semble que c'est plutôt
l'effet de l'instinct que de la réflexion.

On a cité ce beau trait de Florus, lorsqu'il nous montre Scipion, encore enfant, qui croît pour la ruine de l'Afrique : *Qui in exitium Africæ crescit.* Ce rapport supposé entre deux faits naturellement indépendants l'un de l'autre plaît à l'imagination, et attache l'esprit. Je trouve un effet semblable dans cette pensée de La Bruyère :

« Pendant qu'Oronte augmente, avec ses « années, son fonds et ses revenus, une fille « naît dans quelque famille, s'élève, croît, « s'embellit, et entre dans sa seizième année. « Il se fait prier à cinquante ans pour l'épouser, « jeune, belle, spirituelle; cet homme, sans « naissance, sans esprit et sans le moindre « mérite, est préféré à tous ses rivaux[1]. »

Si je voulois, par un seul passage, donner à la fois une idée du grand talent de La Bruyère, et un exemple frappant de la puissance des contrastes dans le style, je citerois ce bel apologue, qui contient la plus éloquente satire du faste insolent et scandaleux des parvenus :

---

[1] Voyez le chapitre VI, tome I, page 359.

« Ni les troubles, Zénobie, qui agitent votre
« empire, ni la guerre que vous soutenez virile-
« ment contre une nation puissante depuis la
« mort du roi votre époux, ne diminuent rien
« de votre magnificence. Vous avez préféré à -
« toute autre contrée les rives de l'Euphrate,
« pour y élever un superbe édifice : l'air y est
« sain et tempéré ; la situation en est riante ;
« un bois sacré l'ombrage du côté du couchant ;
« les dieux de Syrie, qui habitent quelquefois
« la terre, n'y auroient pu choisir une plus
« belle demeure. La campagne autour est cou-
« verte d'hommes qui taillent et qui coupent,
« qui vont et qui viennent, qui roulent ou qui
« charrient le bois du Liban, l'airain et le por-
« phyre : les grues et les machines gémissent
« dans l'air, et font espérer à ceux qui voyagent
« vers l'Arabie de revoir à leur retour en leurs
« foyers ce palais achevé, et dans cette splen-
« deur où vous desirez de le porter, avant de
« l'habiter vous et les princes vos enfants. N'y
« épargnez rien, grande reine : employez-y l'or
« et tout l'art des plus excellents ouvriers ;
« que les Phidias et les Zeuxis de votre siècle

« déploient toute leur science sur vos plafonds
« et sur vos lambris; tracez-y de vastes et de
« délicieux jardins, dont l'enchantement soit
« tel qu'ils ne paroissent pas faits de la main
« des hommes; épuisez vos trésors et votre
« industrie sur cet ouvrage incomparable; et
« après que vous y aurez mis, Zénobie, la der-
« nière main, quelqu'un de ces pâtres qui ha-
« bitent les sables voisins de Palmyre, devenu
« riche par les péages de vos rivières, achètera
« un jour à deniers comptants cette royale
« maison, pour l'embellir, et la rendre plus
« digne de lui et de sa fortune[1]. »

Si l'on examine avec attention tous les détails de ce beau tableau, on verra que tout y
est préparé, disposé, gradué avec un art infini
pour produire un grand effet. Quelle noblesse
dans le début! quelle importance on donne au
projet de ce palais! que de circonstances adroitement accumulées pour en relever la magnificence et la beauté! Et quand l'imagination
a été bien pénétrée de la grandeur de l'objet,

---

[1] Voyez le chapitre VI, tome I, pages 365, 366.

l'auteur amène un *pâtre*, enrichi du *péage de vos rivières*, qui achète *à deniers comptants* cette *royale* maison, *pour l'embellir, et la rendre plus digne de lui.*

Il est bien extraordinaire qu'un homme qui a enrichi notre langue de tant de formes nouvelles, et qui avoit fait de l'art d'écrire une étude si approfondie, ait laissé dans son style des négligences, et même des fautes qu'on reprocheroit à de médiocres écrivains. Sa phrase est souvent embarrassée ; il a des constructions vicieuses, des expressions incorrectes, ou qui ont vieilli. On voit qu'il avoit encore plus d'imagination que de goût, et qu'il recherchoit plus la finesse et l'énergie des tours que l'harmonie de la phrase.

Je ne rapporterai aucun exemple de ces défauts, que tout le monde peut relever aisément ; mais il peut être utile de remarquer des fautes d'un autre genre, qui sont plutôt de recherche que de négligence, et sur lesquelles la réputation de l'auteur pourroit en imposer aux personnes qui n'ont pas un goût assez sûr et assez exercé.

N'est-ce pas exprimer, par exemple, une idée peut-être fausse par une image bien forcée et même obscure, que de dire : « Si la pauvreté « est la mère des crimes, le défaut d'esprit en « est le père? »

La comparaison suivante ne paroît pas d'un goût bien délicat : « Il faut juger des femmes « depuis la chaussure jusqu'à la coiffure exclu- « sivement; à peu près comme on mesure le « poisson, entre tête et queue. »

On trouveroit aussi quelques traits d'un style précieux et maniéré. Marivaux auroit pu re- vendiquer cette pensée : « Personne presque « ne s'avise de lui-même du mérite d'un autre. »

Mais ces taches sont rares dans La Bruyère : on sent que c'étoit l'effet du soin même qu'il prenoit de varier ses tournures et ses images; et elles sont effacées par les beautés sans nombre dont brille son ouvrage.

Je terminerai cette analyse par observer que cet écrivain, si original, si hardi, si ingénieux et si varié, eut de la peine à être admis à l'Académie françoise après avoir publié ses

Caractères. Il eut besoin de crédit pour vaincre l'opposition de quelques gens de lettres qu'il avoit offensés, et les clameurs de cette foule d'hommes malheureux qui, dans tous les temps, sont importunés des grands talents et des grands succès : mais La Bruyère avoit pour lui Bossuet, Racine, Despréaux, et le cri public; il fut reçu. Son discours est un des plus ingénieux qui aient été prononcés dans cette Académie. Il est le premier qui ait loué des académiciens vivants. On se rappelle encore les traits heureux dont il caractérisa Bossuet, La Fontaine et Despréaux. Les ennemis de l'auteur affectèrent de regarder ce discours comme une satire. Ils intriguèrent pour en faire défendre l'impression; et, n'ayant pu y réussir, ils le firent déchirer dans les journaux, qui dès lors étoient déjà, pour la plupart, des instruments de la malignité et de l'envie entre les mains de la bassesse et de la sottise. On vit éclore une foule d'épigrammes et de chansons, où la rage est égale à la platitude, et qui sont tombées dans le profond oubli qu'elles méritent. On aura peut-être peine à croire que ce soit pour l'auteur des *Caractères* qu'on a fait ce couplet :

> Quand La Bruyère se présente,
> Pourquoi faut-il crier haro?
> Pour faire un nombre de quarante,
> Ne falloit-il pas un zéro?

Cette plaisanterie a été trouvée si bonne, qu'on l'a renouvelée depuis à la réception de plusieurs académiciens.

Que reste-t-il de cette lutte éternelle de la médiocrité contre le génie? Les épigrammes et les libelles ont bientôt disparu; les bons ouvrages restent, et la mémoire de leurs auteurs est honorée et bénie par la postérité.

Cette réflexion devroit consoler les hommes supérieurs, dont l'envie s'efforce de flétrir les succès et les travaux; mais la passion de la gloire, comme toutes les autres, est impatiente de jouir : l'attente est pénible, et il est triste d'avoir besoin d'être consolé.

LES CARACTÈRES
DE THÉOPHRASTE,

TRADUITS DU GREC

PAR LA BRUYÈRE,

AVEC DES ADDITIONS ET DES NOTES NOUVELLES,

PAR J. G. SCHWEIGHÆUSER.

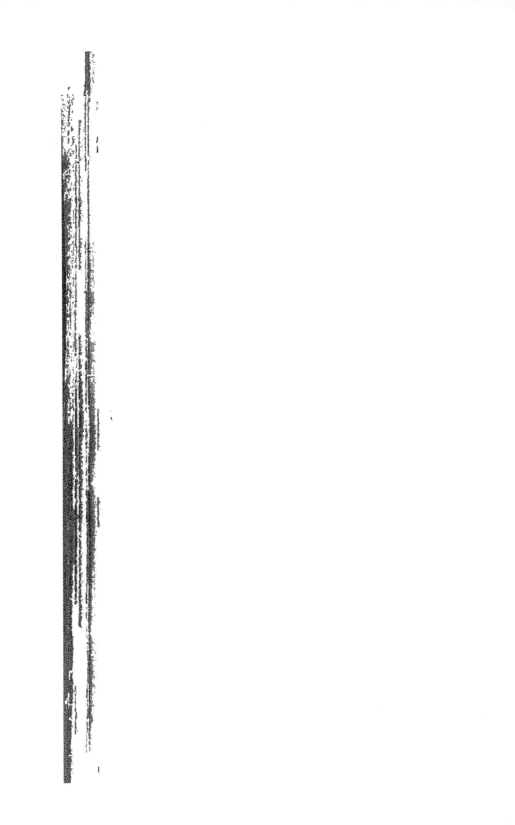

AVERTISSEMENT
DE M. SCHWEIGHÆUSER.

Depuis la traduction des *Caractères* de Théophraste par La Bruyère, cet ouvrage a reçu des additions importantes, et d'excellents critiques en ont éclairci beaucoup de passages difficiles.

En 1712, Needham publia les leçons de Duport sur treize de ces Caractères. En 1763, Fischer résuma, dans une édition critique, presque tout ce qui avoit été fait pour cet ouvrage, et y ajouta des recherches nouvelles. En 1786, M. Amaduzzi publia deux nouveaux Caractères, que Prosper Petronius avoit découverts, et qui se trouvent, à la suite des anciens, dans un manuscrit de la Bibliothèque Palatine du Vatican. En 1790, M. Belin de Ballu traduisit ces deux Caractères en françois et les joignit à une édition de La Bruyère, dans laquelle il ajouta quelques notes critiques à celles dont Coste avoit accompagné la traduction de Théophraste dans les éditions précédentes.

En 1798, M. Goetz publia les quinze derniers Caractères avec des additions considérables sur les

papiers de M. Siebenkees, qui avoit tiré cette copie
plus complète du même manuscrit où l'on avoit
trouvé deux derniers chapitres, mais qui malheureusement ne contient pas les quinze premiers.

En 1799 (an VII), M. Coray donna une édition
grecque et françoise de l'ouvrage entier, qu'il éclair-
cit par une traduction nouvelle, et par des notes
aussi intéressantes pour la critique du texte que
pour la connoissance des mœurs de l'antiquité. Ce
savant helléniste, presque compatriote du philosophe qu'il interprète, a même expliqué quelquefois très-heureusement, par des usages de la Grèce
moderne, des particularités de ceux de la Grèce
ancienne. En dernier lieu, M. Schneider, l'un des
plus savants philologues d'Allemagne, a publié
une édition critique de ces Caractères, en les clas-
sant dans un nouvel ordre, et en y faisant beaucoup de corrections. Son travail jette une lumière
nouvelle sur plusieurs passages obscurs de l'ancien
texte et des additions, que cet éditeur défend contre
les doutes qu'on avoit élevés sur leur authenticité.
Il prouve par plusieurs circonstances, auxquelles
on n'avoit pas fait attention avant lui, et par l'exis-
tence même d'une copie plus complète que les autres, que nous ne possédons que des extraits de cet
ouvrage. Je traiterai avec plus de détails de cette
hypothèse très-probable dans la note 1 du chapitre XVI.

Les importantes améliorations du texte, les versions nouvelles de beaucoup de passages, et les éclaircissements intéressants sur les mœurs, fournis par ces savants, rendroient la traduction de La Bruyère peu digne d'être remise sous les yeux du public, si tout ce qui est sorti de la plume d'un écrivain si distingué n'avoit pas un intérêt particulier, et si l'on n'avoit pas cherché à suppléer ce qui lui manque.

C'est là le principal objet des notes que j'ai ajoutées à celles de ce traducteur, et par lesquelles j'ai remplacé les notes de Coste, qui n'éclaircissent presque jamais les questions qu'on y discute. Je les ai puisées en grande partie dans les différentes sources que je viens d'indiquer, ainsi que dans le commentaire de Casaubon et dans les observations de plusieurs autres savants qui se sont occupés de cet ouvrage. J'ai fait usage aussi de l'élégante traduction de M. Lévesque, qui a paru en 1782 dans la collection des Moralistes anciens; des passages imités ou traduits par M. Barthelemy dans son *Voyage du jeune Anacharsis;* et de la traduction allemande commencée par M. Hottinger de Zurich, dont je regrette de ne pas avoir pu attendre la publication complète, ainsi que celle des papiers de Fonteyn qui se trouvent entre les mains de l'illustre helléniste Wyttenbach.

J'avois espéré que les onze manuscrits de la Bibliothèque du Roi me fourniroient les moyens d'expliquer ou de corriger quelques passages que les notes de tant de savants commentateurs n'ont pas encore suffisamment éclaircis. Mais, excepté la confirmation de quelques corrections déja proposées et la découverte de quelques scolies peu importantes, l'examen que j'en ai fait n'a servi qu'à m'apprendre qu'aucune de ces copies ne contient rien de plus que les quinze premiers chapitres de l'ouvrage, et qu'ils s'y trouvent avec toutes leurs difficultés et leurs lacunes.

J'ai observé que, dans les trois plus anciens de ces manuscrits, ces Caractères se trouvent immédiatement après un morceau inédit de Syrianus sur l'ouvrage d'Hermogène, *De formis orationis*. On sait que la seconde partie de cet ouvrage traite de la manière dont on doit peindre les mœurs et les caractères, et qu'elle contient beaucoup d'exemples tirés des meilleurs auteurs de l'antiquité, mais qui ne sont ordinairement que des fragments très-courts et sans liaison. A la fin du commentaire assez obscur dont je viens de parler, et que le savant et célébre conservateur des manuscrits grecs de la Bibliothèque Royale, M. La Porte du Theil, a eu la bonté d'examiner avec moi, l'auteur paroît annoncer qu'il va donner des exemples plus étendus que ceux d'Hermogène, en publiant à la suite de ce morceau les Caractères entiers qui sont venus à sa connoissance.

Cet indice sur la manière dont cette partie de l'ouvrage nous a été transmise explique pourquoi on la trouve si souvent, dans les manuscrits, sans la suite, et toujours avec les mêmes imperfections.

Étant ainsi frustré de l'espoir d'expliquer ou de restituer les passages difficiles ou altérés, par le secours des manuscrits, j'ai tâché de les éclaircir par de nouvelles recherches sur la langue et sur la philosophie de Théophraste, sur l'histoire et sur les antiquités.

J'ose dire que ces recherches m'ont mis à même de lever une assez grande partie des difficultés qu'on trouvoit dans cet ouvrage, et de m'apercèvoir que plusieurs passages qu'on croyoit suffisamment entendus admettent une explication plus précise que celle dont on s'étoit contenté jusqu'à présent.

Outre les matériaux rassemblés par les commentateurs plus anciens et par moi-même, M. Visconti, dont l'érudition, la sagacité et la précision critique qu'il a su porter dans la science des antiquités, sont si connues et si distinguées, a eu la bonté de me fournir quelques notes précieuses sur les passages parallèles et sur les monuments qui peuvent éclaircir des traits de ces Caractères.

Enfin j'ai fait précéder le Discours de La Bruyère sur Théophraste d'un aperçu de l'histoire de la morale en Grèce avant lui.

Je regrette que l'éloignement ne m'ait pas permis

de soumettre à mon père ce premier essai dans une
carrière dans laquelle il m'a introduit, et où je
cherche à marcher sur ses traces. Mais j'ai eu le
bonheur de pouvoir communiquer mon travail à
plusieurs savants et littérateurs du premier ordre,
et surtout à MM. d'Ansse de Villoison, Visconti et
Suard, qui ont bien voulu m'aider de leurs conseils
et m'honorer de leurs encouragements.

APERÇU

DE L'HISTOIRE DE LA MORALE, EN GRÈCE,

AVANT THÉOPHRASTE.

———

Malgré les germes de civilisation que des colonies orientales avoient portés dans la Grèce à une époque très-reculée, nous trouvons dans l'histoire de ce pays une première période où la vengeance suspendue sur la tête du criminel, le pouvoir arbitraire d'un chef, et l'indignation publique, tenoient lieu de justice et de morale.

Dans ce premier âge de la société, au lieu de philosophes moralistes, des guerriers généreux parcourent la Grèce pour atteindre et punir les coupables ; des oracles et des devins attachent au crime une flétrissure qui nécessite des expiations religieuses, au défaut desquelles le criminel est menacé de la colère des Dieux et proscrit parmi les hommes.

Bientôt des poëtes recueillent les faits héroïques et les événements remarquables, et les chantent en mêlant à leurs récits des réflexions et des sentences qui deviennent des proverbes et des maximes. Ayant conçu l'idée de donner des formes humaines à ces divinités que les peuples de l'Asie représentoient par des allégories souvent bizarres, ils furent obligés de chercher dans la nature humaine ce qu'elle avoit de plus élevé, pour composer leurs tableaux des traits qui commandoient la plus grande admiration. Leurs brillantes fictions se ressentent des mœurs d'un siècle à demi barbare ; mais elles traçoient du moins à leurs contemporains des modèles de grandeur, et même de vertus, plus parfaits que la réalité.

Les idées que la tradition avoit fournies à ces chantres révérés, ou que leur vive imagination leur avoit fait découvrir, furent méditées, réunies, augmentées par des hommes supérieurs, en même temps que tous les membres de la société sentirent le besoin de sortir de cet état d'instabilité, de troubles et de malheurs.

Alors les héros furent remplacés par des législateurs, et les idées religieuses se fixèrent. Elles furent enseignées surtout dans ces célèbres mystères fondés par Eumolpe, quelques générations avant la guerre de Troie, auxquels Cicéron[1] attribue la civilisation de l'Europe, et que la Grèce a regardés pendant une si longue suite de siècles comme la plus sacrée de ses institutions. Dans les initiations

---

[1] *De Legibus*, II, xiv.

solennelles d'Éleusis, la morale étoit présentée avec la sanction imposante de peines et de récompenses dans une vie à venir, dont les notions, d'abord grossières, et même immorales, s'épurèrent peu à peu.

Dans cette période, les hommes éclairés jouirent d'une vénération d'autant plus grande, que les lumières étoient plus rares; et les talents extraordinaires plaçoient presque toujours celui qui les possédoit à la tête du gouvernement. L'orateur philosophe que je viens de citer [1] observe que parmi les sept sages de la Grèce il n'y eut que Thalès qui ne fut pas le chef de sa république; et cette exception provint de ce que ce philosophe se livra presque exclusivement aux sciences physiques.

Pythagore seul se fraya une carrière différente. Exilé de sa patrie par la tyrannie de Polycrate, il demeura sans fonctions civiles; mais il fut l'ami et le conseil des chefs des républiques de la grande Grèce. En même temps, pour se créer une sphère d'activité plus vaste et plus indépendante, il fonda une école qui embrassoit à la fois les sciences physiques et les sciences morales, et une association secrète qui devoit réformer peu à peu tous les États de la Grèce, et substituer aux institutions qu'avoient fait naître la violence et les circonstances, des

---

[1] *De Oratore*, III, xxxiv.

constitutions fondées sur les véritables bases du contrat social [1]. Mais cette association n'acquit jamais une influence prépondérante dans la Grèce proprement dite, et n'y laissa guère d'autres traces que quelques traités de morale qui préparèrent la forme qu'Aristote donna par la suite à cette science.

Tant que les républiques de la Grèce étoient florissantes, leur histoire nous offre des actions et des sentiments sublimes ; la morale servoit de base à la législation, elle présidoit aux séances de l'Aréopage, elle dictoit des oracles, et conduisoit la plume des historiens ; ses préceptes étoient gravés sur les Hermès, préchés publiquement par les poëtes dans les chœurs de leurs tragédies, et souvent vengés par les satires politiques de la comédie de ce temps. Mais, excepté le petit nombre d'écrits pythagoriciens dont je viens de parler, et quelques paraboles qui nous ont été conservées par des auteurs postérieurs, nous ne voyons paroître dans cette période aucun ouvrage qui traite expressément de la morale. Les esprits actifs se livroient à la carrière politique, où les appeloit la forme démocratique des gouvernements sous lesquels ils vivoient, ou aux arts qui promettoient aussi des récompenses publiques. Les esprits spéculatifs s'occupoient des sciences physi-

---

[1] *Voyez* Meiners, *Histoire des sciences dans la Grèce*, livre III ; et le *Voyage du jeune Anacharsis*, chap. LXXV.

ques, premier objet des besoins et de la curiosite
de l'homme.

La morale faisoit, à la vérité, une partie essentielle de l'éducation qu'on donnoit à la jeunesse;
mais dans les écoles, l'étude de cette science étoit
presque entièrement surbordonnée à celle de l'é-
loquence; et cette circonstance contribua beaucoup
à en corrompre les principes. On n'y cherchoit
ordinairement que ce qui pouvoit servir à émouvoir
les passions et à faire obtenir les suffrages d'une
assemblée tumultueuse. Cette perversité fut même
érigée en science par ces vains et subtils déclama-
teurs appelés sophistes.

En même temps les guerres extérieures et civiles,
l'inégalité des fortunes, la tyrannie exercée par les
républiques puissantes sur les républiques foibles,
et, dans l'intérieur des États, la facilité d'abuser
d'un pouvoir populaire et mal déterminé, corrom-
poient sensiblement les mœurs; et les républiques
se ressentirent bientôt, par l'altération des anciennes
institutions, du changement qui s'étoit opéré dans
les esprits. Mais, à côté des vices et de la corruption,
les lumières que donne l'expérience, et l'indignation
même qu'inspire le crime, forment souvent des
hommes que leurs vertus élèvent non-seulement
au-dessus de leur siècle, mais encore au-dessus de
la vertu moins éclairée des siècles qui les ont précédés. Cependant la carrière politique est alors

fermée à de tels hommes par la distance même où
ils se trouvent du vulgaire, et par la répugnance
que leur inspirent l'intrigue et les vils moyens qu'il
faudroit employer pour s'élever aux places et pour
s'y maintenir. S'ils sont portés, par cet instinct
sublime qui attache notre bonheur à celui de nos
semblables, vers une activité généreuse, ils ne
peuvent s'y livrer qu'en signalant les méchants, en
distinguant ce qui reste de citoyens vertueux, en
s'entourant de l'espoir de la génération future, et
en combattant ses corrupteurs.

Tels furent la situation et les sentiments de Socrate,
lorsqu'il résolut de faire descendre, selon le beau
mot de Cicéron, la philosophie du ciel sur la terre,
et qu'il s'érigea, pour ainsi dire, en censeur public
de ses concitoyens, asservis à la fois par la mollesse
et par la tyrannie.

Il combattit les pervers par les armes du ridicule,
et s'attacha les vertueux en enflammant dans leur
sein le sentiment de la moralité. Mais il chercha
vainement à ramener sa patrie à un ordre de choses
dont les bases avoient été détruites, et il périt
victime de sa noble entreprise.

Bientôt Philippe et Alexandre reléguèrent presque
entièrement dans les écoles et dans les livres les
sentiments qui autrefois avoient formé des citoyens
et des héros. Le philosophe qui vouloit suivre les
traces de Socrate étoit condamné au rôle de Diogène ;

Platon et Aristote enseignèrent dans l'intérieur de l'Académie et du Lycée; Zénon trouva peu de disciples parmi ses contemporains; et la morale d'Épicure, fondée sur la seule sensibilité physique, fut le résultat naturel de cette révolution, et l'expression fidèle de l'esprit du siècle qui la suivit.

Le temps des vertus privées et celui des observations fines et délicates, des systèmes, et des fictions morales, avoit succédé aux siècles des vertus publiques, des grands hommes, et des actions sublimes.

Les différents degrés du passage à ce nouvel ordre de choses sont marqués par les aimables ouvrages de Xénophon, qui écrivit comme Socrate avoit parlé; par les dialogues spirituels de Platon, qui plaça les beautés morales dans des espaces imaginaires et dans des pays fictifs; par la doctrine lumineuse d'Aristote, entre les mains duquel la morale devint une science d'observation; et par les élégantes satires de Théophraste, dont l'entreprise a pu être renouvelée du temps de Louis XIV.

DISCOURS
DE LA BRUYÈRE

SUR THÉOPHRASTE.

Je n'estime pas que l'homme soit capable de former dans son esprit un projet plus vain et plus chimérique, que de prétendre, en écrivant de quelque art ou de quelque science que ce soit, échapper à toute sorte de critique, et enlever les suffrages de tous ses lecteurs.

Car, sans m'étendre sur la différence des esprits des hommes, aussi prodigieuse en eux que celle de leurs visages, qui fait goûter aux uns les choses de spéculation, et aux autres celles de pratique; qui fait que quelques-uns cherchent dans les livres à exercer leur imagination, quelques autres à former leur jugement; qu'entre ceux qui lisent, ceux-ci aiment à être forcés par la démonstration, et ceux-là veulent entendre délicatement, ou former des raisonnements et des conjectures; je me renferme seulement dans cette science qui décrit les mœurs

qui examine les hommes, et qui développe leurs caractères; et j'ose dire que sur les ouvrages qui traitent de choses qui les touchent de si près, et où il
ne s'agit que d'eux-mêmes, ils sont encore extrêmement difficiles à contenter.

Quelques savants ne goûtent que les apophthg-
mes des anciens, et les exemples tirés des Romains,
des Grecs, des Perses, des Égyptiens; l'histoire du
monde présent leur est insipide : ils ne sont point
touchés des hommes qui les environnent et avec qui
ils vivent, et ne font nulle attention à leurs mœurs.
Les femmes au contraire, les gens de la cour, et
tous ceux qui n'ont que beaucoup d'esprit sans érudition, indifférents pour toutes les choses qui les
ont précédés, sont avides de celles qui se passent à
leurs yeux, et qui sont comme sous leur main : ils
les examinent, ils les discernent; ils ne perdent
pas de vue les personnes qui les entourent, si char-
més des descriptions et des peintures que l'on fait
de leurs contemporains, de leurs concitoyens, de
ceux enfin qui leur ressemblent et à qui ils ne croient
pas ressembler, que jusque dans la chaire l'on se
croit obligé souvent de suspendre l'Évangile pour
les prendre par leur foible, et les ramener à leurs
devoirs par des choses qui soient de leur goût et
de leur portée [1].

[1] Allusion aux sermons de Bourdaloue, et surtout à ceux

La cour, ou ne connoît pas la ville, ou, par le mépris qu'elle a pour elle, néglige d'en relever le ridicule, et n'est point frappée des images qu'il peut fournir ; et si, au contraire, l'on peint la cour, comme c'est toujours avec les ménagements qui lui sont dus, la ville ne tire pas de cette ébauche de quoi remplir sa curiosité, et se faire une juste idée d'un pays où il faut même avoir vécu pour le connoître.

D'autre part, il est naturel aux hommes de ne point convenir de la beauté ou de la délicatesse d'un trait de la morale qui les peint, qui les désigne, et où ils se reconnoissent eux-mêmes : ils se tirent d'embarras en le condamnant, et tels n'approuvent la satire que lorsque, commençant à lâcher prise et à s'éloigner de leurs personnes, elle va mordre quelque autre.

Enfin quelle apparence de pouvoir remplir tous les goûts si différents des hommes par un seul ouvrage de morale ? Les uns cherchent des définitions,

de ses imitateurs. « Pour aller droit à la réformation des « mœurs, le P. Bourdaloue commençoit toujours par établir sur des principes bien liés et bien déduits une proposition morale ; et après, de peur que l'auditeur ne fît « point l'application de ces principes, il la faisoit lui-même « par un détail merveilleux où la vie des hommes étoit « peinte au naturel. » (*Histoire de l'Académie françoise*, édition L. Livet, in-8°. *Paris*, Didier, 1858, tome II, p. 321.)

des divisions, des tables, et de la méthode : ils veulent qu'on leur explique ce que c'est que la vertu en général, et cette vertu en particulier; quelle différence se trouve entre la valeur, la force et la magnanimité ; les vices extrêmes par le défaut ou par l'excès entre lesquels chaque vertu se trouve placée, et duquel de ces deux extrêmes elle emprunte davantage [1] : toute autre doctrine ne leur plaît pas. Les autres, contents que l'on réduise les mœurs aux passions, et que l'on explique celles-ci par le mouvement du sang, par celui des fibres et des artères, quittent un auteur de tout le reste [2].

Il s'en trouve d'un troisième ordre, qui, persuadés que toute doctrine des mœurs doit tendre à les réformer, à discerner les bonnes d'avec les mauvaises, et à démêler dans les hommes ce qu'il y a de vain, de foible et de ridicule, d'avec ce qu'ils peuvent avoir de bon, de sain et de louable, se plaisent infiniment dans la lecture des livres qui, supposant les principes physiques et moraux rebat-

---

[1] Cette méthode a été suivie par Aristote dans ses *Éthiques*. Chez les modernes, on la retrouve dans le *Tableau des passions humaines* de Coëffeteau (1615), dans l'*Usage des passions* du P. Senault (1641), et dans la *Morale* de René Bary (1663).

[2] Allusion aux *Charactères des passions* de Martin Cureau de La Chambre (1640 à 1662), cinq volumes in-4°, et aux *Passions de l'âme* de Descartes (1649), in-8°.

tus par les anciens et les modernes, se jettent d'abord dans leur application aux mœurs du temps, corrigent les hommes les uns par les autres, par ces images de choses qui leur sont si familières, et dont néanmoins ils ne s'avisoient pas de tirer leur instruction.

Tel est le traité des *Caractères des mœurs* que nous a laissé *Théophraste* : il l'a puisé dans les *Éthiques* et dans les *grandes Morales* d'*Aristote*, dont il fut le disciple. Les excellentes définitions que l'on lit au commencement de chaque chapitre sont établies sur les idées et sur les principes de ce grand philosophe, et le fond des caractères qui y sont décrits est pris de la même source. Il est vrai qu'il se les rend propres par l'étendue qu'il leur donne, et par la satire ingénieuse qu'il en tire contre les vices des Grecs, et surtout des Athéniens (1).

Ce livre ne peut guère passer que pour le commencement d'un plus long ouvrage que Théophraste avoit entrepris. Le projet de ce philosophe, comme vous le remarquerez dans sa préface, étoit de traiter de toutes les vertus et de tous les vices. Et comme il assure lui-même dans cet endroit qu'il commence un si grand dessein à l'âge de quatre-vingt-dix-neuf ans, il y a apparence qu'une prompte mort l'empêcha de le conduire à sa perfection (2). J'avoue que l'opinion commune a toujours été qu'il avoit poussé sa vie au delà de cent ans ; et saint Jérôme, dans une lettre qu'il écrit à Népotien, assure qu'il est

mort à cent sept ans accomplis : de sorte que je
ne doute point qu'il n'y ait eu une ancienne erreur,
ou dans les chiffres grecs qui ont servi de règle à
Diogène Laërce, qui ne le fait vivre que quatre-
vingt-quinze années[1], ou dans les premiers manuscrits qui ont été faits de cet historien, s'il est vrai
d'ailleurs que les quatre-vingt-dix-neuf ans que cet
auteur se donne dans cette préface se lisent également dans quatre manuscrits de la Bibliothèque
Palatine, où l'on a aussi trouvé les cinq derniers
chapitres des *Caractères* de Théophraste qui manquoient aux anciennes impressions, et où l'on a vu
deux titres, l'un, *du Goût qu'on a pour les vicieux*,
et l'autre, *du Gain sordide,* qui sont seuls et dénués
de leurs chapitres (3).

Ainsi cet ouvrage n'est peut-être même qu'un
simple fragment, mais cependant un reste précieux
de l'antiquité, et un monument de la vivacité de
l'esprit et du jugement ferme et solide de ce philosophe dans un âge si avancé. En effet, il a toujours
été lu comme un chef-d'œuvre dans son genre : il ne
se voit rien où le goût attique se fasse mieux remarquer, et où l'élégance grecque éclate davantage :
on l'a appelé un livre d'or. Les savants faisant
attention à la diversité des mœurs qui y sont trai-
tées, et à la manière naïve dont tous les caractères

---

1 Diogène Laërce dit 85 et non 95.

y sont exprimés, et la comparant d'ailleurs avec celle du poëte Ménandre, disciple de Théophraste, et qui servit ensuite de modèle à Térence, qu'on a dans nos jours si heureusement imité, ne peuvent s'empêcher de reconnoître dans ce petit ouvrage la première source de tout le comique : je dis de celui qui est épuré des pointes, des obscénités, des équivoques, qui est pris dans la nature, qui fait rire les sages et les vertueux (4).

Mais peut-être que pour relever le mérite de ce traité des *Caractères*, et en inspirer la lecture, il ne sera pas inutile de dire quelque chose de celui de leur auteur. Il étoit d'Érèse, ville de Lesbos, fils d'un foulon : il eut pour premier maître dans son pays un certain Leucippe (5), qui étoit de la même ville que lui : de là il passa à l'école de Platon, et s'arrêta ensuite à celle d'Aristote, où il se distingua entre tous ses disciples. Ce nouveau maître, charmé de la facilité de son esprit et de la douceur de son élocution, lui changea son nom, qui étoit Tyrtame, en celui d'Euphraste, qui signifie celui qui parle bien ; et ce nom ne répondant point assez à la haute estime qu'il avoit de la beauté de son génie et de ses expressions, il l'appela Théophraste, c'est-à-dire un homme dont le langage est divin [1]. Et il semble que Cicéron soit entré dans

---

[1] Diogène Laërce dit simplement qu'Aristote changea

les sentiments de ce philosophe, lorsque, dans le
livre qu'il intitule *Brutus*, ou *des Orateurs illustres*,
il parle ainsi (6) : « Qui est plus fécond et plus
« abondant que Platon ? plus solide et plus ferme
« qu'Aristote ? plus agréable et plus doux que Théo-
« phraste ? » Et dans quelques-unes de ses épîtres à
Atticus, on voit que parlant du même Théophraste,
il l'appelle son ami, que la lecture de ses livres lui
étoit familière, et qu'il en faisoit ses délices (7).

Aristote disoit de lui et de Callisthène (8), un
autre de ses disciples, ce que Platon avoit dit la
première fois d'Aristote même et de Xénocrate (9) :
que Callisthène étoit lent à concevoir et avoit
l'esprit tardif, et que Théophraste, au contraire,
l'avoit si vif, si perçant, si pénétrant, qu'il com-
prenoit d'abord d'une chose tout ce qui en pouvoit
être connu; que l'un avoit besoin d'éperon pour
être excité, et qu'il falloit à l'autre un frein pour le
retenir.

Il estimoit en celui-ci, sur toutes choses, un
grand caractère de douceur qui régnoit également
dans ses mœurs et dans son style (10). L'on raconte
que les disciples d'Aristote voyant leur maître

---

le nom de Tyrtame en celui de Théophraste. C'est Suidas, cité par Ménage, qui nous apprend qu'il avoit commencé par donner à son éloquent disciple le nom moins
hyperbolique d'Euphraste. (*Note de M. Servois.*)

avancé en âge et d'une santé fort affoiblie, le priè-
rent de leur nommer son successeur; que comme il
avoit deux hommes dans son école sur qui seuls ce
choix pouvoit tomber, Ménédème (11) le Rhodien
et Théophraste d'Érèse, par un esprit de ménagement pour celui qu'il vouloit exclure, il se déclara
de cette manière : il feignit, peu de temps après que
ses disciples lui eurent fait cette prière et en leur
présence, que le vin dont il faisoit un usage ordinaire lui étoit nuisible; il se fit apporter des vins
de Rhodes et de Lesbos; il goûta de tous les deux,
dit qu'ils ne démentoient point leur terroir, et que
chacun dans son genre étoit excellent; que le premier
avoit de la force, mais que celui de Lesbos avoit
plus de douceur, et qu'il lui donnoit la préférence.
Quoi qu'il en soit de ce fait, qu'on lit dans Aulu-
Gelle, il est certain que lorsque Aristote, accusé
par Eurymédon, prêtre de Gérés, d'avoir mal parlé
des Dieux, craignant le destin de Socrate, voulut
sortir d'Athènes et se retirer à Chalcis, ville d'Eubée,
il abandonna son école au Lesbien, lui confia ses
écrits à condition de les tenir secrets; et c'est par
Théophraste que sont venus jusqu'à nous les ouvrages de ce grand homme (12).

Son nom devint si célèbre par toute la Grèce,
que, successeur d'Aristote, il put compter bientôt
dans l'école qu'il lui avoit laissée jusques à deux
mille disciples. Il excita l'envie de Sophocle (13),

fils d'Amphiclide, et qui pour lors étoit préteur :
celui-ci, en effet son ennemi, mais sous prétexte
d'une exacte police, et d'empêcher les assemblées,
fit une loi qui défendoit, sur peine de la vie, à
aucun philosophe d'enseigner dans les écoles. Ils
obéirent; mais l'année suivante, Philon ayant succédé à Sophocle, qui étoit sorti de charge, le peuple d'Athènes abrogea cette loi odieuse que ce dernier avoit faite, le condamna à une amende de cinq
talents, rétablit Théophraste et le reste des philosophes.

Plus heureux qu'Aristote, qui avoit été contraint
de céder à Eurymédon, il fut sur le point de voir
un certain Aguonide puni comme impie par les Athéniens, seulement à cause qu'il avoit osé l'accuser
d'impiété : taut étoit grande l'affection que ce peuple avoit pour lui et qu'il méritoit par sa vertu (14)!

En effet, on lui rend ce témoignage, qu'il avoit
une singulière prudence, qu'il étoit zélé pour le
bien public, laborieux, officieux, affable, bien-
faisant. Ainsi, au rapport de Plutarque (15), lorsque
Érèse fut accablé de tyrans qui avoient usurpé la
domination de leur pays, il se joignit à Phidias (16)
son compatriote, contribua avec lui de ses biens
pour armer les bannis, qui rentrèrent dans leur
ville, en chassèrent les traîtres, et rendirent à toute
l'île de Lesbos sa liberté.

Tant de rares qualités ne lui acquirent pas seulement la bienveillance du peuple, mais encore l'estime et la familiarité des rois. Il fut ami de Cassandre, qui avoit succédé à Aridée, frère d'Alexandre le Grand, au royaume de Macédoine (17); et Ptolomée, fils de Lagus et premier roi d'Égypte, entretint toujours un commerce étroit avec ce philosophe. Il mourut enfin accablé d'années et de fatigues, et il cessa tout à la fois de travailler et de vivre. Toute la Grèce le pleura, et tout le peuple athénien assista à ses funérailles.

L'on raconte de lui que, dans son extrême vieillesse, ne pouvant plus marcher à pied, il se faisoit porter en litière par la ville, où il étoit vu du peuple à qui il étoit si cher. L'on dit aussi que ses disciples, qui entouroient son lit lorsqu'il mourut, lui ayant demandé s'il n'avoit rien à leur recommander, il leur tint ce discours[1] : « La vie nous séduit, elle « nous promet de grands plaisirs dans la possession « de la gloire, mais à peine commence-t-on à vivre, « qu'il faut mourir. Il n'y a souvent rien de plus « stérile que l'amour de la réputation. Cependant, « mes disciples, contentez-vous : si vous négligez « l'estime des hommes, vous vous épargnez à vous- « mêmes de grands travaux; s'ils ne rebutent point « votre courage, il peut arriver que la gloire sera

[1] Ce discours est rapporté par Diogène Laërce, liv. V, chap. II.

« votre récompense. Souvenez-vous seulement qu'il
« y a dans la vie beaucoup de choses inutiles, et
« qu'il y en a peu qui mènent à une fin solide. Ce
« n'est point à moi à délibérer sur le parti que je
« dois prendre, il n'est plus temps : pour vous,
« qui avez à me survivre, vous ne sauriez peser trop
« mûrement ce que vous devez faire. » Et ce furent
là ses dernières paroles.

Cicéron, dans le troisième livre des *Tusculanes*,
dit que Théophraste mourant se plaignit de la nature, de ce qu'elle avoit accordé aux cerfs et aux
corneilles une vie si longue et qui leur est si inutile,
lorsqu'elle n'avoit donné aux hommes qu'une vie
très-courte, bien qu'il leur importe si fort de vivre
longtemps; que si l'âge des hommes eût pu s'é-
tendre à un plus grand nombre d'années, il seroit
arrivé que leur vie auroit été cultivée par une doctrine universelle, et qu'il n'y auroit eu dans le
monde ni art ni science qui n'eût atteint sa perfection (18). Et saint Jérôme, dans l'endroit déja
cité, assure que Théophraste, à l'âge de cent sept
ans, frappé de la maladie dont il mourut, regretta
de sortir de la vie dans un temps où il ne faisoit
que commencer à être sage (19).

Il avoit coutume de dire qu'il ne faut pas aimer
ses amis pour les éprouver, mais les éprouver pour
les aimer; que les amis doivent être communs entre
les frères, comme tout est commun entre les amis;

que l'on devoit plutôt se fier à un cheval sans frein
qu'à celui qui parle sans jugement; que la plus
forte dépense que l'on puisse faire est celle du
temps. Il dit un jour à un homme qui se taisoit à la
table dans un festin : « Si tu es un habile homme,
« tu as tort de ne pas parler; mais s'il n'est pas
« ainsi, tu en sais beaucoup. » Voilà quelques-unes
de ses maximes (20).

Mais si nous parlons de ses ouvrages, ils sont in-
finis, et nous n'apprenons pas que nul ancien ait
plus écrit que Théophraste. Diogène Laërce fait l'é-
numération de plus de deux cents traités différents,
et sur toutes sortes de sujets, qu'il a composés. La
plus grande partie s'est perdue par le malheur des
temps, et l'autre se réduit à vingt traités, qui sont
recueillis dans le volume de ses œuvres. L'on y voit
neuf Livres de l'histoire des plantes, six Livres de
leurs causes. Il a écrit des vents, du feu, des pierres, du miel, des signes du beau temps, des signes
de la pluie, des signes de la tempête, des odeurs,
de la sueur, du vertige, de la lassitude, du relâ-
chement des nerfs, de la défaillance, des poissons
qui vivent hors de l'eau, des animaux qui changent
de couleur, des animaux qui naissent subitement,
des animaux sujets à l'envie, des caractères des
mœurs. Voilà ce qui nous reste de ses écrits, entre
lesquels ce dernier seul, dont on donne la traduction, peut répondre non-seulement de la beauté de

ceux que l'on vient de déduire, mais encore du mérite d'un nombre infini d'autres qui ne sont point venus jusqu'à nous (21).

Que si quelques-uns se refroidissoient pour cet ouvrage moral par les choses qu'ils y voient, qui sont du temps auquel il a été écrit, et qui ne sont point selon leurs mœurs, que peuvent-ils faire de plus utile et de plus agréable pour eux que de se défaire de cette prévention pour leurs coutumes et leurs manières, qui, sans autre discussion, non-seulement les leur fait trouver les meilleures de toutes, mais leur fait presque décider que tout ce qui n'y est pas conforme est méprisable, et qui les prive, dans la lecture des livres des anciens, du plaisir et de l'instruction qu'ils en doivent attendre?

Nous, qui sommes si modernes, serons anciens dans quelques siècles. Alors l'histoire du nôtre fera goûter à la postérité la vénalité des charges, c'est-à-dire le pouvoir de protéger l'innocence, de punir le crime, et de faire justice à tout le monde, acheté à deniers comptants comme une métairie; la splendeur des partisans (22), gens si méprisés chez les Hébreux et chez les Grecs. L'on entendra parler d'une capitale d'un grand royaume où il n'y avoit ni places publiques, ni bains, ni fontaines, ni amphithéâtres, ni galeries, ni portiques, ni promenoirs, qui étoit pourtant une ville merveilleuse. L'on dira que tout le cours de la vie s'y passoit presque à sor-

tir de sa maison pour aller se renfermer dans celle
d'un autre; que d'honnêtes femmes, qui n'étoient ni
marchandes ni hôtelières, avoient leurs maisons ouvertes à ceux qui payoient pour y entrer; que l'on
avoit à choisir des dés, des cartes et de tous les
jeux; que l'on mangeoit dans ces maisons, et qu'elles
étoient commodes à tout commerce. L'on saura
que le peuple ne paroissoit dans la ville que pour
y passer avec précipitation; nul entretien, nulle familiarité; que tout y étoit farouche et comme alar-
mé par le bruit des chars qu'il falloit éviter, et qui
s'abandonnoient au milieu des rues, comme on fait
dans une lice pour remporter le prix de la course.
L'on apprendra sans étonnement qu'en pleine paix,
et dans une tranquillité publique, des citoyens entroient dans les temples, alloient voir des femmes,
ou visitoient leurs amis, avec des armes offensives,
et qu'il n'y avoit presque personne qui n'eût à son
côté de quoi pouvoir d'un seul coup en tuer un autre. Ou si ceux qui viendront après nous, rebutés
par des mœurs si étranges et si différentes des leurs,
se dégoûtent par là de nos mémoires, de nos poésies, de notre comique et de nos satires, pouvons-
nous ne les pas plaindre par avance de se priver
eux-mêmes, par cette fausse délicatesse, de la lecture de si beaux ouvrages, si travaillés, si réguliers,
et de la connoissance du plus beau règne dont jamais
l'histoire ait été embellie?

Ayons donc pour les livres des anciens cette même indulgence que nous espérons nous-mêmes de la postérité, persuadés que les hommes n'ont point d'usages ni de coutumes qui soient de tous les siècles; qu'elles changent avec les temps; que nous sommes trop éloignés de celles qui ont passé, et trop proches de celles qui règnent encore, pour être dans la distance qu'il faut pour faire des unes et des autres un juste discernement. Alors, ni ce que nous appelons la politesse de nos mœurs, ni la bienséance de nos coutumes, ni notre faste, ni notre magnificence, ne nous préviendront pas davantage contre la vie simple des Athéniens que contre celle des premiers hommes, grands par eux-mêmes, et indépendamment de mille choses extérieures qui ont été depuis inventées pour suppléer peut-être à cette véritable grandeur qui n'est plus.

La nature se montroit en eux dans toute sa pureté et sa dignité, et n'étoit point encore souillée par la vanité, par le luxe et par la sotte ambition. Un homme n'étoit honoré sur la terre qu'à cause de sa force ou de sa vertu : il n'étoit point riche par des charges ou des pensions, mais par son champ, par ses troupeaux, par ses enfants et ses serviteurs : sa nourriture étoit saine et naturelle, les fruits de la terre, le lait de ses animaux et de ses brebis; ses vêtements simples et uniformes, leurs laines, leurs toisons; ses plaisirs innocents, une grande récolte, le mariage de ses enfants, l'union avec ses voisins, la paix dans sa famille. Rien n'est plus opposé à nos mœurs que toutes ces choses; mais l'éloignement des temps nous les fait goûter, ainsi que la distance des lieux nous fait recevoir tout ce que les diverses relations ou les livres de voyages nous apprennent des pays lointains et des nations étrangères.

Ils racontent une religion, une police, une manière de se nourrir, de s'habiller, de bâtir et de faire la guerre, qu'on ne savoit point; des mœurs que l'on ignoroit. Celles qui approchent des nôtres nous touchent, celles qui s'en éloignent nous étonnent; mais toutes nous amusent. Moins rebutés par la barbarie des manières et des coutumes de peuples si éloignés, qu'instruits et même réjouis par leur nouveauté, il nous suffit que ceux dont il s'agit soient Siamois, Chinois, Nègres ou Abyssins.

Or ceux dont Théophraste nous peint les mœurs dans ses *Caractères* étoient Athéniens, et nous sommes François: et si nous joignons à la diversité des lieux et du climat le long intervalle des temps, et que nous considérions que ce livre a pu être écrit la dernière année de la cent quinzième olympiade, trois cent quatorze ans avant l'ère chrétienne [1], et

---

[1] L'an 314 avant J. C. répond à la seconde moitié de la troisième année et à la première moitié de la quatrième année de la cxvi⁰ olympiade; [et non à la dernière année de la cxv⁰.

qu'ainsi il y a deux mille ans accomplis que vivoit
ce peuple d'Athènes dont il fait la peinture, nous
admirerons de nous y reconnoître nous-mêmes, nos
amis, nos ennemis, ceux àvec qui nous vivons, et
que cette ressemblance avec des hommes séparés
par tant de siècles soit si entière. En effet, les hommes n'ont point changé selon le cœur et selon les
passions; ils sont encore tels qu'ils étoient alors et
qu'ils sont marqués dans Théophraste : vains, dis-
simulés, flatteurs, intéressés, effrontés, importuns,
défiants, médisants, querelleux[1], superstitieux.

Il est vrai, Athènes étoit libre; c'étoit le centre
d'une république : ses citoyens étoient égaux; ils
ne rougissoient point l'un de l'autre; ils marchoient
presque seuls et à pied dans une ville propre, paisible et spacieuse, entroient dans les boutiques et
dans les marchés, achetoient eux-mêmes les choses
nécessaires; l'émulation d'une cour ne les faisoit
point sortir d'une vie commune : ils réservoient
leurs esclaves pour les bains, pour les repas, pour
le service intérieur des maisons, pour les voyages :
ils passoient une partie de leur vie dans les places,
dans les temples, aux amphithéâtres, sur un port,
sous des portiques, et au milieu d'une ville dont ils
étoient également les maîtres. Là, le peuple s'assem-
bloit pour parler ou pour délibérer (23) des affaires

---

[1] *Querelleurs* dans la plupart des éditions modernes.

publiques; ici, il s'entretenoit avec les étrangers; ailleurs, les philosophes tantôt enseignoient leur doctrine, tantôt conféroient avec leurs disciples. Ces lieux étoient tout à la fois la scène des plaisirs et des affaires. Il y avoit dans ces mœurs quelque chose de simple et de populaire, et qui ressemble peu aux nôtres, je l'avoue; mais cependant quels hommes en général que les Athéniens! et quelle ville qu'Athènes! quelles lois! quelle police! quelle valeur! quelle discipline! quelle perfection dans toutes les sciences et dans tous les arts! mais quelle politesse dans le commerce ordinaire et dans le langage! Théophraste, le même Théophraste dont l'on vient de dire de si grandes choses, ce parleur agréable, cet homme qui s'exprimoit divinement, fut reconnu étranger et appelé de ce nom par une simple femme de qui il achetoit des herbes au marché, et qui reconnut, par je ne sais quoi d'attique qui lui manquoit, et que les Romains ont depuis appelé urbanité, qu'il n'étoit pas Athénien; et Cicéron rapporte que ce grand personnage demeura étonné de voir qu'ayant vieilli dans Athènes, possédant si parfaitement le langage attique, et en ayant acquis l'accent par une habitude de tant d'années, il ne s'étoit pu donner ce que le simple peuple avoit naturellement et sans nulle peine (24). Que si l'on ne laisse pas de lire quelquefois dans ce traité des *Caractères* de certaines mœurs qu'on ne peut excuser, et qui nous paroissent ridicules, il faut se souvenir qu'elles ont paru telles à Théophraste, qu'il les a regardées comme des vices dont il a fait une peinture naïve, qui fit honte aux Athéniens et qui servit à les corriger.

Enfin, dans l'esprit de contenter ceux qui reçoivent froidement tout ce qui appartient aux étrangers et aux anciens, et qui n'estiment que leurs mœurs, on les ajoute à cet ouvrage. L'on a cru pouvoir se dispenser de suivre le projet de ce philosophe, soit parce qu'il est toujours pernicieux de poursuivre le travail d'autrui, surtout si c'est d'un ancien, ou d'un auteur d'une grande réputation; soit encore parce que cette unique figure qu'on appelle description ou énumération, employée avec tant de succès dans ces vingt-huit chapitres des *Caractères,* pourroit en avoir un beaucoup moindre, si elle étoit traitée par un génie fort inférieur à celui de Théophraste.

Au contraire, se ressouvenant que parmi le grand nombre des traités de ce philosophe, rapportés par Diogène Laërce, il s'en trouve un sous le titre de *Proverbes,* c'est-à-dire de pièces détachées, comme des réflexions ou des remarques; que le premier et le plus grand livre de morale qui ait été fait porte ce même nom dans les divines Écritures, on s'est trouvé excité, par de si grands modèles, à suivre, selon ses forces, une semblable manière d'écrire des mœurs (25); et l'on n'a point été détourné de son entreprise par deux ouvrages de morale qui sont dans les mains de tout le monde, et d'où, faute d'attention, ou par un esprit de critique, quelques uns pourroient penser que ces remarques sont imitées.

L'un, par l'engagement de son auteur (26), fait servir la métaphysique à la religion, fait connoître l'ame, ses passions, ses vices, traite les grands et les sérieux motifs pour conduire à la vertu, et veut rendre l'homme chrétien. L'autre, qui est la production d'un esprit instruit par le commerce du monde (27), et dont la délicatesse étoit égale à la pénétration, observant que l'amour-propre est dans l'homme la cause de tous ses foibles, l'attaque sans relâche quelque part où il le trouve; et cette unique pensée, comme multipliée en mille manières différentes, a toujours, par le choix des mots et par la variété de l'expression, la grace de la nouveauté.

L'on ne suit aucune de ces routes dans l'ouvrage qui est joint à la traduction des *Caractères;* il est tout différent des deux autres que je viens de toucher : moins sublime que le premier, et moins délicat que le second, il ne tend qu'à rendre l'homme raisonnable, mais par des voies simples et communes, et en l'examinant indifféremment, sans beaucoup de méthode et selon que les divers chapitres y conduisent, par les âges, les sexes et les conditions, et par les vices, les foibles et le ridicule qui y sont attachés.

L'on s'est plus appliqué aux vices de l'esprit, aux 'replis du cœur et à tout l'intérieur de l'homme, que n'a fait Théophraste : et l'on peut dire que, comme ses *Caractères,* par mille choses extérieures qu'ils font remarquer dans l'homme, par ses actions, ses paroles et ses démarches, apprennent quel est son fond, et font remonter jusques à la source de son dérèglement ; tout au contraire, les nouveaux *Caractères,* déployant d'abord les pensées, les sentiments et les mouvements des hommes, découvrent le principe de leur malice et de leurs foiblesses, font que l'on prévoit aisément tout ce qu'ils sont capables de dire ou de faire, et qu'on ne s'étonne plus de mille actions vicieuses ou frivoles dont leur vie est toute remplie.

Il faut avouer que sur les titres de ces deux ouvrages l'embarras s'est trouvé presque égal. Pour ceux qui partagent le dernier, s'ils ne plaisent point assez, l'on permet d'en suppléer d'autres : mais à l'égard des titres des *Caractères* de Théophraste, la même liberté n'est pas accordée, parce qu'on n'est point maître du bien d'autrui. Il a fallu suivre l'esprit de l'auteur, et les traduire selon le sens le plus proche de la diction grecque, et en même temps selon la plus exacte conformité avec leurs chapitres : ce qui n'est pas une chose facile, parce que souvent la signification d'un terme grec, traduit en françois mot pour mot, n'est plus la même dans notre langue : par exemple, ironie est chez nous une raillerie dans la conversation, ou une figure de rhétorique ; et chez Théophraste c'est quelque chose entre la fourberie et la dissimulation, qui n'est pourtant ni l'une ni l'autre, mais précisément ce qui est décrit dans le premier chapitre.

Et d'ailleurs les Grecs ont quelquefois deux ou trois termes assez différents pour exprimer des choses qui le sont aussi, et que nous ne saurions guère rendre que par un seul mot : cette pauvreté embarrasse. En effet, l'on remarque dans cet ouvrage grec trois espèces d'avarice, deux sortes d'importuns, des flatteurs de deux manières, et autant de grands parleurs : de sorte que les caractères de ces personnes semblent rentrer les uns dans les autres au désavantage du titre ; ils ne sont pas aussi toujours suivis et parfaitement conformes, parce que Théophraste, emporté quelquefois par le dessein qu'il a de faire des portraits, se trouve déterminé à ces changements par le caractère et les mœurs du personnage qu'il peint, ou dont il fait la satire (28).

Les définitions qui sont au commencement de chaque chapitre ont eu leurs difficultés. Elles sont courtes et concises dans Théophraste, selon la force du grec et le style d'Aristote qui lui en a fourni les premières idées : on les a étendues dans la traduction, pour les rendre intelligibles. Il se lit aussi dans ce traité des phrases qui ne sont pas achevées, et qui forment un sens imparfait, auquel il a été facile de suppléer le véritable ; il s'y trouve de différentes leçons, quelques endroits tout à fait interrompus, et qui pouvoient recevoir diverses explications ; et pour ne point s'égarer dans ces doutes, on a suivi les meilleurs interprètes.

Enfin, comme cet ouvrage n'est qu'une simple instruction sur les mœurs des hommes, et qu'il vise moins à les rendre savants qu'à les rendre sages, l'on s'est trouvé exempt de le charger de longues et curieuses observations ou de doctes commentaires qui rendissent un compte exact de l'antiquité (29). L'on s'est contenté de mettre de petites notes à côté de certains endroits que l'on a cru les mériter, afin que nuls de ceux qui ont de la justesse, de la vivacité, et à qui il ne manque que d'avoir lu beaucoup, ne se reprochent pas même ce petit défaut, ne puissent être arrêtés dans la lecture des *Caractères,* et douter un moment du sens de Théophraste.

NOTES ET ADDITIONS.

(1) Aristote fait, dans les ouvrages que La Bruyère vient de citer, et auxquels il faut ajouter celui que ce philosophe a adressé à son disciple Eudème, une énumération

méthodique des vertus et des vices, en considérant les derniers comme s'écartant des premières en deux sens opposés, en plus et en moins. Il détermine les unes par les autres, et s'attache surtout à tracer les bornes par lesquelles la droite raison sépare les vertus de leurs extrêmes vicieux.

Théophraste a suivi en général la carrière que son maître avoit ouverte, en transformant en science d'observation la morale, qui avant lui étoit, pour ainsi dire, toute en action et en préceptes. Dans cet ouvrage en particulier, il profite souvent des définitions, et même quelquefois des distinctions et des subdivisions de son maître. Il ne nous présente, à la vérité, qu'une suite de caractères de vices et de ridicules, et en peint beaucoup de nuances qu'Aristote passe sous silence : mais il avoit peut-être suivi, pour atteindre le but moral qu'il se proposoit, un plan assez analogue à celui d'Aristote, en rapprochant les tableaux des vices opposés à chaque vertu. La forme actuelle de son livre n'offre, à la vérité, que les traces d'un semblable plan, que l'on trouvera dans le tableau ci-après; mais cette collection de *Caractères* ne nous a été transmise que par morceaux détachés, trouvés successivement dans différents manuscrits; et nous sommes si peu certains d'en posséder la totalité, que nous ne savons même pas quelle en a été la forme primitive, ou la proportion de la partie qui nous reste à celle qui peut avoir péri avec la plupart des autres écrits de notre philosophe.

La Peur, chap. xxv.	L'Effronterie, chap. vi.
La Superstition, chap. xvi.	. . . .
La Dissimulation intéressée, chap. 1er.	L'Effronterie causée par l'avarice, chap. ix.
. . . .	L'Habitude de forger des nouvelles, chap. viii.

L'Orgueil, chap. xxiv.

La Saleté, chap. xix.

La Rusticité, chap. iv.

La Brutalité, chap. xv.

La Malice, chap. xx.

La Médisance, chap. xxviii.

La Stupidité, chap. xiv.

L'Avarice, chap. xxii.

La Lésine, chap. x.

L'Envie de plaire à force de complaisance et d'élégance, chap. v.

L'Empressement outré, chapitre xiii.

La Flatterie, chap. ii.

La Défiance, chap. xviii.

La Vanité, chap. xxi.

L'Ostentation, chap. xxiii.

On pourra comparer ce tableau avec celui des vertus et des vices, selon Aristote, qui se trouve dans le chapitre xxvi du *Voyage du jeune Anacharsis,* et avec les développements que le philosophe grec donne à cette théorie dans son ouvrage de morale adressé à Nicomaque.

(2) L'opinion de La Bruyère et d'autres traducteurs, que Théophraste annonce le projet de traiter dans ce livre des vertus comme des vices, n'est fondée que sur une interprétation peu exacte d'une phrase de la lettre à Polyclès, qui sert de préface à cet ouvrage. Voyez à ce sujet la note 4 sur ce morceau *, dont même on ne peut en général rien conclure avec certitude, parce qu'il paroît être altéré par les abréviateurs et les copistes. Il est même à peu près certain qu'il s'y trouve une erreur grave sur l'âge de Théophraste : car l'opinion de saint Jérôme sur cet âge, que La Bruyère appelle, dans la phrase suivante, l'opinion commune, a au contraire été rejetée depuis par les meilleurs critiques qui se sont occupés de cet ouvrage, et par le célèbre chronologiste Corsini. Nous avons deux énumérations de philosophes remarquables par leur lon-

_____

* Ci-après, page 57.

gévité, l'une de Lucien, l'autre de Censorinus, où Théophraste n'est point nommé; et comme on sait qu'il est mort la première année de la cent vingt-troisième olympiade, l'âge que lui donne saint Jérôme supposeroit qu'il auroit eu neuf ans de plus qu'Aristote, dont il devoit épouser la fille. D'ailleurs Cicéron, en citant le même trait que saint Jérôme (voyez ci-après notes 18 et 19), n'ajoute rien sur l'âge de Théophraste; et certainement si cet âge eût été aussi remarquable que le dit ce dernier, Cicéron n'auroit pas manqué de parler d'une circonstance qui rendoit ce trait bien plus piquant. Il est donc plus que probable que saint Jérôme, qui n'a vécu qu'aux quatrième et cinquième siècles, a été mal informé, et que la leçon de Diogène est la bonne. Or, d'après cet historien, notre philosophe n'a vécu en tout que quatre-vingt-cinq ans, tandis que l'Avant-propos des *Caractères* lui en donne quatre-vingt-dix-neuf. Ce ne peut être que par distraction que La Bruyère dit quatre-vingt-quinze ans; et j'aurois rectifié cette erreur manifeste dans le texte même, si je ne l'avois pas trouvée dans les éditions faites sous les yeux de l'auteur.

Mais quoi qu'il en soit de l'âge que ce philosophe a atteint, on verra, dans les notes 4 et 21 ci-après, qu'il a traité souvent, et sans doute longtemps avant sa mort, des caractères dans ses leçons et dans ses ouvrages; il est donc probable qu'il s'est occupé de faire connoitre et aimer les vertus avant de ridiculiser les vices, et qu'il n'a point réservé la peinture des premiers pour la fin de sa carrière.

(3) Les manuscrits ne varient point à ce sujet; mais ils paroissent, ainsi que je l'ai déjà observé, n'être tous que des copies d'un ancien extrait de l'ouvrage original. Les *Caractères* dont parle ici La Bruyère ont été trouvés de-

puis dans un manuscrit de Rome ; ils ont été insérés dans
cette édition, ainsi que d'autres additions trouvées dans
le même manuscrit. (Voyez la Préface et la note 1 du
chapitre xvi.)

(4) C'est Diogène Laërce qui nous apprend que Ménandre fut disciple de Théophraste : La Bruyère a fait ici
un extrait suffisamment étendu de la vie de notre philosophe donnée par Diogène, et nous n'avons point cru
qu'il valût la peine d'insérer encore cette vie en totalité,
comme on l'a fait dans une autre édition. On sait que Ménandre fut le créateur de ce qu'on a appelé la nouvelle
comédie, pour la distinguer de l'ancienne et de la moyenne,
qui n'étoient que des satires personnelles assez amères ou
des farces plus ou moins grossières. Les anciens disoient
de Ménandre, qu'on ne savoit pas si c'étoit lui qui avoit
imité la nature, ou si la nature l'avoit imité. On trouvera
une petite notice sur la vie de cet intéressant auteur, et
quelques fragments de ses comédies, dont aucune ne nous
est parvenue en entier, à la suite de la traduction de Théophraste par M. Levesque, dans la *Collection des Moralistes anciens* de Didot et de Bure.

Théophraste a écrit un livre sur la comédie, et Athénée nous apprend (livre Ier, chap. xxxiii, page 78 du
premier volume de l'édition de mon père) que dans le
débit de ses leçons il se rapprochoit en quelque sorte de
l'action théâtrale, en accompagnant ses discours de tous
les mouvements et des gestes analogues aux objets dont
il parloit. On raconte même que, parlant un jour d'un
gourmand, il tira la langue et se lécha les lèvres.

Je suis tenté de croire que les observations de Théophraste sur les caractères dont il entretenoit ses disciples
et sans doute aussi ses amis avec tant de vivacité, ont
aussi introduit dans la géographie une attention plus scru-

puleuse aux mœurs et aux usages des peuples. Nous avons des fragments de deux ouvrages relatifs à cette science, et composés à différentes époques par Dicéarque, condisciple et ami de notre philosophe. Le plus ancien de ces écrits, adressé à Théophraste lui-même, mais probablement avant la composition de ses *Caractères*, ne consiste qu'en vers techniques sur les noms des lieux ; tandis que le second contient des observations fort intéressantes sur le caractère et les particularités des différentes peuplades de la Grèce. Ces fragments sont recueillis dans les *Geographi minores* de Hudson, qui les a fait précéder d'une dissertation sur les différentes époques auxquelles ces ouvrages paroissent avoir été écrits.

(5) Un autre que Leucippe, philosophe célèbre, et disciple de Zénon. (*Note de La Bruyère.*) Celui dont il est question ici n'est point connu d'ailleurs. D'autres manuscrits de Diogène Laërce l'appellent Alcippe.

(6) « Quis uberior in dicendo Platone ? Quis Aristotele nervosior ? Theophrasto dulcior ? » (Cap. xxxi.)

(7) Dans ses *Tusculanes* (livre V, chap. ix), Cicéron appelle Théophraste le plus élégant et le plus instruit de tous les philosophes ; mais ailleurs il lui fait des reproches très-graves sur la trop grande importance qu'il accordoit aux richesses et à la magnificence, sur la mollesse de sa doctrine morale, et sur ce qu'il s'est permis de dire que c'est la fortune et non la sagesse qui règle la vie de l'homme. (Voy. *Acad. Quæst.* lib. I, cap. ix ; *Tusc.* V, ix ; *Offic.* II, xvi, etc.) Il est vrai que Cicéron met la plupart de ces reproches dans la bouche des stoïciens qu'il introduit dans ses dialogues ; et d'autres auteurs nous ont conservé des mots de Théophraste qui contiennent une appréciation

très-juste des richesses et de la fortune. « A bien les con-
« sidérer, disoit-il, selon Plutarque, les richesses ne sont
« pas même dignes d'envie, puisque Callias et Isménias,
« les plus riches, l'un des Athéniens, et l'autre des Thé-
« bains, étoient obligés, comme Socrate et Epaminon-
« das, de faire usage des mêmes choses nécessaires à la vie.
« — La vie d'Aristide, dit-il, selon Athénée, étoit plus
« glorieuse, quoiqu'elle ne fût pas, à beaucoup près,
« aussi douce que celle de Smindyride le Sybarite, et de
« Sardanapale. — La fortune, lui fait encore dire Plutar-
« que, est la chose du monde sur laquelle on doit comp-
« ter le moins, puisqu'elle peut renverser un bonheur ac-
« quis avec beaucoup de peine, dans le temps même où
« l'on se croit le plus à l'abri d'un pareil malheur. »

(8) Philosophe célèbre, qui suivit Alexandre dans son
expédition, et devint odieux à ce conquérant par la répugnance qu'il témoigna pour ses mœurs asiatiques. Alexandre le fit traîner prisonnier à la suite de l'armée, et, au
rapport de quelques historiens, le fit mettre à la torture et
le fit pendre, sous prétexte d'une conspiration à laquelle
il fut accusé d'avoir pris part. (Voy. Arrien, *De Exped.
Alex.*, lib. IV, cap. xiv.)

(9) Xénocrate succéda dans l'Académie à Speusippe,
neveu de Platon. C'est ce philosophe que Platon ne cessoit
d'exhorter à sacrifier aux Grâces, parce qu'il manquoit absolument d'agrément dans ses discours et dans ses manières. Il refusa, par la suite, des présents considérables
d'Alexandre, en faisant observer aux envoyés chargés de
les lui remettre la simplicité de sa manière de vivre. C'est
lui aussi que les Athéniens dispensèrent un jour de prêter
un serment exigé par les lois, tant ils estimoient son caractère et sa parole.

(10) Cicéron dit, au sujet d'Aristote et de Théophraste (*De Finibus*, lib. V, cap. IV) : « Ils aimoient une vie douce et tranquille, consacrée à l'observation de la nature et à l'étude ; une telle vie leur parut la plus digne du sage, comme ressemblant davantage à celle des Dieux. » (Voyez aussi *Ep. ad Att.* II, XVI.) Mais il paroît que cette douceur approchoit beaucoup de la mollesse, non-seulement par les reproches de Cicéron que je viens de citer, et par les paroles de Sénèque (*De Irâ*, lib. I, cap. XII et XV), mais encore par le témoignage de Télès, conservé par Stobée, qui nous apprend que ce philosophe affectoit de n'admettre dans sa familiarité que ceux qui portoient des habits élégants, et des souliers en escarpins et sans clous, qui avoient une suite d'esclaves, et une maison spacieuse employée souvent à donner des repas somptueux, où le pain devoit être exquis, le poisson et les ragoûts choisis, et le vin de la meilleure qualité.

Hermippus, cité par Athénée, dans le passage dont j'ai déjà parlé, dit que Théophraste, lorsqu'il donnoit ses leçons, étoit toujours vêtu avec beaucoup de recherche, et qu'ainsi que d'autres philosophes de son temps il attachoit une grande importance à savoir relever sa robe avec grâce.

(11) Il y a deux auteurs du même nom ; l'un philosophe cynique, l'autre disciple de Platon. (*Note de La Bruyère.*) Mais un Ménédème, péripatéticien, seroit trop inconnu pour que cette histoire que raconte Aulu-Gelle (Liv. XIII, chap. V), et que Heumann (*In Actis Erud.*, tome III, page 675) traite de fable, puisse lui être appliquée. Pour donner à ce récit quelque degré de vraisemblance, il faut lire *Eudème*, ainsi que plusieurs savants l'ont proposé. Ce philosophe, né dans l'île de Rhodes, étoit un des disciples les plus distingués d'Aristote, qui lui a adressé un de

ses ouvrages sur la morale, à moins que cet ouvrage ne soit d'Eudème lui-même, comme plusieurs savants l'ont cru.

(12) Après la mort de Théophraste, ils passèrent à Nélée, son disciple, par les successeurs duquel ils furent par la suite enfouis dans un lieu humide, de crainte que les rois de Pergame ne les enlevassent pour leur bibliothèque. On les déterra quelque temps après pour les vendre à Apellicon de Téos; et, après la prise d'Athènes par Sylla, ils furent transportés à Rome par ce dictateur. Ils avoient été fort endommagés dans le souterrain où ils avoient été cachés, et il paroît que les copies qu'on en a tirées n'ont pas été faites avec beaucoup de soin. Cependant je puis assurer ceux qui voudront travailler sur cet auteur que les manuscrits qui nous ont transmis ses ouvrages sont plus importants à consulter que ne l'ont cru jusqu'à présent les éditeurs.

(13) Un autre que le poëte tragique. (*Note de La Bruyère*.)

(14) On avoit accusé notre philosophe d'athéisme, et nous voyons dans Cicéron (*De Nat. Deor.*, lib. I, cap. xiii) que les épicuriens lui reprochoient l'inconséquence d'attribuer une puissance divine tantôt à un esprit, tantôt au ciel, d'autres fois aux astres et aux signes célestes. La célèbre courtisane épicurienne Léontium a combattu ses idées dans un ouvrage écrit, au rapport de Cicéron, avec beaucoup d'élégance.

Stobée nous a conservé un passage de Théophraste où il dit qu'on ne mérite point le nom d'homme vertueux sans avoir de la piété, et que cette piété consiste, non dans des sacrifices magnifiques, mais dans l'hommage qu'une ame pure rend à la Divinité.

Du Rondel, qui a fait imprimer, en 1686, sur le chapitre de Théophraste qui traite de la Superstition, un petit livre en forme de lettre adressée à un ami qu'il ne nomme point, mais dans lequel il est aisé de reconnoître le célèbre Bayle, attribue à Théophraste un fragment assez curieux où l'on cherche à prouver que la croyance universelle de la Divinité ne peut être que l'effet d'une idée innée dans tous les hommes. Il dit que ce morceau a été tiré de certaines lettres de Philelphe par un parent du comte de Pagan; mais je l'ai vainement cherché dans ces intéressantes lettres d'un des littérateurs les plus distingués du quinzième siècle : et il ne peut être que supposé, ou du moins altéré, parce qu'il y est question du stoïcien Cléanthe, postérieur à Théophraste. Le seul trait de ce morceau qu'on puisse attribuer avec fondement à notre philosophe est celui que Simplicius, dans ses *Commentaires sur Épictète*, page 357 de l'édition de mon père, lui attribue aussi. C'est la mention du supplice des Acrothoïtes, engloutis dans le sein de la terre parce qu'ils ne croyoient point aux Dieux.

Au reste, les accusations d'athéisme avoient toujours des dangers pour leurs auteurs, si elles n'étoient point prouvées. (Voyez le *Voyage du jeune Anacharsis*, ch. XXI.)

(15) Dans l'ouvrage intitulé : *Qu'on ne sauroit pas même vivre agréablement selon la doctrine d'Épicure*, ch. XII, et dans son traité contre l'épicurien Colotès, ch. XXIX, ce trait et le Caractère de l'oligarchie tracé par Théophraste prouvent que c'étoit plutôt par raison et par circonstance, que par caractère ou par intérêt, que ce philosophe fut attaché au parti aristocratique d'Athènes. (Voyez à ce sujet la préface de M. Coray, page 23 et suivantes.)

(16) Un autre que le fameux sculpteur. (*Note de La Bruyère.*) Le nom grec est Φειδίας.

(17) Il paroît qu'il devoit l'amitié de ces persónnages illustres à son maître Aristote, précepteur d'Alexandre. Il adressa à Cassandre son *Traité de la Royauté,* dont on ne trouve plus que le titre dans la liste de ses ouvrages perdus. Ce général, fils d'Antipater, disputoit à Polysperchon la tutelle des enfants d'Alexandre, et les tuteurs finirent par faire la paix, après avoir assassiné chacun celui des deux enfants du roi qu'il avoit en son pouvoir. Pendant leurs dissensions, Polysperchon, qui protégeoit le parti démocratique d'Athènes, y conduisit une armée, et renversa le gouvernement aristocratique qu'y avoit établi Antipater; mais par la suite, Cassandre vint descendre au Pirée, rétablit, à quelques modifications près, l'aristocratie introduite par son père, et mit à la tête des affaires Démétrius de Phalère, disciple et ami de Théophraste. (Voyez Diodore de Sicile, liv. XVIII; et Coray, page 208 et suivantes.)

(18) « Theophrastus moriens accusasse naturam dicitur « quod cervis et cornicibus vitam diuturnam, quorum id « nihil interesset; hominibus, quorum maxime interfuisset, « tam exiguam vitam dedisset; quorum si ætas potuisset « esse longinquior, futurum fuisse ut, omnibus perfectis « artibus, omni doctrina vita hominum erudiretur. » (*Tusc.*, lib. III, cap. xxviii.)

(19) *Epist. ad Nepotianum.* « Sapiens vir Græciæ Theo-« phrastus, cum expletis centum et septem annis se mori « cerneret, dixisse fertur se dolere quod tum egrederetur « e vita quando sapere cœpisset. »

(20) On trouvera quelques autres maximes du même genre à la suite de la traduction des *Caractères de Théo-*

phraste par M. Levesque, et dans l'intéressante préface de M. Coray.

(21) Au rapport de Porphyrius dans la *Vie de Plotin*, chap. xxiv, les écrits de Théophraste furent mis en ordre par Andronicus de Rhodes. Diogène Laërce nous donne un catalogue de tous ses ouvrages, dont la plupart sont relatifs, ainsi que ceux qui nous restent, à différentes parties de l'histoire naturelle et de la physique générale. Parmi ceux de morale et de politique, les titres suivants m'ont paru offrir le plus d'intérêt : « De la différence des « vertus; sur les hommes; sur le bonheur; sur la volupté; « de l'amitié; de l'ambition; sur la fausse volupté; de la « vertu; de l'opinion; du ridicule; de l'éloge; sur la flat- « terie; des sages; du mensonge et de la vérité; des mœurs « politiques ou des usages des États; de la piété; de l'à- « propos; de la meilleure forme de gouvernement; des « législateurs; de la politique adaptée aux circonstances; « des passions; sur l'âme; de l'éducation des enfants; his- « toire des opinions sur la Divinité, etc., etc. » On trou- vera dans le volume X du *Trésor grec* de Gronovius un Traité intéressant de Meursius sur ces ouvrages perdus.

Cicéron dit (*De Finibus*, lib. V, cap. iv) qu'Aristote avoit peint les mœurs, les usages et les institutions des peuples, tant grecs que barbares, et que Théophraste avoit de plus rassemblé leurs lois, que l'un et l'autre ont traité des qua- lités que doivent avoir les gouvernants, mais que le der- nier avoit en outre développé la marche des affaires dans une république, et enseigné comment il falloit se conduire dans les différentes circonstances qui peuvent se présenter. Le même auteur nous apprend aussi que Théophraste avoit, ainsi que son maître, une doctrine extérieure et une doc- trine intérieure.

(22) On désignoit autrefois par ces mots les financiers ou traitants.

(23) J'ai ajouté les mots *pour parler,* d'après l'édition de 1688 ; et on a fait en général dans cet ouvrage plusieurs corrections importantes sur les éditions imprimées du vivant de La Bruyère, qu'il étoit d'autant plus important de consulter, que la plupart des fautes de celles qui ont paru peu de temps après sa mort ont toujours été répétées depuis, et que plusieurs autres s'y sont jointes. Les notes mêmes de Coste et de M. B. de B.* prouvent que ces éditeurs ne se sont servis que d'éditions du dix-huitième siècle ; car les deux bonnes leçons du chapitre II , qu'ils déclarent n'avoir mises dans le texte que par conjecture, existent dans les éditions du dix-septième siècle, dont nous avons fait usage.

(24) « Tincam multa ridicule dicentem Granius ohrue-
« bat. Nescio quo sapore vernaculo : ut ego jam non mirer
« illud Theophrasto accidisse quod dicitur, cum percon-
« taretur ex anicula quadam quanti aliquid venderet ; et
« respondisset illa atque addidisset, Hospes, non pote mi-
« noris ; tulisse eum moleste se non effugere hospitis spe-
« ciem, cum ætatem ageret Athenis optimeque loqueretur.
« Omnino , sicut opinor, in nostris est quidam urbanorum
« sicut illic Atticorum sonus. » (*Brutus,* cap. XLVI.)
La Bruyère a peut-être en général un peu flatté le portrait d'Athènes ; et quant à ce dernier trait, il en a fait une paraphrase assez étrange. Ce ne peut être que par quelque reste de son accent éolien ; très-différent de celui du dialecte d'Athènes , que Théophraste fut reconnu pour étranger par une marchande d'herbes, *sonus urbanorum,*

---

* Belin de Ballu.

dit Cicéron. Posidippe, rival de Ménandre, reproche aux Athéniens comme une grande incivilité leur affectation de considérer l'accent et le langage d'Athènes comme le seul qu'il soit permis d'avoir et de parler, et de reprendre ou de tourner en ridicule les étrangers qui y manquoient. « L'atticisme », dit-il à cette occasion, dans un fragment cité par Dicéarque, ami de Théophraste, dont j'ai parlé plus haut, « est le langage d'une des villes de la Grèce ; « l'hellénisme, celui des autres ». La première cause des particularités du dialecte d'Athènes se trouve dans l'histoire primitive de cette ville. D'après Hérodote et d'autres autorités, les hordes errantes appelées *Hellènes*, qui ont envahi presque toute la Grèce et lui ont donné leur nom, se sont fondues à Athènes, dans les Aborigènes Pélasges, civilisés par la colonie égyptienne de Cécrops.

(25) L'on entend cette manière coupée dont Salomon a écrit ses *Proverbes*, et nullement les choses qui sont divines et hors de toute comparaison. (*Note de La Bruyère.*)

(26) Pascal.

(27) Le duc de La Rochefoucauld.

(28) Je croirois plutôt que ces défauts de liaison et d'unité dans quelques caractères sont dus à l'abréviateur et aux copistes. C'est ainsi que les traits qui défigurent le chapitre XI appartiennent véritablement au chapitre XXX, découvert depuis la mort de La Bruyère, où ils se trouvent mêlés à d'autres traits du même genre, et sous le titre qui leur convient. (Je crois qu'il se trouve des transpositions semblables dans les chapitres XIX et XX. Voyez les notes 9 du chapitre XIX, et 5 et 7 du chapitre XX.) Du reste, j'ai

proposé quelques titres et quelques définitions qui me semblent prévenir les inconvénients dont La Bruyère se plaint dans le passage auquel se rapporte cette note, et dans la phrase suivante.

(29) Je me suis prescrit des bornes un peu moins étroites, et j'ai cru que les mœurs d'Athènes, dans le siècle d'Alexandre et d'Aristote, méritoient bien d'être éclaircies autant que possible, et que l'explication précise d'un des auteurs les plus élégants de l'antiquité ne pouvoit pas être indifférente à des lecteurs judicieux.

AVANT-PROPOS
DE THÉOPHRASTE.

J'ai admiré souvent, et j'avoue que je ne puis encore comprendre, quelque sérieuse réflexion que je fasse, pourquoi toute la Grèce étant placée sous un même ciel, et les Grecs nourris et élevés de la même manière (1), il se trouve néanmoins si peu de ressemblance dans leurs mœurs. Puis donc, mon cher Polyclès (2), qu'à l'âge de quatre-vingt-dix-neuf ans où je me trouve (3), j'ai assez vécu pour connoître les hommes; que j'ai vu d'ailleurs, pendant le cours de ma vie, toutes sortes de personnes et de divers tempéraments; et que je me suis toujours attaché à étudier les hommes vertueux, comme ceux qui n'étoient connus que par leurs vices; il semble que j'ai dû marquer les Caractères des uns et des autres (4), et ne me pas contenter de peindre les Grecs en général, mais même de toucher ce qui est personnel, et ce que plusieurs d'entre eux paroissent avoir de plus familier. J'espère, mon cher Polyclès, que cet ouvrage sera utile à ceux qui viendront après nous ; il leur tracera des modèles qu'ils pourront suivre ; il leur apprendra à faire le discernement de ceux avec qui ils doivent lier quelque commerce, et dont l'émulation les portera à imiter leurs vertus et leur sagesse (5). Ainsi je vais entrer en matière : c'est à vous de pénétrer dans mon sens, et d'examiner avec attention si la vérité se trouve dans mes paroles. Et sans faire une plus longue préface, je parlerai d'abord de la dissimulation ; je définirai ce vice, et je dirai ce que c'est qu'un homme dissimulé, je décrirai ses mœurs ; et je traiterai ensuite des autres passions, suivant le projet que j'en ai fait.

NOTES.

(1) Par rapport aux barbares, dont les mœurs étoient très-différentes de celles des Grecs. (*Note de La Bruyère.*) On pourroit observer aussi que du temps de Théophraste les institutions particulières des différents peuples de la Grèce avoient déja commencé à s'altérer et à se confondre ; mais, malgré ces moyens de défendre en quelque sorte cette phrase, on ne peut pas se dissimuler qu'elle est d'une grande inexactitude. Il y avoit toujours une différence très-marquée entre l'éducation et les mœurs d'Athènes et celles de Sparte ; et quant au climat de la Grèce, ce passage se trouve en contradiction avec les témoignages les plus positifs de l'antiquité. D'ailleurs on parle ici des différences dans les mœurs de ville à ville et de pays à pays, tandis que dans l'ouvrage il n'est question que de Caractères individuels dont tous les traits sont pris dans les

mœurs d'Athènes. On peut d'autant moins supposer que
Théophraste ait mis cette double inexactitude dans les
faits et dans leur application, et qu'avec cela il se soit
borné à ce sujet à un stérile étonnnement, qu'Hippocrate,
qui a écrit longtemps avant lui, étendoit l'influence du
climat sur les Caractères aux positions particulières des
villes et des maisons relativement au soleil, ainsi qu'aux
saisons dans lesquelles naissent les enfants, et que notre
philosophe lui-même, cherchant ailleurs à expliquer la
différence des Caractères, entre dans des détails intéressants sur la différence primitive de l'organisation, et sur
celle qu'y apportent la nourriture et la manière de vivre.
(Voyez Porphyrius, *De Abst.*, lib. III, § 15.) Toutes ces
raisons font présumer que cette phrase a été tronquée et
altérée par l'abréviateur ou par les copistes. (Voyez chapitre xvi, note 1.) Il se peut qu'elle ait parlé de l'altération des mœurs d'Athènes au siècle de Théophraste, tandis
que le climat et l'éducation de la Grèce n'avoient point
changé.

(2) M. Coray remarque que Diodore de Sicile parle, à
la cent quatorzième olympiade, d'un Polyclès, général d'Antipater ; et l'on sait que Théophraste fut fort lié avec le fils
de ce dernier.

(3) Voyez ci-dessus, page 43, sur l'âge de Théophraste
la note 2 du Discours sur ce philosophe ; c'est encore un
passage où cet avant-propos paroît avoir été altéré.

(4) Théophraste avoit dessein de traiter de toutes les
vertus et de tous les vices. (*Note de La Bruyère.*) Cette
opinion n'est fondée que sur une interprétation peu exacte
de la phrase suivante de cette préface, dans laquelle on n'a
pas fait attention que le pronom défini ne peut se rappor-

ter qu'aux méchants ; cette opinion est d'ailleurs combat-
tue par la fin de ce même avant-propos où l'on n'annonce
que des Caractères vicieux ; et il n'est pas à croire que s'il
en avoit existé de vertueux, ceux qui nous ont transmis cet
ouvrage en auroient fait le triage pour les omettre. Nous
voyons aussi par un passage d'Hermogène, *De formis
orationis* (lib. II, cap. 1), que l'épithète ἠθικοί, que Diogène
Laërce et Suidas donnent aux *Caractères de Théophraste,*
s'applique spécialement aux caractères vicieux ; car cet
auteur dit qu'on appelle particulièrement de ce nom les
gourmands, les peureux, les avares et des caractères semblables.

Au lieu de « Il semble, etc. », il faut traduire : « J'ai cru
« devoir écrire sur les mœurs des uns et des autres, je vais
« te présenter une suite des différents Caractères que por-
« tent les derniers, et t'exposer les principes de leur con-
« duite. J'espère, etc. » Après avoir composé beaucoup
d'ouvrages de morale qui traitoient surtout des vertus,
notre philosophe veut aussi traiter des vices. Du reste, la
tournure particulière de cette phrase semble avoir pour
objet de distinguer ces tableaux des satires personnelles.

(5) Plus littéralement : « J'espère, mon cher Polyclès, que
« nos enfants en deviendront meilleurs, si je leur laisse de
« pareils écrits qui puissent leur servir d'exemple et de
« guide pour choisir le commerce et la société des hommes
« les plus parfaits, afin de ne point leur rester inférieurs. »
C'est ainsi que Dion Chrysostome dit dans le discours qui
ne contient que les trois Caractères vicieux que j'ai joints
à la fin de ce volume : « J'ai voulu fournir des images et
« des exemples pour détourner du vice, de la séduction et
« des mauvais desirs, et pour inspirer aux hommes l'amour
« de la vertu et le goût d'une meilleure vie. »

LES CARACTÈRES
DE THÉOPHRASTE.

CHAPITRE PREMIER.

DE LA DISSIMULATION.

La dissimulation (I) n'est pas aisée à bien définir : si l'on se contente d'en faire une simple description, l'on peut dire que c'est un certain art de composer ses paroles et ses actions pour une mauvaise fin. Un homme dissimulé se comporte de cette manière : Il aborde ses ennemis, leur parle, et leur fait croire par cette démarche qu'il ne les hait point : il loue ouvertement et en leur présence ceux à qui il dresse de secrètes embûches; et il s'afflige avec eux s'il leur est arrivé quelque disgrâce : il semble pardonner les discours offensants que l'on lui tient : il récite froidement les plus horribles choses que l'on aura dites contre sa réputation; et il emploie les paroles les plus flatteuses pour adoucir ceux qui se plaignent de lui, et qui sont aigris par les injures qu'ils en ont reçues. S'il arrive que quelqu'un l'aborde avec empressement, il feint des affaires, et

lui dit de revenir une autre fois : il cache soigneu-
sement tout ce qu'il fait; et, à l'entendre parler,
on croiroit toujours qu'il délibère (2). Il ne parle
point indifféremment; il a ses raisons pour dire tantôt qu'il ne fait que revenir de la campagne, tantôt
qu'il est arrivé à la ville fort tard, et quelquefois,
qu'il est languissant, ou qu'il a une mauvaise santé.
Il dit à celui qui lui emprunte de l'argent à intérêt,
ou qui le prie de contribuer de sa part à une somme
que ses amis consentent de lui prêter (3), qu'il ne
vend rien, qu'il ne s'est jamais vu si dénué d'argent;
pendant qu'il dit aux autres que le commerce va le
mieux du monde, quoiqu'en effet il ne vende rien.
Souvent, après avoir écouté ce qu'on lui a dit, il
veut faire croire qu'il n'y a pas eu la moindre attention : il feint de n'avoir pas aperçu les choses où
il vient de jeter les yeux, ou, s'il est convenu d'un
fait, de ne s'en plus souvenir. Il n'a pour ceux qui
lui parlent d'affaires que cette seule réponse, *j'y
penserai*. Il sait de certaines choses, il en ignore
d'autres; il est saisi d'admiration; d'autres fois il
aura pensé comme vous sur cet événement, et cela
selon ses différents intérêts. Son langage le plus
ordinaire est celui-ci : « Je n'en crois rien, je ne
« comprends pas que cela puisse être, je ne sais où
« j'en suis; » ou bien, « il me semble que je ne suis
« pas moi-même : » et ensuite, « ce n'est pas ainsi
« qu'il me l'a fait entendre; voilà une chose mer-

« veilleuse, et qui passe toute créance ; contez cela
« à d'autres, dois-je vous croire ? ou me persua-
« derai-je qu'il m'ait dit la vérité ? » paroles doubles
et artificieuses, dont il faut se défier comme de ce
qu'il y a au monde de plus pernicieux. Ces manières
d'agir ne partent point d'une ame simple et droite
mais d'une mauvaise volonté, ou d'un homme qui
veut nuire : le venin des aspics est moins à craindre.

NOTES.

(1) L'auteur parle de celle qui ne vient pas de la prudence, et que les Grecs appeloient *ironie*. (*Note de la
Bruyère.*) Aristote désigne par ce mot cette dissimulation
à la fois modeste et adroite, des avantages qu'on a sur les
autres, dont Socrate a. fait un usage si heureux. (Voyez
Moral. ad Nicom., IV, 7.) Mais le maître de Théophraste
dit, en faisant l'énumération des vices opposés à la véracité,
qu'on s'écarte de cette vertu, soit pour le seul plaisir de
mentir, soit par jactance, soit par intérêt. C'est surtout
cette dernière modification de la dissimulation qu'il me
semble que Théophraste a voulu caractériser ici ; et ce ne
peut être que faute d'un terme plus propre qu'il l'a appelée *ironie*. Les deux autres espèces sont peintes dans
les Caractères huit et vingt-trois. Au reste, la première
phrase de ce chapitre seroit mieux rendue par la version
suivante : « La dissimulation, à l'exprimer par son carac-
« tère propre, est un certain art, etc. », ainsi que l'a déja
observé M. Belin de Ballu.

(2) Il y a ici dans le texte une transposition et des altérations observées par plusieurs critiques ; il faut tra-

duire : « Il fait dire à ceux qui viennent le trouver pour
« affaires de revenir une autre fois, en feignant d'être
« rentré à l'instant, ou bien en disant qu'il est tard, et
« que sa santé ne lui permet pas de les recevoir. Il ne
« convient jamais de ce qu'il va faire, et ne cesse d'assu-
« rer qu'il est encore indécis. Il dit à celui, etc. »

(3) Cette sorte de contribution étoit fréquente à Athènes,
et autorisée par les lois. (*Note de La Bruyère.*) Elle avoit
pour objet de rétablir les affaires de ceux que des malheurs avoient ruinés ou endettés, en leur faisant des
avances qu'ils devoient rendre par la suite. (Voy. le chapitre XVII, et les notes de M. Coray, nécessaires à tous ceux
qui voudront approfondir cet ouvrage sous le double rapport de la langue et des mœurs anciennes.

Les notes de Duport, que les derniers éditeurs ont trop
négligées, éclaircissent aussi beaucoup cette intéressante
matière.

CHAPITRE II.

DE LA FLATTERIE.

La flatterie est un commerce honteux qui n'est utile qu'au flatteur. Si un flatteur se promène avec quelqu'un dans la place : « Remarquez-vous, lui dit-il, comme tout le monde a les yeux sur vous? cela n'arrive qu'à vous seul. Hier il fut bien parlé de vous, et l'on ne tarissoit point sur vos louanges. Nous nous trouvâmes plus de trente personnes dans un endroit du Portique (1); et comme par la suite du discours l'on vint à tomber sur celui que l'on devoit estimer le plus homme de bien de la ville, tous d'une commune voix vous nommèrent, et il n'y en eut pas un seul qui vous refusât ses suffrages. » Il lui dit mille choses de cette nature. Il affecte d'apercevoir le moindre duvet qui se sera attaché à votre habit, de le prendre, et de le souffler à terre : si, par hasard, le vent a fait voler quelques petites pailles sur votre barbe ou sur vos cheveux, il prend soin de vous les ôter; et vous souriant : « Il est merveilleux, dit-il, combien vous êtes blanchi (2) depuis deux jours que je ne vous ai pas vu, » et il ajoute : « Voilà encore, pour un

homme de votre âge, assez de cheveux noirs. » Si
celui qu'il veut flatter prend la parole, il impose
silence à tous ceux qui se trouvent présents, et il
les force d'approuver aveuglément tout ce qu'il
avance (3); et dès qu'il a cessé de parler, il se récrie : « Cela est dit le mieux du monde, rien n'est
plus heureusement rencontré. » D'autres fois, s'il
lui arrive de faire à quelqu'un une raillerie froide,
il ne manque pas de lui applaudir, d'entrer dans
cette mauvaise plaisanterie; et quoiqu'il n'ait nulle
envie de rire, il porte à sa bouche l'un des bouts
de son manteau, comme s'il ne pouvoit se contenir
et qu'il voulût s'empêcher d'éclater; et s'il l'accompagne lorsqu'il marche par la ville, il dit à
ceux qu'il rencontre dans son chemin de s'arrêter
jusqu'à ce qu'il soit passé (4). Il achète des fruits,
et les porte chez ce citoyen, il les donne à ses enfants en sa présence, il les baise, il les caresse :
« Voilà, dit-il, de jolis enfants et dignes d'un tel
père. » S'il sort de sa maison, il le suit; s'il entre
dans une boutique pour essayer des souliers, il lui
dit : « Votre pied est mieux fait que cela (5). » Il l'accompagne ensuite chez ses amis, ou plutôt il entre
le premier dans leur maison, et leur dit : « Un
tel me suit, et vient vous rendre visite; » et retournant sur ses pas : « Je vous ai annoncé, dit-il,
et l'on se fait un grand honneur de vous recevoir. » Le flatteur se met à tout sans hésiter, se

mêle des choses les plus viles et qui ne conviennent
qu'à des femmes (6). S'il est invité à souper, il est
le premier des conviés à louer le vin : assis à table
le plus proche de celui qui fait le repas, il lui répète souvent : « En vérité, vous faites une chère
délicate (7); » et montrant aux autres l'un des mets
qu'il soulève du plat : « Cela s'appelle, dit-il, un
morceau friand. » Il a soin de lui demander s'il a
froid, s'il ne voudroit point une autre robe; et il
s'empresse de le mieux couvrir. Il lui parle sans
cesse à l'oreille; et si quelqu'un de la compagnie
l'interroge, il lui répond négligemment et sans le
regarder, n'ayant des yeux que pour un seul. Il ne
faut pas croire qu'au théâtre il oublie d'arracher
des carreaux des mains du valet qui les distribue,
pour les porter à sa place, et l'y faire asseoir plus
mollement (8). J'ai dû dire aussi qu'avant qu'il
sorte de sa maison il en loue l'architecture, se récrie sur toutes choses, dit que les jardins sont bien
plantés; et s'il aperçoit quelque part le portrait du
maître, où il soit extrêmement flatté, il est touché
de voir combien il lui ressemble, et il l'admire
comme un chef-d'œuvre. En un mot, le flatteur ne
dit rien et ne fait rien au hasard; mais il rapporte
toutes ses paroles et toutes ses actions au dessein
qu'il a de plaire à quelqu'un, et d'acquérir ses
bonnes grâces.

NOTES.

(1) Édifice public qui servit depuis à Zénon et à ses disciples de rendez-vous pour leurs disputes : ils en furent
appelés stoïciens ; car *stoa,* mot grec, signifie portique.
(*Note de La Bruyère.*) Zénon est mort au plus tard au
commencement de la cent trentième olympiade, après avoir
enseigné pendant cinquante-huit ans. Théophraste, qui a
vécu jusqu'à l'an 1 de la cent vingt-troisième olympiade,
a donc vu naître l'école du Portique trente ans avant sa
mort, et c'est vraisemblablement à dessein qu'il a placé
ici le nom de cet édifice. On sait que Zénon a dit, au sujet
des deux mille disciples de Théophraste, que le chœur de
ce philosophe étoit composé d'un plus grand nombre de
musiciens, mais qu'il y avoit plus d'accord et d'harmonie
dans le sien : comparaison qui marque la rivalité de ces
deux écoles.

(2) « Allusion à la nuance que de petites pailles font
« dans les cheveux. » Et un peu plus bas, « Il parle à un
« jeune homme. » (*Note de la Bruyère.*) Je croirois plutôt
que le flatteur est censé s'adresser à un vieillard, et que la
petite paille ne lui sert que d'occasion pour débiter un
compliment outré, en faisant semblant de s'apercevoir
pour la première fois des cheveux blancs de cet homme
qui en a la tête couverte.

(3) La Bruyère s'écarte ici de l'interprétation de Casaubon. D'après ce grand critique, au lieu de « il les force, etc., »
il faut traduire « il le loue en face. » Cette version, et no-
tamment la correction de Sylburgius, est confirmée par
les manuscrits 1983, 2977 et 1916 de la Bibliothèque du
Roi.

(4) « Jusqu'à ce que *Monsieur* soit passé. » (*Traduction de M. Coray.*)

(5) Le grec dit plus clairement : « Votre pied est mieux « fait que la chaussure. »

(6) Il y a dans le grec : « Certes, il est même capable de « vous présenter, sans prendre haleine, ce qu'on vend au marché des femmes. » Selon Ménandre, cité par Pollux (liv. X, segm. 18), ce qu'on appeloit le marché des femmes étoit l'endroit où l'on vendoit la poterie : et comme ce trait est distingué de tous les autres par la phrase, « Certes, il est même capable, » il me paroît que Théophraste reproche au flatteur, en termes couverts, ce qu'Épictète a dit plus clairement (Arrien, liv. Ier, chap II, tome Ier, page 13 de l'édition de mon père), *matulam præbet.* Le verbe de la phrase grecque n'admet pas d'autre signification que celle de *servir, présenter :* l'adverbe que j'ai rendu littéralement, *sans prendre haleine,* désigne ou la hâte avec laquelle il rend ce service, ou l'effet d'une répugnance naturelle en pareil cas.

(7) D'après M. Coray, il faut traduire : « Il vous dit, « *En vérité, vous mangez sans appétit;* et il vous sert « ensuite un morceau choisi, en disant : *Cela vous fera* « *du bien;* » ce qui rappelle ces vers de Boileau dans la satire du repas : « Qu'avez-vous donc, que vous ne man- « gez point? » et « Mangez sur ma parole. »

(8) Ce n'étoit pas, comme La Bruyère paroît l'avoir cru, un valet attaché au théâtre qui distribuoit des coussins; mais les riches les y faisoient porter par leurs esclaves. Ovide conseille aux amants la complaisance que Théophraste semble reprocher aux flatteurs; il dit dans

son *Art d'aimer* : *Fuit utile multis Pulvinum facili com-*
posuisse manu, etc.

Le savant auteur du *Voyage du jeune Anacharsis*, qui
nous a rendus, pour ainsi dire, concitoyens de Théophraste,
a emprunté, dans son chapitre xxviii, plusieurs traits de
ce Caractère pour faire le portrait du parasite de Phi-
landre.

CHAPITRE III.

DE L'IMPERTINENT, OU DU DISEUR DE RIEN.

La sotte envie de discourir vient d'une habitude qu'on a contractée de parler beaucoup et sans réflexion (1). Un homme qui veut parler, se trouvant assis proche d'une personne qu'il n'a jamais vue et qu'il ne connoît point, entre d'abord en matière, l'entretient de sa femme, et lui fait son éloge, lui conte son songe, lui fait un long détail d'un repas où il s'est trouvé, sans oublier le moindre mets ni un seul service. Il s'échauffe ensuite dans la conversation, déclame contre le temps présent, et soutient que les hommes qui vivent présentement ne valent point leurs pères. De là il se jette sur ce qui se débite au marché, sur la cherté du blé (2), sur le grand nombre d'étrangers qui sont dans la ville : il dit qu'au printemps, où commencent les Bacchanales (3), la mer devient navigable; qu'un peu de pluie seroit utile aux biens de la terre, et feroit espérer une bonne récolte; qu'il cultivera son champ l'année prochaine, et qu'il le mettra en valeur; que le siècle est dur, et qu'on a bien de la peine à vivre. Il apprend à cet inconnu que c'est Damippe qui a fait brûler la plus belle torche de-

vant l'autel de Cérès à la fête des Mystères (4) : il
lui demande combien de colonnes soutiennent le
théâtre de la musique (5), quel est le quantième
du mois : il lui dit qu'il a eu la veille une indigestion ; et si cet homme à qui il parle a la patience
de l'écouter, il ne partira pas d'auprès de lui, il
lui annoncera comme une chose nouvelle que les
Mystères (6) se célèbrent dans le mois d'août, les
Apaturies (7) au mois d'octobre ; et à la campagne,
dans le mois de décembre, les Bacchanales (8). Il
n'y a, avec de si grands causeurs, qu'un parti à
prendre, qui est de fuir (9), si l'on veut du moins
éviter la fièvre : car quel moyen de pouvoir tenir
contre des gens qui ne savent pas discerner ni votre
loisir ni le temps de vos affaires?

NOTES.

(1) Dans le grec, les noms des Caractères sont toujours
des termes abstraits. On auroit pu intituler ce chapitre
du Babil, et traduire la définition plus littéralement : « Le
babil est une profusion de discours longs et irréfléchis. »

M. Barthélemy a inséré ce Caractère presque en entier
dans le vingt-huitième chapitre de son *Voyage du jeune
Anacharsis*.

(2) Le grec dit : « sur le bas prix du blé. » A Athènes,
cette denrée étoit taxée, et il y avoit des inspecteurs particuliers pour en surveiller la vente. On peut voir à ce
sujet le chapitre xii du *Voyage du jeune Anacharsis*, auquel je renverrai souvent le lecteur, parce que cet inté-

ressant ouvrage donne des éclaircissements suffisants aux gens du monde, et fournît aux savants des citations pour des recherches ultérieures.

(3) Premières Bacchanales qui se célébroient dans la ville. (*Note de La Bruyère.*) La Bruyère appelle cette fête de Bacchus la première, pour la distinguer de celle de la campagne, dont il sera question plus bas. Elle étoit appelée ordinairement *les grandes Dionysiaques,* ou bien *les Bacchanales* par excellence ; car elle étoit beaucoup plus brillante que celle de la campagne, où il n'y avoit point d'étrangers, parce qu'elle étoit célébrée en hiver. (Voyez le scoliaste d'Aristophane *ad Acharn.*, v. 201 et 503, et le chapitre xxiv du *Voyage du jeune Anacharsis.*)

Pendant l'hiver, les vaisseaux des anciens étoient tirés à terre et placés sous des hangars ; on les lançoit de nouveau à la mer au printemps : *Trahuntque siccas machinæ carinas,* dit Horace en faisant le tableau de cette saison, liv. I, ode iv.

(4) Les mystères de Gérès se célébroient la nuit, et il y avoit une émulation entre les Athéniens à qui apporteroit une plus grande torche. (*Note de La Bruyère.*) Ces torches étoit allumées en mémoire de celles dont Gérès éclaira sa course nocturne en cherchant Proserpine ravie par Pluton. Pausanias nous apprend, livre I, chapitre ii, que dans le temple de Gérès à Athènes il avoit une statue de Bacchus portant une torche ; et l'on voit souvent des torches représentées dans les bas-reliefs ou autres monuments anciens qui retracent des cérémonies religieuses. (Voyez le *Musée du Capitole,* tome IV, planche 57, et le *Museo Pio Clem.,* tome V, planche 80.) Dans les grandes Dionysiaques d'Athènes, on en plaçoit sur les toits ; et dans les Saturnales de Rome, on en érigeoit devant les maisons : il en étoit

peut-être de même dans les mystères de Cérès ; car les mots *devant l'autel* ne sont point dans le texte.

(5) L'Odéon. Il avoit été bâti par Périclès, sur le modèle de la tente de Xerxès : son comble, terminé en pointe, étoit fait des antennes et des mâts enlevés aux vaisseaux des Perses ; il fut brûlé au siége d'Athènes par Sylla.

(6) Fête de Gérès. Voyez ci-dessus. (*Note de La Bruyère.*)

(7) En françois, la fête des Tromperies : son origine ne fait rien aux mœurs de ce chapitre. (*Note de La Bruyère.*) Elle fut instituée et prit le nom que La Bruyère vient d'expliquer, parce que, dans le combat singulier que Mélanthus livra, au nom des Athéniens, à Xanthus, chef des Béotiens, Bacchus vint au secours du premier, en trompant Xanthus. On trouvera quelques détails sur les usages de cette fête dans le chapitre xxvi d'*Anacharsis.*

(8) Il auroit mieux valu traduire : « Et les Baccha- « nales de la campagne dans le mois de décembre. » (Voyez ci-dessus, note 3.) Elles se célébroient près d'un temple appelé *Lenœum,* ou le temple du pressoir.

On peut consulter, sur les fêtes d'Athènes en général, et sur les mois dans lesquelles elles étoient célébrées, la deuxième table ajoutée à l'ouvrage de l'abbé Barthélemy par son savant et modeste ami M. de Sainte-Croix, qui a éclairci l'histoire et les usages de la Grèce par tant de recherches profondes et utiles.

(9) Littéralement : « Il faut se débarrasser de telles « gens, et les fuir à toutes jambes. » Aristote dit un jour à un tel causeur : « Ce qui m'étonne, c'est qu'on ait des « oreilles pour t'entendre, quand on a des jambes pour « t'échapper. »

CHAPITRE IV.

DE LA RUSTICITÉ.

Il semble que la rusticité n'est autre chose qu'une ignorance grossière des bienséances. L'on voit en effet des gens rustiques et sans réflexion sortir un jour de médecine (1), et se trouver en cet état dans un lieu public parmi le monde; ne pas faire la différence de l'odeur forte du thym ou de la marjolaine d'avec les parfums les plus délicieux; être chaussés large et grossièrement; parler haut, et ne pouvoir se réduire à un ton de voix modéré; ne se pas fier à leurs amis sur les moindres affaires, pendant qu'ils s'en entretiennent avec leurs domestiques, jusques à rendre compte à leurs moindres valets (2) de ce qui aura été dit dans une assemblée publique. On les voit assis, leur robe relevée jusqu'aux genoux et d'une manière indécente. Il ne leur arrive pas en toute leur vie de rien admirer, ni de paroître surpris des choses les plus extraordinaires que l'on rencontre sur les chemins (3); mais si c'est un bœuf, un âne, ou un vieux bouc, alors ils s'arrêtent et ne se lassent point de les contempler. Si quelquefois ils entrent dans leur cui-

sine, ils mangent avidement tout ce qu'ils y trouvent, boivent tout d'une haleine une grande tasse
de vin pur; ils se cachent pour cela de leur ser-
vante, avec qui d'ailleurs ils vont au moulin, et
entrent dans les plus petits détails du domestique (4). Ils interrompent leur souper, et se lèvent
pour donner une poignée d'herbes aux bêtes de charrue (5) qu'ils ont dans leurs étables. Heurte-t-on à
leur porte pendant qu'ils dînent, ils sont attentifs et
curieux. Vous remarquez toujours proche de leur
table un gros chien de cour qu'ils appellent à eux,
qu'ils empoignent par la gueule, en disant (6) :
« Voilà celui qui garde la place, qui prend soin de
la maison et de ceux qui sont dedans. » Ces gens,
épineux dans les payements qu'on leur fait, rebutent
un grand nombre de pièces qu'ils croient légères,
ou qui ne brillent pas assez à leurs yeux, et qu'on
est obligé de leur changer. Ils sont occupés pendant
la nuit d'une charrue, d'un sac, d'une faux, d'une
corbeille, et ils rêvent à qui ils ont prêté ces
ustensiles; et lorsqu'ils marchent par la ville :
« Combien vaut, demandent-ils aux premiers qu'ils
rencontrent, le poisson salé? Les fourrures se ven-
dent-elles bien (7)? N'est-ce pas aujourd'hui que
les jeux nous ramènent une nouvelle lune (8)? »
D'autres fois, ne sachant que dire, ils vous apprennent
qu'ils vont se faire raser, et qu'ils ne sortent que
pour cela (9). Ce sont ces mêmes personnes que

l'on entend chanter dans le bain, qui mettent des clous à leurs souliers, et qui, se trouvant tout portés devant la boutique d'Archias (10), achètent eux-mêmes des viandes salées, et les apportent à la main en pleine rue.

NOTES.

(1) Le texte grec nomme une certaine drogue qui rendoit l'haleine fort mauvaise le jour qu'on l'avoit prise. (*Note de La Bruyère.*) La traduction est plus juste que la note. Il y a dans le grec : « Le même jour qu'il a bu « du *cycéon.* » Le *cycéon* étoit un mélange de miel, de vin, d'huile et d'orge, qui avoit une vertu purgative.

(2) Le grec dit : « aux journaliers qui travaillent dans « leur champ. »

(3) Il paroît qu'il y a ici une transposition dans le grec, et qu'il faut traduire : « Ni de paroître surpris des choses « les plus extraordinaires; mais s'ils rencontrent dans « leur chemin un bœuf, etc. »

(4) Le grec dit seulement : « A laquelle ils aident à « moudre les provisions pour leurs gens et pour eux-« mêmes. » L'expression de La Bruyère, « Ils vont au mou-« lin, » est un anachronisme. Du temps de Théophraste, on n'avoit pas encore des moulins communs, mais on fai-soit broyer ou moudre le blé que l'on consommoit dans chaque maison, par un esclave, au moyen d'un pilon ou d'une espèce de moulin à bras. (Voyez Pollux, liv. I, segm. 78, et liv. VII, segm. 180.) Les moulins à eau n'ont

été inventés que du temps d'Auguste, et l'usage du pilon étoit encore assez général du temps de Pline.

(5) Des bœufs. (*Note de La Bruyère.*) Le grec dit en général, des bêtes de trait.

(6) Au lieu de : « Heurte-t-on, etc., » le grec dit simplement : « Si quelqu'un frappe à sa porte, il répond « lui-même, appelle son chien, et lui prend la gueule « en disant : *Voilà,* etc. »

(7) Le grec porte : Lorsqu'il se rend en ville, il de- « mande au premier qu'il rencontre : Combien vaut le « poisson salé? et quel est le prix des habits de peaux? » Ces habits étoient le vêtement ordinaire des pâtres, et peut-être des pauvres campagnards en général.

(8) Cela est dit rustiquement; un autre diroit que la nouvelle lune ramène les jeux; et d'ailleurs c'est comme si, le jour de Pâques, quelqu'un disoit : N'est-ce pas aujourd'hui Pâques? (*Note de la Bruyère.*) Quoique la version adoptée par La Bruyère soit celle de Casaubon, j'observerai que le mot *la néoménie,* que ce savant critique traduit par la *nouvelle lune,* n'est que le simple nom du premier jour du mois, où il y avoit un grand marché à Athènes, et où l'on payoit les intérêts de l'argent. (Voy. Aristoph., *Vesp.* 171, et *Schol.,* et *Nub.,* acte IV, scène III.) Il ne s'agit pas non plus de jeux, puisqu'il n'y en avoit pas tous les premiers du mois. Selon plusieurs gloses anciennes rapportées par Henri Estienne, le même mot a aussi toutes les significations du mot latin *forum.* Cette phrase peut donc être traduite ainsi : « Le « *forum* célèbre-t-il aujourd'hui la néoménie? » c'est-à-dire : « Est-ce aujourd'hui le premier du mois et le jour

du marché? » Le ridicule n'est pas dans l'expression,
mais en partie dans ce que le campagnard demande à un
homme qu'il rencontre une chose dont il doit être sûr
avant de se mettre en route, et surtout dans ce qui suit.

(9) Au lieu de « D'autres fois, etc., » le texte porte : « Et
il dit sur-le-champ qu'il va en ville pour se faire raser. »
Il ne fait donc cette toilette que le premier jour de
chaque mois en se rendant au marché. Il y a un trait
semblable dans les *Acharnéens* d'Aristophane, v. 990 ; et
Suidas le cite et l'explique en parlant de la néoménie. Du
temps de Théophraste, les Athéniens élégants paroissent
avoir porté les cheveux et la barbe d'une longueur
moyenne, qui devoit être toujours la même, et on les
faisoit par conséquent couper très-souvent. (Voyez chapitre xxvi, note 6 ; et le chapitre v, ci-après.) C'étoit donc
une rusticité de laisser croître les cheveux et la barbe
pendant un mois : et cette malpropreté suppose de plus
le ridicule, reproché dans le chapitre x à l'avare, de se
faire raser ensuite jusqu'à la peau, afin que les cheveux
ne dépassent pas de sitôt la juste mesure.

(10) Fameux marchand de chairs salées, nourriture
ordinaire du peuple. (*Note de La Bruyère.*) Il falloit dire,
de poisson salé.

CHAPITRE V.

DU COMPLAISANT, OU DE L'ENVIE DE PLAIRE.

Pour faire une définition un peu exacte de cette affectation que quelques-uns ont de plaire à tout le monde, il faut dire que c'est une manière de vivre où l'on cherche beaucoup moins ce qui est vertueux et honnête, que ce qui est agréable (1). Celui qui a cette passion, d'aussi loin qu'il aperçoit un homme dans la place, le salue en s'écriant : «Voilà ce qu'on appelle un homme de bien!» l'aborde, l'admire sur les moindres choses, le retient avec ses deux mains, de peur qu'il ne lui échappe; et après avoir fait quelques pas avec lui, il lui demande avec empressement quel jour on pourra le voir, et enfin ne s'en sépare qu'en lui donnant mille éloges. Si quelqu'un le choisit pour arbitre dans un procès, il ne doit pas attendre de lui qu'il lui soit plus favorable qu'à son adversaire (2) : comme il veut plaire à tous deux, il les ménagera également. C'est dans cette vue que, pour se concilier tous les étrangers qui sont dans la ville, il leur dit quelquefois qu'il leur trouve plus de raison et d'équité que dans ses concitoyens. S'il est prié d'un repas, il demande en entrant à celui qui l'a convié où sont ses enfants ; et dès qu'ils paroissent, il se récrie sur la ressemblance qu'ils ont avec leur père, et que deux figures ne se ressemblent pas mieux : il les fait approcher de lui, il les baise, et, les ayant fait asseoir à ses deux côtés, il badine avec eux : « A qui est, dit-il, la petite bouteille ? à qui est la jolie cognée (3) ? » Il les prend ensuite sur lui, et les laisse dormir sur son estomac, quoiqu'il en soit incommodé. Celui enfin qui veut plaire se fait raser souvent, a un fort grand soin de ses dents, change tous les jours d'habits et les quitte presque tout neufs : il ne sort point en public qu'il ne soit parfumé (4). On ne le voit guère dans les salles publiques qu'auprès des comptoirs des banquiers (5) ; et, dans les écoles, qu'aux endroits seulement où s'exercent les jeunes gens (6) ; ainsi qu'au théâtre, les jours de spectacle, que dans les meilleures places et tout proche des préteurs (7). Ces gens encore n'achètent jamais rien pour eux ; mais ils envoient à Byzance toute sorte de bijoux précieux, des chiens de Sparte à Cyzique (8), et à Rhodes l'excellent miel du mont Hymette ; et ils prennent soin que toute la ville soit informée qu'ils font ces emplettes. Leur maison est toujours remplie de mille choses curieuses qui font plaisir à voir, ou que l'on peut donner, comme des singes et des satyres (9) qu'ils savent nourrir, des pigeons de

Sicile, des dés qu'ils font faire d'os de chèvre (10),
des fioles pour des parfums (11), ces cannes torses
que l'on fait à Sparte, et des tapis de Perse à personnages. Ils ont chez eux jusques à un jeu de
paume et une arène propre à s'exercer à la lutte (12) ;
et s'ils se promènent par la ville, et qu'ils
rencontrent en leur chemin des philosophes, des
sophistes (13), des escrimeurs ou des musiciens, ils
leur offrent leur maison (14) pour s'y exercer
chacun dans son art indifféremment : ils se trouvent
présents à ces exercices; et se mêlant avec ceux
qui viennent là pour regarder : « A qui croyez-
vous qu'appartiennent une si belle maison et cette
arène si commode? Vous voyez, ajoutent-ils en leur
montrant quelque homme puissant de la ville,
celui qui en est le maître, et qui en peut disposer (15). »

NOTES.

(1) D'après Aristote, le complaisant se distingue du
flatteur en ce que le premier a un but intéressé, tandis
que le second vit entièrement pour les autres, loue tout
pour le simple plaisir de louer, et ne demande que d'être
agréable à ceux avec lesquels il vit. Caractère auquel on
ne peut faire d'autre reproche que ce que Théophraste a
dit quelque part des honneurs et des places, qu'il ne faut
point les briguer par un commerce agréable, mais par une
conduite vertueuse. Il en est de même de la véritable
amitié.

Quelques critiques ont cru que la seconde moitié de ce chapitre appartenoit à un autre Caractère; mais il ne s'y trouve aucun trait qui ne convienne parfaitement à un homme qui veut plaire à tout le monde, en tout et par tout : autre définition de l'envie de plaire, selon Aristote.

(2) Chaque partie étoit représentée ou assistée par un arbitre : ceux-ci s'adjoignoient un arbitre commun : le complaisant, étant au nombre des premiers, se conduit comme s'il étoit l'arbitre commun. (Voyez *Dém. c. Neær.*, édit. R., tome II, page 1360, et *Anach.*, chap. XVI.)

(3) Petits jouets que les Grecs pendoient au cou de leurs enfants. (*Note de La Bruyère.*) M. Visconti a expliqué, dans le volume III de son *Museo Pio Clementino*, planche 22, une statue antique d'un petit enfant qui porte une écharpe toute composée de jouets de ce genre, qui paroissent être en partie symboliques. La hache s'y trouve très-distinctement, et l'éditeur croit qu'elle est relative au culte des Cabires. Le même savant pense que l'outre dont il est question ici peut être un symbole bachique. Cependant, comme le grec dit seulement, il joue avec eux, en disant *outre, hache*, il est possible aussi que ce fussent des mots usités dans quelque jeu, dont cependant je ne trouve aucune trace dans les savants traités sur cette matière rassemblés dans le septième volume du *Trésor* de Gronovius.

(4) Le grec porte : « Il s'oint avec des parfums pré-« cieux. » Il paroît qu'on ne se servoit ordinairement que d'huile pure, ou plus légèrement parfumée que l'espèce dont il est question ici. Cette opération avoit lieu surtout au sortir du bain, dont les anciens faisoient, comme

on sait, un usage extrêmement fréquent; elle consistòlt
à se faire frotter tout le corps avec ces matières grasses,
et servoit, selon l'expression du scoliaste d'Aristophane,
ad Plut. 616, à fermer à l'entrée de l'air les pores ouverts par la chaleur.

(5) C'étoit l'endroit où s'assembloient les plus honnêtes
gens de la ville. (*Note de La Bruyère.*) Le grec porte :
« Dans la place publique, etc. » Les Athéniens faisoient
faire presque toutes leurs affaires par leurs banquiers.
(Voyez Saumaise, *De Usuris*, et Boettiger, dans le *Mercure allemand* du mois de janvier 1802.

(6) Pour être connu d'eux et en être regardé, ainsi que
de tous ceux qui s'y trouvoient. (*Note de La Bruyère.*)
Théophraste parle des gymnases, qui étoient de vastes
édifices entourés de jardins et de bois sacrés, et dont la
première cour étoit entourée de portiques et de salles
garnies de sièges où les philosophes, les rhéteurs et les
sophistes rassembloient leurs disciples. Il paroît que tous
les gens bien élevés ne cessoient de fréquenter ces établissements, dont les plus importants étoient l'Académie, le Lycée et le Cynosarge. (Voyez chap. VIII du
Voyage du jeune Anacharsis.)

(7) Le texte grec dit : « Des stratèges, » ou généraux.
C'étoient dix magistrats, dont l'un devoit commander
les armées en temps de guerre; mais il paroît que déjà,
du temps de Démosthène, ils n'avoient presque plus d'autres
fonctions que de représenter dans les cérémonies publiques.
(Voyez l'ouvrage que je viens de citer, chap. X.)

(8) D'après Aristote, cette race des meilleurs chiens de
chasse de la Grèce provenoit de l'accouplement de cet

animal et du renard. Byzance, devenue depuis Constan-
tinople, étoit déjà une ville importante du temps de
Théophraste. Cyzique étoit un port de la Mysie, sur la
Propontide.

(9) Une espèce de singes. (*Note de La Bruyère.*) Des
singes à courte queue, disent les scoliastes de ce passage.

(10) Vraisemblablement d'os de gazelles de Libye,
comme ceux dont parle Lucien. (*In Amorib.*, lib. I.) Des
dés d'os de chèvre ne vaudroient pas la peine d'être cités.

(11) Littéralement : « Des flacons bombés de Thurium, »
ou d'après une autre leçon, « de Tyr », ou plutôt « de
« sable tyrien », c'est-à-dire de verre, pour la fabrication
duquel on se servoit alors de ce sable exclusivement, ce
qui donnoit une très-grande valeur à cette matière. On ne
connoît aucune fabrique célèbre de vases dans les différentes villes qui portèrent le nom de Thurium. Ce ne fut
que du temps des Romains que les ustensiles de verre
cessèrent d'être chers, et qu'on put les avoir à un prix
très-bas. (Voyez Strahon, liv. XVI, suivant la correction
certaine de Casaubon. Cette note m'a été communiquée
par M. Visconti.)

(12) Le grec dit : « Ils ont chez eux une petite cour
« en forme de palestre, renfermant une arène et un jeu
« de paume. » Les palestrès étoient en petit ce que les
gymnases étoient en grand.

(13) Une sorte de philosophes vains et intéressés. (*Note
de La Bruyère.*) A la fois philosophes et rhéteurs, ils in-
struisoient les jeunes gens par leurs leçons chèrement payées,
et amusoient le public par des déclamations et des dis-
sertations solennelles.

(14) Leur palestre.

(15) Chaque interprète a sa conjecture particulière sur ce passage altéré ou elliptique. Je propose de mettre simplement le dernier pronom au pluriel, et de traduire, au lieu de « ils se trouvent présents, etc. », « ensuite dans les « représentations ils disent à leur voisin, en parlant des « spectateurs, *la palestre est à eux.* » De cette manière, ce trait rentre entièrement dans le Caractère du complaisant, tel qu'il est défini par Aristote.

CHAPITRE VI.

DE L'IMAGE D'UN COQUIN (1).

Un coquin est celui à qui les choses les plus honteuses ne coûtent rien à dire ou à faire; qui jure volontiers et fait des serments en justice autant qu'on lui en demande; qui est perdu de réputation; que l'on outrage impunément; qui est un chicaneur (2) de profession, un effronté, et qui se mêle de toutes sortes d'affaires. Un homme de ce caractère entre sans masque dans une danse comique (3), et même sans être ivre; mais de sang-froid il se distingue dans la danse la plus obscène (4) par les postures les plus indécentes. C'est lui qui, dans ces lieux où l'on voit des prestiges (5), s'ingère de recueillir l'argent de chacun des spectateurs, et qui fait querelle à ceux qui, étant entrés par billets, croient ne devoir rien payer (6). Il est d'ailleurs de tous métiers; tantôt il tient une taverne, tantôt il est suppôt de quelque lieu infâme, une autre fois partisan (7) : il n'y a point de si sale commerce où il ne soit capable d'entrer. Vous le verrez aujourd'hui crieur public, demain cuisinier ou brelandier (8) : tout lui est propre. S'il a une

mere, il la laisse mourir de faim (9) : il est sujet
au larcin, et à se voir traîner par la ville dans une
prison, sa demeure ordinaire, et où il passe une
partie de sa vie. Ce sont ces sortes de gens que
l'on voit se faire entourer du peuple, appeler ceux
qui passent et se plaindre à eux avec une voix
forte et énrouée, insulter ceux qui les contredisent.
Les uns fendent la presse pour les voir, pendant
que les autres, contents de les avoir vus, se déga-
gent et poursuivent leur chemin sans vouloir les
écouter : mais ces effrontés continuent de parler;
ils disent à celui-ci le commencement d'un fait,
quelque mot à cet autre; à peine peut-on tirer
d'eux la moindre partie de ce dont il s'agit (10);
et vous remarquerez qu'ils choisissent pour cela
des jours d'assemblée publique, où il y a un grand
concours de monde, qui se trouve le témoin de
leur insolence. Toujours accablés de procès, que
l'on intente contre eux, ou qu'ils ont intentés à
d'autres, de ceux dont ils se délivrent par de faux
serments, comme de ceux qui les obligent de com-
paroître, ils n'oublient jamais de porter leur
boîte (11) dans leur sein, et une liasse de papiers
entre leurs mains. Vous les voyez dominer parmi
les vils praticiens (12), à qui ils prêtent à usure,
retirant chaque jour une obole et demie de chaque
drachme (13); fréquenter les tavernes, parcourir
les lieux où l'on débite le poisson frais ou salé, et

consumer ainsi en bonne chère tout le profit qu'ils tirent de cette espèce de trafic. En un mot, ils sont querelleurs et difficiles, ont sans cesse la bouche ouverte à la calomnie, ont une voix étourdissante, et qu'ils font retentir dans les marchés et dans les boutiques.

NOTES.

(1) *De l'Effronterie.*

(2) Le mot grec employé ici, et qui se retrouve encore à la fin du chapitre, signifie un homme qui se tient toujours sur le marché, et qui cherche à gagner de l'argent, soit par des dénonciations ou de faux témoignages dans les tribunaux, soit en achetant des denrées pour les revendre, métier odieux chez les anciens. (Voyez les notes de Duport sur ce passage.)

(3) Sur le théâtre avec des farceurs. (*Note de La Bruyère.*)

(4) Cette danse, la plus déréglée de toutes, s'appeloit en grec *cordax*, parce que l'on s'y servoit d'une corde pour faire des postures. (*Note de La Bruyère.*) Cette étymologie est inadmissible, car le terme grec d'où nous vient le mot de corde commence par une autre lettre que le mot *cordax*, et ne s'emploie que pour des cordes de boyau, telles que celles de la lyre et de l'arc. Casaubon n'a cru que le cordax se dansoit avec une corde, que parce que Aristophane dit quelque part *corducem trahere*, et peut-être parce qu'il se rappeloit que dans les *Adelphes* de Térence, acte IV, sc. VII, Demea demande : *Tu inter eas*

restim ductans saltabis? Mais quoique dans cette phrase
la corde soit expressément nommée, Donatus pense qu'il
n'y est question que de se donner la main; et c'est aussi
tout ce qu'on peut conclure de l'expression d'Aristophane
au sujet du *cordax*. M. Visconti, auquel je dois cette observation, s'en sert dans un Mémoire inédit sur le bas-relief
des danseuses de la villa Borghèse pour éclaircir le passage
célèbre de Tite-Live, liv. XVII, chap. xxxvii, où, en
parlant d'une danse sacrée, cet auteur se sert de l'expression
restim dare.

(5) Choses fort extraordinaires, telles qu'on en voit
dans nos foires. (*Note de La Bruyère.*)

(6) Le savant Coray a observé avec raison qu'il faut
ajouter une négation à cette phrase. Je traduis : « A ceux
« qui n'ont point de billet, et veulent jouir du spectacle
« gratis. » Il est question ici de farces jouées en pleine rue,
et dont, par conséquent, sans la précaution de distribuer
des billets à ceux qui ont payé, et d'employer quelqu'un
à quereller ceux qui n'en ont pas, tout le monde peut
jouir. Cette observation, qui n'avait pas encore été faite,
contredit l'induction que le savant auteur du *Voyage du
jeune Anacharsis* a tirée de ce passage dans le chap. LXX
de cet ouvrage.

(7) La Bruyère désigne ordinairement par ce mot les
riches financiers; ici il n'est question que d'un simple
commis au port, ou de quelque autre employé subalterne
de la ferme d'Athènes.

(8) Joueur de dés. Aristote donne une raison assez délicate du mal qu'il trouve dans un jeu intéressé : « On y
« gagne, dit-il, l'argent de ses amis, envers lesquels on
« doit au contraire se conduire avec générosité. »

(9) La loi de Solon, qui n'étoit en cela que la sanction de la loi de la nature et du sentiment, ordonnoit de nourrir ses parents sous peine d'infamie.

(10) Cette circonstance est ajoutée par La Bruyère; Théophraste ne parle que de l'impudence qu'il y a à continuer une harangue dans les rues, quoique personne n'y fasse attention, et que chaque phrase s'adresse à un public différent.

(11) Une petite boîte de cuivre fort légère, où les plaideurs mettoient leurs titres et les pièces de leurs procès. (*Note de La Bruyère.*) C'étoit au contraire un grand vase de cuivre ou de terre cuite, placé sur la table des juges pour y déposer les pièces qu'on leur soumettoit; et Théophraste ne se sert ici de ce terme que pour plaisanter sur l'énorme quantité de papiers dont se chargent ces chicaneurs. (Voyez le scol. d'Aristophane, *Vesp.* 1427, et la scolie sur ce passage de Théophraste donnée par Fischer.)

(12) Ici le mot grec dont j'ai déjà parlé dans la note 2 ne peut avoir d'autre signification que celle des petits marchands de comestibles auxquels l'effronté prête de l'argent, et chez lesquels il va ensuite en retirer les intérêts, en mettant cet argent dans la bouche, comme c'étoit l'usage parmi le bas peuple d'Athènes. Casaubon avoit fait sur ce dernier point une note aussi juste qu'érudite, et La Bruyère n'auroit pas dû s'écarter de l'explication de ce savant.

(13) Une obole étoit la sixième partie d'une drachme. (*Note de La Bruyère.*) L'effronté prend donc un quart du capital par jour. (Voyez sur l'usure d'Athènes, le *Voyage du jeune Anacharsis*, chap. LV.)

CHAPITRE VII.

DU GRAND PARLEUR (1).

Ce que quelques-uns appellent *babil*, est proprement une intempérance de langue qui ne permet pas à un homme de se taire (2). « Vous ne contez pas la chose comme elle est, dira quelqu'un de ces grands parleurs à quiconque veut l'entretenir de quelque affaire que ce soit : j'ai tout su; et si vous vous donnez la patience de m'écouter, je vous apprendrai tout; » et si cet autre continue de parler : « Vous avez déja dit cela (3); songez, poursuit-il, à ne rien oublier. Fort bien; cela est ainsi, car vous m'avez heureusement remis dans le fait; voyez ce que c'est que de s'entendre les uns les autres; » et ensuite : « Mais que veuxje dire? ah! j'oubliois une chose! oui, c'est cela même, et je voulois voir si vous tomberiez juste dans tout ce que j'en ai appris. » C'est par de telles ou semblables interruptions qu'il ne donne pas le loisir à celui qui lui parle de respirer; et lorsqu'il a comme assassiné de son *babil* chacun de ceux qui ont voulu lier avec lui quelque entretien, il va se jeter dans un cercle de personnes graves qui trai-

tent ensemble de choses sérieuses, et les met en
fuite. De là il entre dans les écoles publiques et
dans les lieux des exercices (4), où il amuse les
maîtres par de vains discours, et empêche la jeunesse de profiter de leurs leçons. S'il échappe à
quelqu'un de dire : « Je m'en vais, » celui-ci se
met à le suivre, et il ne l'abandonne point qu'il ne
l'ait remis jusque dans sa maison (5). Si par hasard
il a appris ce qui aura été dit dans une assemblée
de ville, il court dans le même temps le divulguer.
Il s'étend merveilleusement sur la fameuse bataille
qui s'est donnée sous le gouvernement de l'orateur
Aristophon (6), comme sur le combat célèbre que
ceux de Lacédémone ont livré aux Athéniens, sous
la conduite de Lysandre (7). Il raconte une autre
fois quels applaudissements a eus un discours qu'il
a fait dans le public, en répète une grande partie,
mêle dans ce récit ennuyeux des invectives contre
le peuple, pendant que de ceux qui l'écoutent, les
uns s'endorment, les autres le quittent, et que nul
ne se ressouvient d'un seul mot qu'il aura dit. Un
grand causeur, en un mot, s'il est sur les tribunaux,
ne laisse pas la liberté de juger; il ne permet pas
que l'on mange à table ; et s'il se trouve au théâtre,
il empêche non-seulement d'entendre, mais même
de voir les acteurs (8). On lui fait avouer ingénument qu'il ne lui est pas possible de se taire, qu'il
faut que sa langue se remue dans son palais comme

le poisson dans l'eau ; et que quand on l'accuseroit d'être plus *babillard* qu'une hirondelle, il faut qu'il parle : aussi écoute-t-il froidement toutes les railleries que l'on fait de lui sur ce sujet ; et jusques à ses propres enfants, s'ils commencent à s'abandonner au sommeil : « Faites-nous, lui disent-ils, un conte qui achève de nous endormir (9). »

NOTES.

(1) Ou *du Babil.* (*Note de La Bruyère.*) On pourroit intituler ce Caractère, *de la Loquacité.* Il se distingue du Caractère III par un babil moins insignifiant, mais plus importun. M. Barthélemy a inséré ce Caractère à la suite de l'autre dans son chap. XXVIII du *Voyage d'Anacharsis.*

(2) Littéralement, « La loquacité, si l'on vouloit la dé- « finir, pourroit être appelée une intempérance de pa- « roles. »

(3) Je crois qu'il faut traduire, « Avez-vous fini ? n'ou- « bliez pas votre propos, etc. » M. Barthélemy rend ainsi ce passage : « Oui, je sais de quoi il s'agit ; je pourrois « vous le raconter au long. Continuez, n'omettez aucune « circonstance. Fort bien, vous y êtes ; c'est cela même. « Voyez combien il étoit nécessaire d'en conférer ensem- « ble. »

(4) C'étoit un crime puni de mort à Athènes par une loi de Solon, à laquelle on avoit un peu dérogé du temps de Théophraste. (*Note de La Bruyère.*) Il paroît que cette loi n'étoit relative qu'au temps où l'on célébroit dans ces

gymnases une fête à Mercure, pendant laquelle la jeunesse étoit moins surveillée qu'à l'ordinaire. (Voyez le *Voyage du jeune Anacharsis*, chap. VIII, et le chap. V de ces Caractères, note 6.)

(5) . . . . Misere cupis, inquit, abire,
Jamdudum video : sed nil agis ; usque tenebo,
Persequar. . . . .
Nil habeo quod agam, et non sum piger ; usque sequar te,

dit l'Importun d'Horace dans la neuvième Satire du premier Livre, qui mérite d'être comparée avec ce Caractère.

(6) C'est-à-dire sur la bataille d'Arbelles et la victoire d'Alexandre, suivies de la mort de Darius, dont les nouvelles vinrent à Athènes lorsque Aristophon, célèbre orateur, étoit premier magistrat. (*Note de La Bruyère.*) Ce n'étoit pas une raison suffisante pour dire que cette bataille avoit été livrée sous l'archontat d'Aristophon. Paulmier de Grentemesnil a cru qu'il étoit question de la bataille des Lacédémoniens, sous Agis, contre les Macédoniens commandés par Antipater; mais il n'a pas fait attention que dans ce cas Théophraste n'auroit pas ajouté les mots *de ceux de Lacédémone* au trait suivant seulement. Je crois, avec Corsini, qu'il faut traduire « sur le combat de « l'orateur, c'est-à-dire de Démosthène, arrivé sous Aris- « tophon. » C'est la fameuse discussion *sur la couronne* que Démosthène croyoit mériter, et qu'Eschine lui disputoit. Ce combat, qui rassembla toute la Grèce à Athènes, étoit un sujet de conversation au moins aussi intéressant pour un habitant de cette ville que la bataille d'Arbelles, et il fut livré précisément sous l'archontat d'Aristophon.

(7) Il étoit plus ancien que la bataille d'Arbelles, mais trivial et su de tout le peuple. (*Note de La Bruyère.*)

C'est la bataille qui finit par la prise d'Athènes, et qui termina la guerre du Péloponnèse, l'an 4 de la quatre-vingt-treizième olympiade.

(8) Le grec dit simplement, « Il vous empêche de jouir « du spectacle. »

(9) Le texte porte , « Et il permet que ses enfants l'em-« pêchent de se livrer au sommeil, en le priant de leur « raconter quelque chose pour les endormir. »

CHAPITRE VIII.

DU DÉBIT DES NOUVELLES (1).

Un nouvelliste, ou un conteur de fables, est un homme qui arrange, selon son caprice, des discours et des faits remplis de fausseté; qui, lorsqu'il rencontre l'un de ses amis, compose son visage, et lui souriant : « D'où venez-vous ainsi? lui dit-il; que nous direz-vous de bon? n'y a-t-il rien de nouveau? » Et continuant de l'interroger : « Quoi donc! n'y a-t-il aucune nouvelle (2)? cependant il y a des choses étonnantes à raconter. » Et sans lui donner le loisir de lui répondre : « Que dites-vous donc? poursuit-il; n'avez-vous rien entendu par la ville? Je vois bien que vous ne savez rien, et que je vais vous régaler de grandes nouveautés. » Alors, ou c'est un soldat, ou le fils d'Astée le joueur de flûte (3), ou Lycon l'ingénieur, tous gens qui arrivent fraîchement de l'armée (4), de qui il sait toutes choses; car il allègue pour témoins de ce qu'il avance des hommes obscurs qu'on ne peut trouver pour le convaincre de fausseté (5) : il assure donc que ces personnes lui ont dit que le Roi (6) et Polysperchon (7) ont gagné la bataille, et que Cassandre, leur ennemi, est tombé vif entre leurs mains (8). Et lorsque quelqu'un lui dit : « Mais en vérité cela est-il croyable? » il lui réplique que cette nouvelle se crie et se répand par toute la ville, que tous s'accordent à dire la même chose, que c'est tout ce qui se raconte du combat (9), et qu'il y a eu un grand carnage. Il ajoute qu'il a lu cet événement sur le visage de ceux qui gouvernent (10); qu'il y a un homme caché chez l'un de ces magistrats depuis cinq jours entiers, qui revient de la Macédoine, qui a tout vu et qui lui a tout dit. Ensuite, interrompant le fil de sa narration : « Que pensez-vous de ce succès? » demande-t-il à ceux qui l'écoutent (11). Pauvre Cassandre! malheureux prince! s'écrie-t-il d'une manière touchante. Voyez ce que c'est que la fortune; car enfin Cassandre étoit puissant, et il avoit avec lui de grandes forces (12). Ce que je vous dis, poursuit-il, est un secret qu'il faut garder pour vous seul, » pendant qu'il court par toute la ville le débiter à qui le veut entendre. Je vous avoue que ces diseurs de nouvelles me donnent de l'admiration (13), et que je ne conçois pas quelle est la fin qu'ils se proposent; car, pour ne rien dire de la bassesse qu'il y a à toujours mentir, je ne vois pas qu'ils puissent recueillir le moindre fruit de cette pratique; au contraire, il est arrivé à quelques-uns de se laisser voler leurs habits dans un bain public,

pendant qu'ils ne songeoient qu'à rassembler autour d'eux une foule de peuple, et à lui conter des
nouvelles. Quelques autres, après avoir vaincu sur
mer et sur terre dans le Portique (14), ont payé
l'amende pour n'avoir pas comparu à une cause
appelée. Enfin, il s'en est trouvé qui, le jour même
qu'ils ont pris une ville, du moins par leurs beaux
discours, ont manqué de dîner (15). Je ne crois pas
qu'il y ait rien de si misérable que la condition de
ces personnes : car quelle est la boutique, quel est
le portique, quel est l'endroit d'un marché public
où ils ne passent tout le jour à rendre sourds ceux
qui les écoutent, ou à les fatiguer par leurs mensonges ?

NOTES.

(1) Théophraste désigne ici par un seul mot *l'habitude
de forger de fausses nouvelles.* M. Barthélemy a imité une
partie de ce Caractère à la suite de ceux sur lesquels j'ai
déja fait la même remarque.

(2) Littéralement : « Et il l'interrompra en lui deman-
« dant : Comment ! on ne dit donc rien de plus nouveau ? »

(3) L'usage de la flûte, très-ancien dans les troupes.
(*Note de La Bruyère.*)

(4) Le grec porte : « Qui arrivent de la bataille même. »

(5) Je crois avec M. Coray qu'il faut traduire, « Car il

« a soin de choisir des autorités que personne ne puisse
« récuser. »

(6) Arrhidée, frère d'Alexandre le Grand. (*Note de La
Bruyère.*)

(7) Capitaine du même Alexandre. (*Note de La Bruyère.*)

(8) C'étoit un faux bruit; et Cassandre, fils d'Antipater,
disputant à Arrhidée et à Polysperchon la tutelle des enfants d'Alexandre, avoit eu de l'avantage sur eux. (*Note
de La Bruyère.*) D'après le titre et l'esprit de ce Caractère, il n'y est pas question de faux bruits, mais de nouvelles fabriquées à plaisir par celui qui les débite.

(9) Plus littéralement : « Que le bruit s'en est répandu
« dans toute la ville, qu'il prend de là consistance, que
« tout s'accorde, et que tout le monde donne les mêmes
« détails sur le combat. »

(10) Le texte ajoute : « Qui en sont tout changés. »
Cassandre favorisoit le gouvernement aristocratique établi
à Athènes par son père; Polysperchon protégeoit le parti
démocratique. (Voyez ci-dessus, page 50, la note 17 du
Discours sur Théophraste.)

(11) Au lieu de, « Ensuite, » etc., le grec porte, « Et,
« ce qui est à peine croyable, en racontant tout cela, il
« fait les lamentations les plus naturelles et les plus per-
« suasives. »

(12) La réflexion, « car enfin », etc., est tirée de quelques
mots grecs dont on n'a pas encore donné une explication
satisfaisante, et qui me paroissent signifier tout autre
chose. Le nouvelliste a débité jusqu'à présent son conte

comme un bruit public, et dans la phrase suivante il en
fait un secret : cette variation a besoin d'une transition;
et il me paroît que ce passage, qui signifie littéralement
« mais alors étant devenu fort », est relatif au conteur,
et veut dire, « mais ayant fini par se faire croire. » On
sait qu'en grec le verbe dérivé de l'adjectif qu'emploie ici
Théophraste, signifie au propre *je m'efforce,* et au figuré
j'assure, j'atteste.

(13) « M'étonnent. »

(14) Voyez ci-dessus, page 67, le chapitre de la Flatterie. (*Note de La Bruyère,* chap. II, note 1.)

(15) Plus littéralement, « Qui ont manqué leur dîner
« en prenant quelques villes d'assaut, » c'est-à-dire qui,
pour avoir fait de ces contes, sont venus trop tard au
dîner auquel ils devoient se rendre.

CHAPITRE IX.

DE L'EFFRONTERIE CAUSÉE PAR L'AVARICE (1).

Pour faire connoître ce vice, il faut dire que c'est un mépris de l'honneur dans la vue d'un vil intérêt. Un homme que l'avarice rend effronté ose emprunter une somme d'argent à celui à qui il en doit déja, et qu'il lui retient avec injustice (2). Le jour même qu'il aura sacrifié aux Dieux, au lieu de manger religieusement chez soi une partie des viandes consacrées (3), il les fait saler pour lui servir dans plusieurs repas, et va souper chez l'un de ses amis; et là, à table, à la vue de tout le monde, il appelle son valet, qu'il veut encore nourrir aux dépens de son hôte; et lui coupant un morceau de viande qu'il met sur un quartier de pain : « Tenez, mon ami, lui dit-il, faites bonne chère (4). » Il va lui-même au marché acheter des viandes cuites (5); et avant que de convenir du prix, pour avoir une meilleure composition du marchand, il le fait ressouvenir qu'il lui a autre-fois rendu service. Il fait ensuite peser ces vian-des, et il en entasse le plus qu'il peut : s'il en est empêché par celui qui les lui vend, il jette du moins

quelques os dans la balance : si elle peut tout contenir, il est satisfait; sinon, il ramasse sur la table
des morceaux de rebut, comme pour se dédomma-
ger, sourit, et s'en va. Une autre fois, sur l'argent
qu'il aura reçu de quelques étrangers pour leur
louer des places au théâtre, il trouve le secret d'avoir
sa part franche du spectacle, et d'y envoyer (6)
le lendemain ses enfants et leur précepteur (7).
Tout lui fait envie : il veut profiter des bons marchés, et demande hardiment au premier venu une
chose qu'il ne vient que d'acheter. Se trouve-t-il
dans une maison étrangère, il emprunte jusques à
l'orge et à la paille (8); encore faut-il que celui
qui les lui prête fasse les frais de les faire porter
jusque chez lui. Cet effronté, en un mot, entre
sans payer dans un bain public, et là, en présence
du baigneur, qui crie inutilement contre lui, prenant le premier vase qu'il rencontre, il le plonge
dans une cuve d'airain qui est remplie d'eau, se la
répand sur tout le corps (9) : « Me voilà lavé,
ajoute-t-il, autant que j'en ai besoin, et sans en
avoir obligation à personne; » remet sa robe, et
disparoît.

NOTES.

(1) Le mot grec ne signifie proprement que l'impudence,
et Aristote ne lui donne pas d'autre sens; mais Platon

le définit comme Théophraste. (Voyez les notes de Casaubon.)

(2) On pourroit traduire plus exactement « à celui au-
« quel il en a déjà fait perdre », ou, d'après la traduction
de M. Levesque, « à celui qu'il a déjà trompé ».

(3) C'étoit la coutume des Grecs. Voyez le chapitre du
Contre-temps. (*Note de La Bruyère.*) On verra dans le
chapitre XII, note 4, ci-après, p. 116, que non-seulement
« on mangeoit chez soi une partie des viandes consacrées »,
mots que La Bruyère a insérés dans le texte, mais qu'il
étoit même d'usage d'inviter ce jour-là ses amis, ou de
leur envoyer une portion de la victime.

(4) Dans les temps du luxe excessif de Rome, la conduite
que Théophraste traite ici d'impudence auroit été très-
modeste ; car alors, dans les grands dîners, on faisoit emporter beaucoup de choses par son esclave, soit sur les
instances du maître, soit aussi sans en être prié. Mais les
savants qui ont cru voir cette coutume dans notre auteur
me paroissent avoir confondu les temps et les lieux. Du
temps d'Aristophane, c'est-à-dire environ un siècle avant
Théophraste, c'étoient même les convives qui apportoient
la plus grande partie des mets avec eux ; et celui qui donnoit le repas ne fournissoit que le local, les ornements et
les hors-d'œuvre, et faisoit venir des courtisanes. (Voyez
Aristoph., *Acharn.*, v. 1085 et suiv., et le Scol.)

(5) Comme le menu peuple, qui achetoit son souper
chez le charcutier. (*Note de La Bruyère.*) Le grec ne dit
pas des viandes cuites, et la satire ne porte que sur la conduite ridicule que tient cet homme envers son boucher.

(6) Le grec dit, « d'y conduire. »

(7) Leur pédagogue. C'étoit, comme dit M. Barthélemy, ch. xxvi, un esclave de confiance chargé de suivre l'enfant en tous lieux, et surtout chez ses différents maîtres. On peut voir aussi à ce sujet le bas-relief représentant la mort de Niobé et de ses enfants au *Museo Pio Clementino*, tome IV, planche 17, et l'explication que M. Visconti en a donnée.

Les spectacles n'avoient lieu à Athènes qu'aux trois fêtes de Bacchus, et surtout aux grandes Dionysiaques, où des curieux de toute la Grèce affluoient à Athènes; et l'on sait qu'anciennement les étrangers logeoient ordinairement chez des particuliers avec lesquels ils avoient quelque liaison d'affaires ou d'amitié.

(8) Plus littéralement : « Il va dans une maison étran-
« gère pour emprunter de l'orge ou de la paille, et force
« encore ceux qui lui prêtent ces objets à les porter chez
« lui. »

(9) Les plus pauvres se lavoient ainsi pour payer moins.
(*Note de La Bruyère.*)

CHAPITRE X.

DE L'ÉPARGNE SORDIDE.

Cette espèce d'avarice est dans les hommes une passion de vouloir ménager les plus petites choses sans aucune fin honnête (1). C'est dans cet esprit que quelques-uns, recevant tous les mois le loyer de leur maison, ne négligent pas d'aller eux-mêmes demander la moitié d'une obole qui manquoit au dernier payement qu'on leur a fait (2); que d'autres, faisant l'effort de donner à manger chez eux (3), ne sont occupés pendant le repas qu'à compter le nombre de fois que chacun des conviés demande à boire. Ce sont eux encore dont la portion des prémices (4) des viandes que l'on envoie sur l'autel de Diane est toujours la plus petite. Ils apprécient les choses au-dessous de ce qu'elles valent; et de quelque bon marché qu'un autre, en leur rendant compte, veuille se prévaloir, ils lui soutiennent toujours qu'il a acheté trop cher. Implacables à l'égard d'un valet qui aura laissé tomber un pot de terre, ou cassé par malheur quelque vase d'argile, ils lui déduisent cette perte sur sa nourriture : mais si leurs femmes ont perdu seulement un denier (5),

il faut alors renverser toute une maison, déranger les lits, transporter des coffres, et chercher
dans les recoins les plus cachés. Lorsqu'ils vendent,
ils n'ont que cette unique chose en vue, qu'il n'y
ait qu'à perdre pour celui qui achète. Il n'est
permis à personne de cueillir une figue dans leur
jardin, de passer au travers de leur champ, de
ramasser une petite branche de palmier (6), ou
quelques olives qui seront tombées de l'arbre. Ils
vont tous les jours se promener sur leurs terres, en
remarquent les bornes, voient si l'on n'y a rien
changé, et si elles sont toujours les mêmes. Ils
tirent intérêt de l'intérêt même*, et ce n'est qu'à
cette condition qu'ils donnent du temps à leurs
créanciers. S'ils ont invité à dîner quelques-uns de
leurs amis, et qui ne sont que des personnes du
peuple (7), ils ne feignent point de leur faire servir
un simple hachis; et on les a vus souvent aller eux-
mêmes au marché pour ces repas, y trouver tout
trop cher, et en revenir sans rien acheter. « Ne
prenez pas l'habitude, disent-ils à leurs femmes,
de prêter votre sel, votre orge, votre farine, ni
même du cumin (8), de la marjolaine (9), des
gâteaux pour l'autel (10), du coton (11), de la
laine (12); car ces petits détails ne laissent pas de

---

* Dans les 7e, 8e et 9e éditions, le mot *même* a été
omis ou supprimé.

monter, à la fin d'une année, à une grosse somme. »
Ces avares, en un mot, ont des trousseaux de clefs
rouillées dont ils ne se servent point, des cassettes
où leur argent est en dépôt, qu'ils n'ouvrent jamais,
et qu'ils laissent moisir dans un coin de leur cabinet : ils portent des habits qui leur sont trop courts
et trop étroits : les plus petites fioles contiennent
plus d'huile qu'il n'en faut pour les oindre (13) :
ils ont la tête rasée jusqu'au cuir (14); se déchaus-
sent vers le milieu du jour (15) pour épargner leurs
souliers; vont trouver les foulons pour obtenir d'eux
de ne pas épargner la craie dans la laine qu'ils leur
ont donnée à préparer, afin, disent-ils, que leur
étoffe se tache moins (16).

NOTES.

(1) Le texte grec porte simplement, « La lésine est une
« épargne outrée, ou déplacée, de la dépense. »

(2) Littéralement, « Un avare est capable d'aller chez
« quelqu'un au bout d'un mois pour réclamer une demi-
« obole. » Théophraste n'ajoute pas quelle étoit la cause
et la nature de cette créance, dont le peu d'importance
fait précisément le sel de ce trait; elle n'est que de six
liards.

(3) Dans le texte il n'est point question d'un repas que
donne l'avare, mais d'un festin auquel il assiste; et le mot
grec s'applique particulièrement à ces repas de confrérie

que les membres d'une même curie, c'est-à-dire de la
troisième partie de l'une des dix tribus, faisoient régulièrement ensemble, soit chez un des membres de cette association, soit dans des maisons publiques destinées à cet
usage. (Voyez la note de M. Coray sur le ch. 1 de cet ouvrage; Pollux, liv. VI, segm. 7 et 8; et *Anacharsis*, chapitres xxvi et lvi.)

(4) Les Grecs commençoient par ces offrandes leurs
repas publics. (*Note de La Bruyère.*) Les anciens regardoient en général comme une impiété de manger ou de
boire sans avoir offert des prémices ou des libations à
Cérès ou à Bacchus. Mais il doit y avoir quelque raison
particulière pour laquelle ici les prémices sont adressées
à Diane; et c'étoit peut-être l'usage des repas de curies,
puisqu'on sacrifioit aussi à cette déesse en inscrivant les
enfants dans ce corps, et cela au moment où on leur coupoit
les cheveux. (Voyez HESYCHIUS. in voce *Kureotis*.) M. Barthélemy me paroît avoir fait une application trop générale
de ce passage dans son chapitre xxv du *Voyage du jeune
Anacharsis*.

(5) Je crois qu'il faut préférer la leçon suivie par Poli-
tien, qui traduit « Un peigne ». Voyez Suidas, cité.par
Needham.

(6) « Une datte. »

(7) La Bruyère a rendu ce passage fort inexactement. Il
faut traduire : « S'il traite les citoyens de sa *bourgade*, il
« coupera par petits morceaux les viandes qu'il leur sert. »
Les bourgades étoient une autre division de l'Attique que
celle en tribus; il y en avoit cent soixante-quatorze. Les
repas communs de ces différentes associations étoient

d'obligation, et les collectes pour en faire les frais étoient
ordonnées par les lois. Il paroît par ce passage et par le
chapitre suivant, note 14, que, dans ces festins, celui chez
lequel ou au nom duquel ils se donnoient étoit chargé de
l'achat et de la distribution des aliments, mais qu'il étoit
surveillé de près par les convives.

(8) Une sorte d'herbe. (*Note de La Bruyère.*)

(9) Elle empêche les viandes de se corrompre, ainsi que
le thym et le laurier. (*Note de La Bruyère.*)

(10) Faits de farine et de miel, et qui servoient aux sacrifices. (*Note de La Bruyère.*)

(11) Des bandelettes pour la victime, faites de fils de
aine non tissus, et réunis seulement par des nœuds de
distance en distance.

(12) Au lieu de laine, Théophraste nomme ici encore
une espèce de gâteaux ou de farine qui servoient aux sacrifices; et plus haut il parle de mèches, mot que La
Bruyère a omis, ou qu'il a voulu exprimer ici.

(13) Voyez sur l'usage de se frotter d'huile, le Caractère v, page 81, note 4.

(14) « Ils se font raser jusqu'à la peau. » Voyez Caractère iv, page 77, note 9.

(15) Parce que dans cette partie du jour le froid en toute
saison étoit supportable. (*Note de La Bruyère.*) Il me
semble que lorsqu'il s'agit d'Athènes il faut penser plutôt
aux inconvénients de la chaleur qu'à ceux du froid; c'est
afin que la sueur n'use pas ses souliers.

(16) C'étoit aussi parce que cet apprêt avec de la craie, comme le pire de tous, et qui rendoit les étoffes dures et grossières, étoit celui qui coûtoit le moins. (*Note de La Bruyère.*) Il n'est question dans le grec ni de craie ni de laine, mais de terre à foulon, et d'un habit à faire blanchir. (Voyez les notes de M. Coray.) M. Barthélemy observe, dans son chapitre xx, que le bas peuple d'Athènes étoit vêtu d'un drap qui n'avoit reçu aucune teinture, et qu'on pouvoit reblanchir, tandis que les riches préféroient des draps de couleur.

CHAPITRE XI.

DE L'IMPUDENT, OU DE CELUI QUI NE ROUGIT DE RIEN.

L'impudence (1) est facile à définir : il suffit de dire que c'est une profession ouverte d'une plaisanterie outrée, comme de ce qu'il y a de plus contraire à la bienséance. Celui-là, par exemple, est impudent, qui, voyant venir vers lui une femme de condition, feint dans ce moment quelque besoin pour avoir occasion de se montrer à elle d'une manière déshonnête (2); qui se plaît à battre des mains au théâtre lorsque tout le monde se tait, ou y siffler les acteurs que les autres voient et écoutent avec plaisir; qui, couché sur le dos (3), pendant que toute l'assemblée garde un profond silence, fait entendre de sales hoquets qui obligent les spectateurs de tourner la tête et d'interrompre leur attention. Un homme de ce caractère achète en plein marché des noix, des pommes, toute sorte de fruits, les mange, cause debout avec la fruitière, appelle par leurs noms ceux qui passent sans presque les connoître, en arrête d'autres qui courent par la place, et qui ont leurs affaires (4) : et s'il

voit venir quelque plaideur, il l'aborde, le raille
et le félicite sur une cause importante qu'il vient
de perdre. Il va lui-même choisir de la viande, et
louer pour un souper des femmes qui jouent de la
flûte (5); et montrant à ceux qu'il rencontre ce
qu'il vient d'acheter, il les convie en riant d'en
venir manger. On le voit s'arrêter devant la boutique d'un barbier ou d'un parfumeur (6), et là,
annoncer qu'il va faire un grand repas et s'enivrer.
(7) Si quelquefois il vend du vin, il le fait mêler
pour ses amis comme pour les autres sans distinction. Il ne permet pas à ses enfants d'aller à
l'amphithéâtre avant que les jeux soient commen-
cés, et lorsque l'on paye pour être placé, mais
seulement sur la fin du spectacle, et quand l'architecte (8) néglige les places et les donne pour
rien. Étant envoyé avec quelques autres citoyens
en ambassade, il laisse chez soi la somme que le
public lui a donnée pour faire les frais de son
voyage, et emprunte de l'argent de ses collègues : sa
coutume alors est de charger son valet de fardeaux
au delà de ce qu'il en peut porter, et de lui re-
trancher cependant de son ordinaire; et comme il
arrive souvent que l'on fait dans les villes des présents aux ambassadeurs, il demande sa part pour
la vendre. « Vous m'achetez toujours, dit-il au
jeune esclave qui le sert dans le bain, une mauvaise huile, et qu'on ne peut supporter : » il se

sert ensuite de l'huile d'un autre, et épargne la sienne. Il envie à ses propres valets qui le suivent, la plus petite pièce de monnoie qu'ils auront ramassée dans les rues, et il ne manque point d'en retenir sa part avec ce mot : *Mercure est commun* (9). Il fait pis : il distribue à ses domestiques leurs provisions dans une certaine mesure (10) dont le fond, creux par-dessous, s'enfonce en dedans, et s'élève comme en pyramide; et quand elle est pleine, il la rase lui-même avec le rouleau le plus près qu'il peut (11)........ De même s'il paye à quelqu'un trente mines (12) qu'il lui doit, il fait si bien qu'il y manque quatre drachmes (13) dont il profite. Mais, dans ces grands repas où il faut traiter toute une tribu (14), il fait recueillir, par ceux de ses domestiques qui ont soin de la table, le reste des viandes qui ont été servies, pour lui en rendre compte : il seroit fâché de leur laisser une rave à demi mangée.

NOTES.

(1) Il me semble que ce Caractère seroit mieux intitulé *de l'Impertinence*. La définition de Théophraste dit mot à mot : « C'est une dérision ouverte et insultante. »

(2) Le grec dit simplement : « Voyant venir vers lui des « femmes honnêtes, il est capable de se retrousser et de « montrer sa nudité. » L'impertinent ne prend point de prétexte.

(3) Le verbe grec employé ici signifie « levant la tête ».
La Bruyère paroît avoir été induit en erreur, ainsi que l'a
déjà observé M. Coray, par la traduction de Casaubon,
qui rend ce mot par *resupinato corpore*. On trouvera d'autres détails sur la conduite des Athéniens au spectacle,
dans le *Voyage du jeune Anacharsis*, chap. LXX.

(4) « Les vingt mille citoyens d'Athènes, dit Démosthène,
« ne cessent de fréquenter la place, occupés de leurs affaires
« ou de celles de l'État. »

(5) Il paroît que ces femmes servoient aux plaisrs des
convives par des complaisances obscènes. (Voyez ARISTOPH.,
Vesp., v. 1337.)

(6) Il y avoit des gens fainéants et désoccupés qui s'assembloient dans leurs boutiques. (*Note de La Bruyère*.)

(7) Les traits suivants, jusqu'à la fin du chapitre, ne
conviennent nullement à ce Caractère, et ne sont que des
fragments du Caractère xxx, *du Gain sordide*, transportés
ici mal à propos, dans les copies défectueuses et altérées
par lesquelles les quinze premiers chapitres de cet ouvrage
nous ont été transmis. (Voyez ci-après, p. 129, la note 1
du ch. XVI.) On trouvera une traduction plus exacte de ces
traits au ch. xxx, où ils se trouvent à leur place naturelle,
et considérablement augmentés.

(8) L'architecte qui avoit bâti l'amphithéâtre, et à qui
la République donnoit le louage des places en payement.
(*Note de La Bruyère*.) Ou bien l'entrepreneur du spectacle.
Au reste, le grec dit seulement : « Lorsque les entre-
« preneurs laissent entrer gratis. » La paraphrase de La
Bruyère est une conjecture de Casaubon, que M. Barthélemy paroît n'avoir pas adoptée ; car il dit, en citant

ce passage, que les entrepreneurs donnoient quelquefois le spectacle gratis.

(9) Proverbe grec, qui revient à notre « Je retiens part ». (*Note de La Bruyère.*) Les mots suivants, que La Bruyère a traduits par « Il fait pis », étoient corrompus dans l'ancien texte : dans le manuscrit du Vatican ce n'est qu'une formule qui veut dire, « et autres traits de ce genre. » (Voyez ci-après, page 129, chap. XVI, note 1.)

(10) Le grec dit, « Avec une mesure de Phidon, etc. » Phidon étoit un roi d'Argos qui a vécu du temps d'Homère, et qui est censé avoir inventé les monnoies, les poids et les mesures. Voyez les notes de Duport.

(11) Quelque chose manque ici dans le texte. (*Note de La Bruyère.*) Le manuscrit du Vatican, qui contient ce trait au ch. XXX, complète la phrase que La Bruyère n'a point traduite. Il en résulte le sens suivant : « Il abuse de « la complaisance de ses amis pour se faire céder à bon « marché des objets qu'il revend ensuite à profit. »

(12) *Mine* se doit prendre ici pour une pièce de monnoie. (*Note de La Bruyère.*) La mine n'étoit qu'une monnoie fictive : M. Barthélemy l'évalue à 90 livres tournois.

(13) Drachmes, petites pièces de monnoie, dont il falloit cent à Athènes pour faire une mine. (*Note de La Bruyère.*) D'après le calcul de M. Barthélemy, la drachme valoit 18 sous de France.

(14) Athènes étoit partagée en plusieurs tribus. Voyez le chapitre *de la Médisance*. (*Note de La Bruyère.*) Le texte dit, « Sa curie. » Voyez les notes 3 et 7 du Caractère précédent.

La Bruyère a omis les mots : « Il demande sur le service « commun une portion pour ses enfants. »

CHAPITRE XII.

DU CONTRE-TEMPS.

Cette ignorance du temps et de l'occasion est une manière d'aborder les gens, ou d'agir avec eux, toujours incommode et embarrassante. Un importun est celui qui choisit le moment que son ami est accablé de ses propres affaires, pour lui parler des siennes ; qui va souper (1) chez sa maîtresse le soir même qu'elle a la fièvre ; qui, voyant que quelqu'un vient d'être condamné en justice de payer pour un autre pour qui il s'est obligé, le prie néanmoins de répondre pour lui ; qui comparoît pour servir de témoin dans un procès que l'on vient de juger ; qui prend le temps des noces où il est invité, pour se déchaîner contre les femmes ; qui entraîne (2) à la promenade des gens à peine arrivés d'un long voyage et qui n'aspirent qu'à se reposer ; fort capable d'amener des marchands pour offrir d'une chose plus qu'elle ne vaut (3), après qu'elle est vendue ; de se lever au milieu d'une assemblée, pour reprendre un fait dès ses commencements, et en instruire à fond ceux qui en ont les oreilles rebattues, et qui le savent mieux que lui ; souvent empressé pour engager dans une affaire des personnes qui, ne l'affectionnant point, n'osent pourtant refuser d'y entrer (4). S'il arrive que quelqu'un dans la ville doive faire un festin après avoir sacrifié (5), il va lui demander une portion des viandes qu'il a préparées. Une autre fois, s'il voit qu'un maître châtie devant lui son esclave, « J'ai perdu, dit-il, un des miens « dans une pareille occasion : je le fis fouetter, il « se désespéra et s'alla pendre. » Enfin, il n'est propre qu'à commettre de nouveau deux personnes qui veulent s'accommoder, s'ils l'ont fait arbitre de leur différend (6). C'est encore une action qui lui convient fort que d'aller prendre au milieu du repas, pour danser (7), un homme qui est de sang-froid, et qui n'a bu que modérément.

NOTES.

(1) Le mot grec signifie proprement « porter une sérénade bruyante ». Voyez les notes de Duport et de Coray.

(2) Théophraste suppose moins de complaisance à ces voyageurs, et ne les fait qu'inviter à la promenade.

(3) Le grec dit « plus qu'on n'en a donné ».

(4) On rendroit mieux le sens de cette phrase en traduisant : « Il s'empresse de prendre des soins dont on ne « se soucie point, mais qu'on est honteux de refuser. »

(5) Les Grecs, le jour même qu'ils avoient sacrifié, ou

soupoient avec leurs amis, ou leur envoyoient à chacun une portion de la victime. C'étoit donc un contre-temps de demander sa part prématurément et lorsque le festin étoit résolu, auquel même on pouvoit être invité. (*Note de La Bruyère*.) Le texte grec porte : « Il vient chez ceux « qui sacrifient, et qui consument la victime, pour leur « demander un morceau; » et le contre-temps consiste à demander ce présent à des gens qui, au lieu d'envoyer des morceaux, donnent un repas. Le mot employé par Théophraste pour désigner cette portion de la victime paroît être consacré particulièrement à cet usage, et avoir même passé dans le latin, *divina tomacula porcæ*, dit Juvénal, Sat. X, v. 355.

(6) Littéralement : « S'il assiste à un arbitrage, il brouille « des parties qui veulent s'arranger. »

(7) Cela ne se faisoit chez les Grecs qu'après le repas, et lorsque les tables étoient enlevées. (*Note de La Bruyère*.) Le grec dit seulement : « Il est capable de provoquer à la « danse un ami qui n'a encore bu que modérément; » et c'est dans cette circonstance que se trouve l'inconvenance. Cicéron dit (*pro Muræna*, cap. VI) : *Nemo fere saltat sobrius, nisi forte insanit; neque in solitudine, neque in convivio moderato atque honesto : tempestivi convivii, amœni loci, multarum deliciarum comes est extrema saltatio.* Mais en Grèce l'usage de la danse étoit plus général; et le poëte Alexis, cité par Athénée, liv. IV, chap. IV, dit que les Athéniens dansoient au milieu de leurs repas, dès qu'ils commençoient à sentir le vin. Nous verrons au chap. XV qu'il étoit peu convenable de se refuser à ce divertissement.

CHAPITRE XIII.

DE L'AIR EMPRESSÉ (1).

Il semble que le trop grand empressement est une recherche importune, ou une vaine affectation de marquer aux autres de la bienveillance par ses paroles et par toute sa conduite. Les manières d'un homme empressé sont de prendre sur soi l'événement d'une affaire qui est au-dessus de ses forces, et dont il ne sauroit sortir avec honneur (2); et, dans une chose que toute une assemblée juge raisonnable, et où il ne se trouve pas la moindre difficulté, d'insister longtemps sur une légère circonstance, pour être ensuite de l'avis des autres (3); de faire beaucoup plus apporter de vin dans un repas qu'on n'en peut boire (4); d'entrer dans une querelle où il se trouve présent, d'une manière à l'échauffer davantage (5). Rien n'est aussi plus ordinaire que de le voir s'offrir à servir de guide dans un chemin détourné qu'il ne connoît pas, et dont il ne peut ensuite trouver l'issue : venir vers son général, et lui demander quand il doit ranger son armée en bataille, quel jour il faudra combattre, et s'il n'a point d'ordres à lui donner pour le lendemain (6) : une

autre fois s'approcher de son père : « Ma mère, lui dit-il mystérieusement, vient de se coucher, et ne commence qu'à s'endormir » : s'il entre enfin dans la chambre d'un malade à qui son médecin a défendu le vin, dire qu'on peut essayer s'il ne lui fera point de mal, et le soutenir doucement pour lui en faire prendre (7). S'il apprend qu'une femme soit morte dans la ville, il s'ingère de faire son épitaphe; il y fait graver son nom, celui de son mari, de son père, de sa mère, son pays, son origine, avec cet éloge : *Ils avoient tous de la vertu* (8). S'il est quelquefois obligé de jurer devant des juges qui exigent son serment : « Ce n'est pas, dit-il en per-
« çant la foule pour paroître à l'audience, la pre-
« mière fois que cela m'est arrivé. »

NOTES.

(1) « *De l'Empressement outré et affecté.* »

(2) Littéralement : « Il se lève pour promettre une chose « qu'il ne pourra pas tenir. »

(3) Il me semble qu'on rendroit mieux le sens de cette phrase difficile en traduisant : « Dans une affaire dont « tout le monde convient qu'elle est juste, il insiste encore « sur un point insoutenable et sur lequel il est réfuté. »

(4) Le texte porte, « de forcer son valet à mêler avec « de l'eau plus de vin qu'on n'en pourra boire. » Les Grecs

ne buvoient, jusque vers la fin du·repas, que du vin mêlé d'eau ; les vases qui servoient à ce mélange étoient une principale décoration de leurs festins. Le vin qui n'étoit pas bu de suite se trouvoit sans doute gâté par cette préparation.

(5) D'après une autre leçon, « de séparer des gens qui « se querellent ».

(6) Il y a dans le grec, « pour le surlendemain ».

(7) La Bruyère a suivi la version de Casaubon ; mais M. Coray a prouvé par d'excellentes autorités qu'il faut traduire simplement : « Dire qu'on lui en donne, pour « essayer de le guérir par ce moyen. »

(8) Formule d'épitaphe. (*Note de La Bruyère.*) Par cela même elle n'étoit d'usage que pour les morts, et devoit déplaire aux vivants auxquels elle étoit appliquée. On regardoit même en général comme un mauvais augure d'être nommé dans les épitaphes ; de là l'usage de la lettre V, initiale de *vivens*, qu'on voit souvent sur les inscriptions sépulcrales des Romains devant les noms des personnes qui étoient encore vivantes quand l'inscription fut faite. (*Visconti.*)

CHAPITRE XIV.

DE LA STUPIDITÉ.

La stupidité est en nous une pesanteur d'esprit (1) qui accompagne nos actions et nos discours. Un homme stupide, ayant lui-même calculé avec des jetons une certaine somme, demande à ceux qui le regardent faire à quoi elle se monte. S'il est obligé de paroître dans un jour prescrit devant ses juges, pour se défendre dans un procès que l'on lui fait, il l'oublie entièrement, et part pour la campagne. Il s'endort à un spectacle, et il ne se réveille que longtemps après qu'il est fini, et que le peuple s'est retiré. Après s'être rempli de viandes le soir, il se lève la nuit pour une indigestion, va dans la rue se soulager, où il est mordu d'un chien du voisinage. Il cherche ce qu'on vient de lui donner, et qu'il a mis lui-même dans quelque endroit où souvent il ne peut le retrouver. Lorsqu'on l'avertit de la mort de l'un de ses amis afin qu'il assiste à ses funérailles, il s'attriste, il pleure, il se désespère; et prenant une façon de parler pour une autre : « A la bonne heure, » ajoute-t-il, ou une pareille sottise (2). Cette précaution qu'ont les

personnes sages de ne pas donner sans témoins (3)
de l'argent à leurs créanciers, il l'a pour en recevoir de ses débiteurs. On le voit quereller son valet dans le plus grand froid de l'hiver, pour ne lui
avoir pas acheté des concombres. S'il s'avise un
jour de faire exercer ses enfants à la lutte ou à la
course, il ne leur permet pas de se retirer qu'ils
ne soient tout en sueur et hors d'haleine (4). Il va
cueillir lui-même des lentilles (5), les fait cuire,
et oubliant qu'il y a mis du sel, il les sale une seconde fois, de sorte que personne n'en peut goûter. Dans le temps d'une pluie incommode, et dont
tout le monde se plaint, il lui échappera de dire
que l'eau du ciel est une chose délicieuse (6) ; et si
on lui demande par hasard combien il a vu emporter de morts par la porte Sacrée (7) : « Autant,
répond-il, pensant peut-être à de l'argent ou à des
grains, que je voudrois que vous et moi en pus-
sions avoir. »

NOTES.

(1) Littéralement, « une lenteur d'esprit ». La plupart
des traits de ce Caractère seroient attribués aujourd'hui
à la distraction, à laquelle les anciens paroissent ne pas
avoir donné un nom particulier.

(2) Le traducteur a beaucoup paraphrasé ce passage.
Le grec dit seulement : « Il s'attriste, il pleure, et dit : A
« la bonne heure. »

(3) Les témoins étoient fort en usage chez les Grecs dans les payements et dans tous les actes. (*Note de La Bruyère.*) « Tout le monde sait, dit Démosthène, *contra Phorm.*, qu'on va emprunter de l'argent avec peu de « témoins, mais qu'on en amène beaucoup en le rendant, « afin de faire connoître à un grand nombre de personnes « combien on met de régularité dans ses affaires. »

(4) Le texte grec dit : « Il force ses enfants à lutter et « à courir, et leur fait contracter des maladies de fatigue. » Théophraste a fait un ouvrage particulier sur ces maladies, occasionnées fréquemment en Grèce par l'excès des exercices gymnastiques. Voyez le Traité de Meursius sur les ouvrages perdus de Théophraste.

(5) Le grec dit : « Et s'il se trouve avec eux à la « campagne, et qu'il leur fasse cuire des lentilles, il « oublie, etc. »

(6) Ce passage est évidemment altéré dans le texte, et La Bruyère n'en a exprimé qu'une partie, en la paraphrasant. Il me·semble qu'une correction plus simple que toutes celles qui ont été proposées jusqu'à présent seroit de lire τὸ ἀστρονομί̓ζειν, et de regarder les mots qui suivent comme le commencement d'une glose, inséré mal à propos dans le texte ; car dans le grec il n'est dit nulle part dans ce chapitre ce que disent ou font les autres. D'après cette correction, il faudroit traduire : « Quand il pleut, il dit : « Ah ! qu'il est agréable de connoître et d'observer les « astres ! » La forme du verbe grec pourroit être rendue littéralement en françois par le mot *astronomiser*. Il faut convenir cependant que le verbe grec ne se trouve pas plus dans les dictionnaires que le verbe françois, et que la forme ordinaire du premier est un peu différente ; mais en

grec ces fréquentatifs sont très-communs, et quelques
manuscrits donnent une leçon qui s'approche beaucoup
de cette correction. Le glossateur a ajouté : « Lorsque
« d'autres disent que le ciel est noir comme de la poix. »

(7) Pour être enterrés hors de la ville, suivant la loi de
Solon. (*Note de La Bruyère.*) Du temps de Théophraste,
les morts étoient indifféremment enterrés ou brûlés, et ces
deux cérémonies se faisoient dans les champs cérami-
ques : mais ce n'étoit pas par la porte Sacrée, ainsi nommée parce qu'elle conduisoit à Éleusis, qu'on se rendoit à
ces champs. Il me paroît donc qu'il faut adopter la correction *erias*, la porte des tombeaux. M. Barbié du Bocage
croit que ce n'étoit pas une porte particulière qu'on appeloit
ainsi, mais que ce nom étoit donné quelquefois à la porte
Dipylon, qu'il a placée en cet endroit sur son plan d'Athènes
dans le *Voyage du jeune Anacharsis;* et les recherches
aussi savantes qu'étendues qu'il a faites depuis sur ce plan
n'ont fait que confirmer cette opinion. Peut-être aussi cette
porte étoit-elle double, ainsi que son nom l'indique, et l'une
des sorties étoit-elle appelée Érie, et particulièrement destinée aux funérailles.

CHAPITRE XV.

DE LA BRUTALITÉ.

La brutalité est une certaine dureté, et j'ose dire une férocité qui se rencontre dans nos manières d'agir, et qui passe même jusqu'à nos paroles. Si vous demandez à un homme brutal, « Qu'est devenu un tel? » il vous répond durement, « Ne me rompez point la tête. » Si vous le saluez, il ne vous fait pas l'honneur de vous rendre le salut. Si quelquefois il met en vente une chose qui lui appartient, il est inutile de lui en demander le prix, il ne vous écoute pas; mais il dit fièrement à celui qui la marchande : « Qu'y trouvez-vous à dire (1)? » Il se moque de la piété de ceux qui envoient leurs offrandes dans les temples aux jours d'une grande célébrité : « Si leurs prières, dit-il, vont jusques aux Dieux, et s'ils en obtiennent les biens qu'ils souhaitent, l'on peut dire qu'ils les ont bien payés, et qu'ils ne leur sont pas donnés pour rien * (2). Il est inexorable à celui qui, sans dessein, l'aura poussé

---

* VARIANTE (édit. 7ᵉ, 8ᵉ, 9ᵉ) : « Et que ce n'est pas un présent du ciel. »

légèrement, ou lui aura marché sur le pied; c'est une faute qu'il ne pardonne pas. La première chose qu'il dit à un ami qui lui emprunte quelque argent (3), c'est qu'il ne lui en prêtera point : il va le trouver ensuite, et le lui donne de mauvaise grace, ajoutant qu'il le compte perdu. Il ne lui arrive jamais de se heurter à une pierre qu'il rencontre en son chemin, sans lui donner de grandes malédictions. Il ne daigne pas attendre personne; et si l'on diffère un moment à se rendre au lieu dont l'on est convenu avec lui, il se retire. Il se distingue toujours par une grande singularité (4), ne veut ni chanter à son tour, ni réciter (5) dans un repas, ni même danser avec les autres. En un mot, on ne le voit guère dans les temples importuner les Dieux, et leur faire des vœux ou des sacrifices (6).

NOTES.

(1) Plusieurs critiques ont prouvé qu'il faut traduire ce passage : « S'il met un objet en vente, il ne dira point « aux acheteurs ce qu'il en voudroit avoir, mais il leur « demandera ce qu'il en pourra trouver. »

(2) La Bruyère a paraphrasé ce passage obscur et mutilé d'après les idées de Casaubon : selon d'autres critiques, il est question d'un présent ou d'une invitation qu'on fait au brutal, ou bien d'une portion de victime qu'on lui envoie (Voyez chap. XII, note 5; et chapitre XVII, note 2);

et sa réponse est : « Je ne reçois pas de présents, » ou « Je
« ne voudrois pas même goûter ce qu'on me donne. »

(3) Qui fait une collecte. » (Voyez chap. i, note 3.)

(4) Ces mots ne sont point dans le texte.

(5) Les Grecs récitoient à table quelques beaux endroits
de leurs poëtes, et dansoient ensemble après le repas.
Voyez le chap. *du Contre-temps*. (*Note de La Bruyère*.)
(Chap. xii, note 7.)

(6) Le grec dit simplement : « Il est capable aussi de ne
« point prier les Dieux. »

CHAPITRE XVI (1).

DE LA SUPERSTITION.

La superstition semble n'être autre chose qu'une crainte mal réglée de la Divinité. Un homme superstitieux, après avoir lavé ses mains (2), s'être purifié avec de l'eau lustrale (3), sort du temple, et se promène une grande partie du jour avec une feuille de laurier dans sa bouche. S'il voit une belette, il s'arrête tout court, et il ne continue pas de marcher, que quelqu'un n'ait passé avant lui par le même endroit que cet animal a traversé, ou qu'il n'ait jeté lui-même trois petites pierres dans le chemin, comme pour éloigner de lui ce mauvais présage. En quelque endroit de sa maison qu'il ait aperçu un serpent, il ne diffère pas d'y élever un autel (4); et dès qu'il remarque dans les carrefours de ces pierres que la dévotion du peuple y a consacrées (5), il s'en approche, verse dessus toute l'huile de sa fiole, plie les genoux devant elles, et les adore. Si un rat lui a rongé un sac de farine, il court au devin, qui ne manque pas de lui enjoindre d'y faire mettre une pièce : mais bien loin d'être satisfait de sa réponse, effrayé d'une aventure si extraordinaire, il n'ose plus se servir de son sac, et s'en défait (6). Son foible encore est de purifier sans fin la maison qu'il habite (7), d'éviter de s'asseoir sur un tombeau, comme d'assister à des funérailles, ou d'entrer dans la chambre d'une femme qui est en couche (8); et lorsqu'il lui arrive d'avoir, pendant son sommeil, quelque vision, il va trouver les interprètes des songes, les devins et les augures, pour savoir d'eux à quel dieu ou à quelle déesse il doit sacrifier (9). Il est fort exact à visiter, sur la fin de chaque mois, les prêtres d'Orphée, pour se faire initier dans ses mystères (10) : il y mène sa femme; ou si elle s'en excuse par d'autres soins, il y fait conduire ses enfants par une nourrice (11). Lorsqu'il marche par la ville, il ne manque guère de se laver toute la tête avec l'eau des fontaines qui sont dans les places : quelquefois il a recours à des prêtresses, qui le purifient d'une autre manière, en liant et étendant autour de son corps un petit chien, ou de la squille (12). Enfin, s'il voit un homme frappé d'épilepsie (13), saisi d'horreur, il crache dans son propre sein, comme pour rejeter le malheur de cette rencontre.

NOTES.

(1) Ce chapitre est le premier dans lequel on trouvera des additions prises dans les manuscrits de la Bibliothèque

Palatine du Vatican, qui contient une copie plus complète que les autres des quinze derniers chapitres de cet ouvrage. M. Siebenkees, sur les manuscrits duquel on a publié cette copie, doutoit de l'authenticité de ces morceaux nouveaux ; mais ses doutes sont sans fondement, et il paroît ne les avoir conçus que par la difficulté d'expliquer l'origine de cette différence entre les manuscrits. M. Schneider a levé cette difficulté, et a démontré toute l'importance de ces additions, lesquelles nous donnent non-seulement des lumières nouvelles sur plusieurs points importants des mœurs anciennes, mais dont la plupart complètent et expliquent des passages inintelligibles sans ce secours. Ce savant a observé qu'elles prouvent que nous ne possédions auparavant que des extraits très-imparfaits de cet ouvrage. Cette hypothèse explique les transpositions, les obscurités et les phrases tronquées qui y sont si fréquentes ; et celles qui se trouvent même dans le manuscrit palatin font soupçonner qu'il n'est lui-même qu'un extrait plus complet. Cette opinion est en outre confirmée, pour ce manuscrit comme pour les autres, par une formule usitée spécialement par les abréviateurs, qui se trouve au chapitre xi et au chapitre xix. (*Voyez* la note 9 du premier et la note 2 du second de ces chapitres.) Cependant les difficultés qui se rencontrent, particulièrement dans les additions, viennent surtout de ce qu'elles ne nous sont transmises que par une seule copie. Tous ceux qui se sont occupés de l'examen critique des auteurs anciens savent que ce n'est qu'à force d'en comparer les différentes copies qu'on parvient à leur rendre jusqu'à un certain point leur perfection primitive.

(2) D'après une correction ingénieuse de M. Siebenkees, le manuscrit du Vatican ajoute : « Dans une source. » Cette ablution étoit le symbole d'une purification morale. Le laurier dont il est question dans la suite de la phrase

passoit pour écarter tous les malheurs de celui qui portoit
sur soi quelque partie de cet arbuste. (Voyez les notes de
Duport, et, sur ce Caractère en général, le chapitre xxi
d'*Anacharsis*.) J'ai parlé, dans la note 14 du Discours sur
Théophraste, des opinions religieuses de ce philosophe, et
d'un livre écrit sur le présent chapitre en particulier. Il
me paroît que la religion des Athéniens avoit été surchargée
de beaucoup de superstitions nouvelles depuis la décadence
des républiques de la Grèce, et surtout du temps de
Philippe et d'Alexandre. Voyez chapitre xxv, note 3.

(3) Une eau où l'on avoit éteint un tison ardent pris sur
l'autel où l'on brûloit la victime : elle étoit dans une
chaudière à la porte du temple : l'on s'en lavoit soi-même,
ou l'on s'en faisoit laver par les prêtres. (*Note de La
Bruyère.*) Il falloit dire, *asperger ;* — « *Spargens rore levi,
et ramo felicis olivæ,* » dit Virgile, *Æneid.*, lib. VI, v. 229 ;
et, au lieu d'ajouter « sort du temple », il falloit traduire
simplement, « Après s'être aspergé d'eau sacrée, etc. »

(4) Le manuscrit du Vatican porte : « Voit-il un serpent
« dans sa maison ; si c'est un *paréias,* il invoque Bacchus ;
« si c'est un serpent sacré, il lui fait un sacrifice, » ou
bien « il lui bâtit une chapelle. » Voyez sur cette variante
la savante note de Schneider, comparée avec le passage
de Platon cité par Duport, où ce philosophe dit que les
superstitieux remplissent toutes les maisons et tous les
quartiers d'autels et de chapelles. L'espèce de serpent
appelée *paréias*, à cause de ses mâchoires très-grosses,
étoit consacrée à Bacchus : on portoit de ces animaux
dans les processions faites en l'honneur de ce dieu, et
l'on voit dans Démosthènes, *pro Corona*, p. 313, édit. de
Reiske, que les superstitieux les élevoient par-dessus la tête
en poussant des cris bachiques. L'espèce appelée sacrée

étoit, selon Aristote, longue d'une coudée, venimeuse et
velue; mais peut-être ce mot, qui a empêché les natura-
listes de la reconnoître, est-il altéré. Aristote ajoute que
les espèces les plus grandes fuyoient devant celle-ci.

(5) Le grec dit : « des pierres ointes; » c'étoit la manière de les consacrer, usitée même parmi les patriarches.
(Voyez *Genèse,* xxviii, v. 18.)

(6) D'après une ingénieuse correction d'Étienne Bernard, rapportée par Schneider : « Il rend le sac, en ex-
« piant ce mauvais présage par un sacrifice. » Cicéron
dit, *de Div.*, l. II, c. xxvii : *Nos autem ita leves atque
inconsiderati sumus, ut si mures corroserint aliquid,
quorum est opus hoc, unum monstrum putemus.*

(7) Le manuscrit du Vatican ajoute: « En disant qu'Hé-
« cate y a exercé une influence maligne; » et continue :
« Si en marchant il voit une chouette, il en est effrayé, et
« n'ose continuer son chemin qu'après avoir prononcé
« ces mots, *Que Minerve ait le dessus!* » On attribuoit à
l'influence d'Hécate l'épilepsie et différentes autres maladies auxquelles bien des gens supposent encore aujour-
d'hui des rapports particuliers avec la lune, qui, dans la
fable des Grecs, est représentée tantôt par Diane, tantôt
par Hécate. Les purifications dont parle le texte consistoient en fumigations. (Voyez le *Voyage du jeune Anacharsis*, chap. xxi.)

(8) Le manuscrit du Vatican ajoute : « En disant qu'il
« lui importe de ne pas se souiller; » et continue : « Les
« quatrièmes et septièmes jours, il fait cuire du vin par
« ses gens, sort lui-même pour acheter des branches de
« myrte et des tablettes d'encens, et couronne en rentrant

« les Hermaphrodites pendant toute la journée. » Les
quatrièmes jours du mois, ou peut-être de la décade,
étoient consacrés à Mercure. (Voyez le Scol. d'Aristoph.
in Plut., v. 1127.) Le vin cuit est relatif à des libations ou
à des sacrifices, et les branches de myrte appartiennent
au culte de Vénus. Les Hermaphrodites sont des hermès à
tête de Vénus, comme les hermérotes, les herméraclès,
les hermathènes, étoient des hermès à tête de Cupidon,
d'Hercule et de Minerve. (Voyez Laur. *De sacris gent.*, Tr.
de Gronov., t. VII, p. 176; et Pausanias, liv. XIX, II, où
il parle d'une statue de Vénus en forme d'hermès.) Ils se
trouvoient peut-être parmi ce grand nombre d'hermès votifs
posés sur la place publique, entre le Pœcile et le portique
royal. (Voyez Harpocr. *in Herm*.) Le culte de Vénus étoit
souvent joint à celui de Mercure. (Voyez Arnaud, *de Diis
synedris*, chap. XXIV.) Quant au septième jour, si le
chiffre est juste, ce ne peut pas être le septième du mois,
qui étoit consacré, ainsi que le premier, au culte d'Apollon,
et non à celui de Vénus. Il faut donc supposer que le
sacrifice se fait tout les sept jours, et ce passage devient
très-important pour la célèbre question sur l'antiquité
d'un culte hebdomadaire chez les peuples dits profanes.
J'observerai, à l'appui de cette opinion, qui est celle de
M. Visconti, que sur les premiers monuments païens de
l'introduction de la semaine planétaire dans le calendrier
romain, introduction qui paroît dater du deuxième siècle
de l'ère chrétienne, Vénus occupe le septième rang parmi
les divinités qui président au jour de cette période (Voyez
les *Peintures d'Herculanum*, tome III, pl. 50); que le jour
sacré des mahométans est le vendredi, et qu'il paroît que
ce jour étoit fêté dans l'antiquité par les peuples ismaélites,
en l'honneur de Vénus Uranie (Voyez Selden, *de Diis syris*,
segm. II, chap. II et IV); enfin, que la Vénus en forme
d'hermès, dont parle Pausanias, étoit précisément une

Vénus Uranie, déesse qui avoit à Athènes un culte solennel, et un temple situé près de la place publique, et
par conséquent près des hermès dont j'ai parlé. Des cérémonies hebdomadaires en l'honneur de cette divinité
pouvoient avoir passé en Grèce par les conquêtes d'A-
lexandre, comme l'observation du sabbat paroît s'être introduite à Rome par la conquête de la Palestine. (Voyez
outre les passages d'Ovide, d'Horace et de Tibulle, celui
de Sénèque, que cite saint Augustin, *de Civ. Dei,* liv. VI,
ch. XI, où le célèbre stoïcien reproche aux Romains de son
temps de perdre par cette fête juive la septième partie de
leur vie.) Par un passage d'Athénée, liv. XII, chap. IV, il
est à peu près certain que les Perses avoient très-ancien-
nement un culte hebdomadaire ; et selon Hérodote, liv. I,
chap. CXXX, ils avoient appris le culte d'Uranie des Arabes
et des Assyriens, et avoient appelé cette déesse *Mitra ;*
ce qui semble prouver qu'ils l'ont associée à Mithras, leur
divinité principale.

Mais notre texte peut aussi être altéré, et il peut y être
question du sixième jour du mois ou de la décade, consacré à Vénus.. (Voyez Jamblichus dans la *Vie de Pythagore,* ch. XXVIII, sect. 152, où l'on cite une explication
mystique que le philosophe de Samos a donnée de cet
usage.) Dans ce cas, il est toujours très-remarquable que
les jours du Soleil, de Mercure et de Vénus occupent
dans notre semaine le même rang que les jours consacrés
par la religion des Grecs aux divinités qui répondent à ces
corps célestes, occupoient dans le mois d'Athènes, ou dans
chacune des trois parties dans lesquelles il étoit divisé ;
c'est-à-dire que les uns et les autres tombent sur les
premiers, quatrièmes et sixièmes jours de ces périodes.
Ces superstitions grecques sont sans doute dérivées de
l'usage égyptien de consacrer chaque jour à une divinité
(Voyez Hérodote, liv. II, chap. LXXXII) ; et c'est vraisem-

blablement à Alexandrie que cet antique usage s'est confondu successivement avec la semaine lunaire ou planétaire que paroissent avoir observée les autres nations de
l'Orient, avec la consécration du sabbat chez les Juifs, et
avec celle du dimanche chez les Chrétiens.

(9) « Vous ne réfléchissez pas à ce que vous faites étant
« éveillés, disoit Diogène à ses contemporains ; mais vous
« faites beaucoup de cas des visions que vous avez en
« dormant. »

(10) Instruire de ses mystères. (*Note de La Bruyère.*)
On ne se faisoit pas initier tous les mois, mais une fois dans
la vie, et puis on observoit certaines cérémonies prescrites
par ces mystères. (Voyez les notes de Casaubon.) Le mot
que tous les traducteurs de ce passage ont rendu par *initier*
est pris souvent par les anciens dans un sens fort étendu
(Voyez Athénée, liv. II, chap. XII) ; je crois qu'il faut le
traduire ici par *purifier*. Il faut observer, au reste, que
les mystères d'Orphée sont ceux de Bacchus, et ne pas les
confondre avec les mystères de Cérès. Toute la Grèce
célébroit ces derniers avec la plus grande solennité, au
lieu que les prêtres d'Orphée étoient une espèce de char-
latans ambulants, dont les gens sensés ne faisoient aucun
cas, et qui n'ont acquis de l'importance que vers le temps
de la décadence de l'empire romain. (Voyez *Anacharsis*,
chap. XXI ; et le savant Mémoire de Fréret sur le culte de
Bacchus.)

(11) Le manuscrit du Vatican ajoute ici une phrase
défectueuse, que, d'après une explication de M. Coray,
appuyée sur les usages actuels de la Grèce, il faut entendre : « Il va quelquefois s'asperger d'eau de mer ; et si
« alors quelqu'un le regarde avec envie, il attache un ail

« sur sa tête, et va la laver, etc. » Cette cérémonie devoit
détourner le mauvais effet que pourroit produire le coup
d'œil de l'envieux. On trouvera plusieurs passages anciens
sur l'influence maligne que l'on attribuoit à ce coup d'œil,
dans les commentateurs de ce vers des *Bucoliques* de
Virgile (*Ecl.* III, v. 103) :

Nescio quis teneros oculus mihi fascinat agnos.

L'eau de mer étoit regardée comme la plus convenable
aux purifications. (Voyez *Anacharsis*, chap. XXI ; et Duport
dans les notes du commencement de ce chapitre.)

(12) Espèce d'oignon marin. (*Note de La Bruyère*.) Le
traducteur a inséré dans le texte la manière dont il croyoit
que cette expiation se faisoit ; mais il paroît que le chien
sacrifié n'étoit que porté autour de la personne qu'on
vouloit purifier, et la squille étoit vraisemblablement
brûlée.

(13) Le grec ajoute même dans l'ancien texte : « Ou un
« homme dont l'esprit est aliéné. »

CHAPITRE XVII.

DE L'ESPRIT CHAGRIN.

L'esprit chagrin fait que l'on n'est jamais content de personne, et que l'on fait aux autres mille plaintes sans fondement (1). Si quelqu'un fait un festin, et qu'il se souvienne d'envoyer un plat (2) à un homme de cette humeur, il ne reçoit de lui pour tout remercîment que le reproche d'avoir été oublié : « Je n'étois pas digne, » dit cet esprit querelleur, « de boire de son vin, ni de manger à sa table. » Tout lui est suspect, jusques aux caresses que lui fait sa maîtresse : « Je doute fort, lui dit-il, que vous soyez sincère, et que toutes ces démonstrations d'amitié partent du cœur (3). » Après une grande sécheresse venant à pleuvoir (4), comme il ne peut se plaindre de la pluie, il s'en prend au ciel de ce qu'elle n'a pas commencé plus tôt. Si le hasard lui fait voir une bourse dans son chemin, il s'incline « Il y a des gens, ajoute-t-il, qui ont du bonheur ; pour moi, je n'ai jamais eu celui de trouver un trésor. » Une autre fois, ayant envie d'un esclave, il prie instamment celui à qui il appartient d'y mettre le prix ; et dès que celui-ci, vaincu par ses

importunités, le lui a vendu (5), il se repent de
l'avoir acheté. « Ne suis-je pas trompé? » demande-
t-il ; « et exigeroit-on si peu d'une chose qui seroit
sans défauts? » A ceux qui lui font les compliments
ordinaires sur la naissance d'un fils, et sur l'augmentation de sa famille : « Ajoutez, leur dit-il,
pour ne rien oublier, sur ce que mon bien est diminué de la moitié (6). » Un homme chagrin, après
avoir eu de ses juges ce qu'il demandoit, et l'avoir
emporté tout d'une voix sur son adversaire, se plaint
encore de celui qui a écrit ou parlé pour lui, de ce
qu'il n'a pas touché les meilleurs moyens de sa
cause ; ou lorsque ses amis ont fait ensemble une
certaine somme pour le secourir dans un besoin
pressant (7), si quelqu'un l'en félicite, et le convie
à mieux espérer de la fortune : « Comment, lui répond-il, puis-je être sensible à la moindre joie,
quand je pense que je dois rendre cet argent à
chacun de ceux qui me l'ont prêté, et n'être pas encore quitte envers eux de la reconnoissance de leur
bienfait? »

NOTES.

(1) Si l'on vouloit traduire littéralement le texte corrigé par Casaubon, cette définition seroit : « L'esprit
« chagrin est un blâme injuste de ce que l'on reçoit ; » et
d'après le manuscrit du Vatican corrigé par Schneider :
« Une disposition à blâmer ce qui vous est donné avec
« bonté. »

(2) Ç'a été la coutume des Juifs et d'autres peuples orientaux, des Grecs et des Romains. (*Note de La Bruyère*.) Il falloit ajouter, « Dans les repas donnés après des sacri- « fices. » (Voyez chap. xii, note 5.) Au lieu d'un plat, il y a dans le texte, « Une portion de la victime. »

(3) Littéralement : « Comblé de caresses par sa maî- « tresse, il lui dit : Je serois fort étonné si tu me chérissois « aussi de cœur. »

(4) Il auroit fallu dire : « Si après une grande séche- « resse il vient à pleuvoir. » Le lecteur attentif aura déja remarqué dans cette traduction beaucoup de négligences de style qu'on ne pardonneroit pas de nos jours.

(5) Au lieu de ces mots, « et dès que celui-ci, etc., » le texte dit : « Et s'il a eu un bon marché. » M. Barthélemy, qui a inséré quelques traits de ce Caractère dans son cha- pitre xxviii, rend celui-ci de la manière suivante : « Un « de mes amis, après les plus tendres sollicitations, con- « sent à me céder le meilleur de ses esclaves. Je m'en « rapporte à son estimation : savez-vous ce qu'il fait ? il « me le donne à un prix fort au-dessous de la mienne. Sans « doute cet esclave a quelque vice caché. Je ne sais quel « poison secret se mêle toujours à mon bonheur. »

(6) Le grec porte : « Si tu ajoutes que mon bien est « diminué de moitié, tu auras dit la vérité. »

(7) Voyez chapitre i, note 3.

CHAPITRE XVIII.

DE LA DÉFIANCE.

L'esprit de défiance nous fait croire que tout le monde est capable de nous tromper. Un homme défiant, par exemple, s'il envoie au marché l'un de ses domestiques pour y acheter des provisions, il le fait suivre par un autre qui doit lui rapporter fidèlement combien elles ont coûté. Si quelquefois il porte de l'argent sur soi dans un voyage, il le calcule à chaque stade (1) qu'il fait, pour voir s'il a son compte. Une autre fois, étant couché avec sa femme, il lui demande si elle a remarqué que son coffre-fort fût bien fermé, si sa cassette est toujours scellée (2), et si on a eu soin de bien fermer la porte du vestibule; et bien qu'elle assure que tout est en bon état, l'inquiétude le prend, il se lève du lit, va en chemise et les pieds nus, avec la lampe qui brûle dans sa chambre, visiter lui-même tous les endroits de sa maison; et ce n'est qu'avec beaucoup de peine qu'il s'endort après cette recherche. Il mène avec lui des témoins quand il va demander ses arrérages (3), afin qu'il ne prenne pas un jour envie à ses débiteurs de lui dénier sa dette. Ce

n'est pas chez le foulon qui passe pour le meilleur
ouvrier qu'il envoie teindre sa robe, mais chez celui qui consent de ne point la recevoir sans donner
caution. (4) Si quelqu'un se hasarde de lui emprunter
quelques vases (5), il les lui refuse souvent; ou s'il
les accorde, [il ne les laisse pas enlever qu'ils ne
soient pesés : il fait suivre celui qui les emporte,
et envoie dès le lendemain prier qu'on les lui ren-
voie] (6). A-t-il un esclave qu'il affectionne et qui
l'accompagne dans la ville (7), il le fait marcher
devant lui, de peur que, s'il le perdoit de vue, il
ne lui échappât et ne prît la fuite. A un homme
qui, emportant de chez lui quelque chose que ce
soit, lui diroit : « Estimez cela, et mettez-le sur
mon compte, » il répondroit qu'il faut le laisser où
on l'a pris, et qu'il a d'autres affaires que celle de
courir après son argent (8).

NOTES.

(1) Six cents pas. (*Note de La Bruyère.*) Le stade
olympique avoit, selon M.* Barthélemy, quatre-vingt-
quatorze toises et demie. Le manuscrit du Vatican porte :
« Et s'assied à chaque stade pour le compter. »

(2) Les anciens employoient souvent la cire et le cachet
en place des serrures et des clefs. Ils cachetoient même
quelquefois les portes, et surtout celles du gynécée. (Voyez
entre autres *les Thesmoph.* d'Aristophane, v. 422.)

(3) « Quand il demande les intérêts de son argent, afin
« que ses débiteurs ne puissent pas nier la dette. » Il faut
supposer peut-être que c'est avec les mêmes témoins qui
étoient présents lorsque l'argent a été remis.

(4) Le grec dit : « Mais chez celui qui a un bon ré-
« pondant. »

(5) D'or ou d'argent. (*Note de La Bruyère.*)

(6) Ce qui se lit entre les deux [ ] n'est pas dans le grec,
où le sens est interrompu ; mais il est suppléé par quelques
interprètes. (*Note de La Bruyère.*) C'est Casaubon qui
avoit suppléé à cette phrase défectueuse, non-seulement
par les mots que La Bruyère a désignés, mais encore par
les quatre précédents. Voilà comme le manuscrit du Vatican restitue ce passage, dans lequel on reconnoîtra avec
plaisir un trait que Casaubon avoit deviné : « Il les refuse
« la plupart du temps ; mais s'ils sont demandés par un
« ami ou par un parent, il est tenté de les essayer et de
« les peser, et exige presque une caution avant de les
« prêter. » Il veut les essayer aux yeux de celui à qui il
les confie, pour lui prouver que c'est de l'or ou de l'argent
fin. Ce sens du verbe grec, restitué dans cette phrase par
M. Coray, est justifié par l'explication que donne Hésychius
d u substantif qui en dérive.

(7) La Bruyère a ajouté les mots « *qu'il affectionne.* »
M. Coray a joint ce trait au précédent, en l'appliquant à
l'esclave qui porte les vases.

(8) Dans les additions du manuscrit du Vatican, à cette
phrase difficile et elliptique, il faut, je crois, mettre le
dernier verbe à l'optatif attique de l'aoriste, et traduire :

« Il répond à ceux qui, ayant acheté quelque chose chez
« lui, lui disent de faire le compte, et de mettre l'objet en
« note, parce qu'ils n'ont pas en ce moment le temps de
« lui envoyer de l'argent : Oh! ne vous en mettez pas
« en peine; car quand même vous en auriez le temps, je
« ne vous en suivrois pas moins ; » c'est-à-dire, quand
même vous me diriez que vous m'enverrez de l'argent sur-
le-champ, je préférerois pourtant de vous accompagner
chez vous ou chez votre banquier pour le toucher moi-
même.

CHAPITRE XIX.

D'UN VILAIN HOMME.

Ce caractère suppose toujours dans un homme une extrême malpropreté, et une négligence pour sa personne qui passe dans l'excès et qui blesse ceux qui s'en aperçoivent. Vous le verrez quelquefois tout couvert de lèpre, avec des ongles longs et malpropres, ne pas laisser de se mêler parmi le monde, et croire en être quitte pour dire que c'est une maladie de famille, et que son père et son aïeul y étoient sujets (1). Il a aux jambes des ulcères. On lui voit aux mains des poireaux et d'autres saletés, qu'il néglige de faire guérir; ou s'il pense à y remédier, c'est lorsque le mal, aigri par le temps, est devenu incurable. Il est hérissé de poil sous les aisselles et par tout le corps, comme une bête fauve : il a les dents noires, rongées, et telles que son abord ne se peut souffrir. Ce n'est pas tout (2) : il crache ou il se mouche en mangeant; il parle la bouche pleine (3), fait en buvant des choses contre la bienséance (4); il ne se sert jamais au bain que d'une huile qui sent mauvais (5), et ne paroît guère dans une assemblée publique qu'avec une vieille robe (6)

et toute tachée. S'il est obligé d'accompagner sa
mère chez les devins, il n'ouvre la bouche que pour
dire des choses de mauvais augure (7). Une autre
fois, dans le temple et en faisant des libations (8),
il lui échappera des mains une coupe ou quelque
autre vase; et il rira ensuite de cette aventure,
comme s'il avoit fait quelque chose de merveilleux.
Un homme si extraordinaire ne sait point écouter
un concert ou d'excellents joueurs de flûte; il bat
des mains avec violence comme pour leur applaudir,
ou bien il suit d'une voix désagréable le même air
qu'ils jouent : il s'ennuie de la symphonie, et demande si elle ne doit pas bientôt finir. Enfin si,
étant assis à table, il veut cracher, c'est justement
sur celui qui est derrière lui pour lui donner à
boire (9).

NOTES.

(1) Le manuscrit du Vatican ajoute : « Et qu'elle pré-
« serve sa race d'un mélange étranger. »

(2) Le grec porte ici la formule dont j'ai parlé au chapitre xi, note 9, et au chapitre xvi, note 1.

(3) Le grec ajoute : « Et laisse tomber ce qu'il mange. »

(4) Le manuscrit du Vatican ajoute : « Il est couché à
« table sous la même couverture que sa femme, et prend
« avec elle des libertés déplacées. »

(5) Le manuscrit du Vatican fait ici un léger change-

ment, et ajoute un mot qui, tel qu'il est, ne présente aucun sens convenable; M. Visconti propose de le corriger en σφίγγεσθαι, dans le sens de *se serrer dans ses habits;* signification que l'on peut donner à ce verbe avec d'autant plus de vraisemblance, qu'Hésychius explique le substantif qui en dérive par *tunique.* Cet homme malpropre n'attend pas seulement que sa mauvaise huile soit sèche, mais s'enveloppe sur-le-champ dans ses habits. L'usage ordinaire exigeoit de laisser sécher l'huile au soleil : ce que les Romains appeloient *insolatio.*

(6) Le manuscrit du Vatican ajoute « *tout usée* », et parle aussi d'une tunique grossière.

(7) Les anciens avoient un grand égard pour les paroles qui étoient proférées, même par hasard, par ceux qui venoient consulter les devins et les augures, prier ou sacrifier dans les temples. (*Note de La Bruyère.*)

(8) Cérémonies où l'on répandoit du vin ou du lait dans les sacrifices. (*Note de La Bruyère.*)

(9) Le grec dit : « Il crache par-dessus la table sur « celui qui lui donne à boire. » Les anciens n'occupoient qu'un côté de la table, ou des tables, qu'on plaçoit devant eux, et les esclaves qui les servoient se tenoient de l'autre côté.

Au reste, les quatre derniers traits de ce Caractère appartiennent peut-être au Caractère suivant. La transposition manifeste de plusieurs traits du Caractère xxx au Caractère xi doit inspirer naturellement l'idée d'attribuer à une cause semblable toutes les incohérences de cet uvrage, plutôt que de les mettre sur le compte de l'auteur.

CHAPITRE XX.

Ce qu'on appelle un fâcheux est celui qui, sans faire à quelqu'un un fort grand tort, ne laisse pas de l'embarrasser beaucoup (1); qui, entrant dans la chambre de son ami qui commence à s'endormir, le réveille pour l'entretenir de vains discours (2); qui, se trouvant sur le bord de la mer, sur le point qu'un homme est près de partir et de monter dans son vaisseau, l'arrête sans nul besoin, et l'engage insensiblement à se promener avec lui sur le rivage (3); qui, arrachant un petit enfant du sein de sa nourrice pendant qu'il tette, lui fait avaler quelque chose qu'il a mâché (4), bat des mains devant lui, le caresse, et lui parle d'une voix contrefaite; qui choisit le temps du repas, et que le potage est sur la table, pour dire qu'ayant pris médecine depuis deux jours, il est allé par haut et par bas, et qu'une bile noire et recuite étoit mêlée dans ses déjections (5); qui, devant toute une assemblée, s'avise de demander à sa mère quel jour elle a accouché de lui (6); qui, ne sachant que dire (7), apprend que l'eau de la citerne est fraîche, qu'il

croît dans son jardin de bons légumes, ou que sa
maison est ouverte à tout le monde comme une
hôtellerie ; qui s'empresse de faire connoître à ses
hôtes un parasite (8) qu'il a chez lui ; qui l'invite,
à table, à se mettre en bonne humeur et à réjouir
la compagnie.

NOTES.

(1) Littéralement : « La malice innocente est une con-
« duite qui incommode sans nuire. »

(2) Le grec dit : « Ce mauvais plaisant est capable de
« réveiller un homme qui vient de s'endormir, en entrant
« chez lui pour causer. »

(3) Ou, d'après M. Coray : « Prêt à s'embarquer pour
« quelque voyage, il se promène sur le rivage, et empêche
« qu'on ne mette à la voile, en priant ceux qui doivent
« partir avec lui d'attendre qu'il ait fini sa promenade. »

(4) Casaubon a prouvé que c'étoit là la manière ordinaire de donner à manger aux enfants ; mais par cette
raison même, et d'après le sens littéral du grec, je crois
qu'il faut traduire : « Il mâche quelque chose comme pour
« le lui donner, et l'avale lui-même. » Le manuscrit du
Vatican ajoute, « et l'appelle plus malin que son grand-
« père. »

(5) Théophraste lui fait dire « que la bile qu'il a rendue
« étoit plus noire que la sauce qui est sur la table. » Ce trait
et le suivant me paroissent appartenir au Caractère.pré-
cédent, à la place de ceux que je crois avoir été distraits
de celui-ci. (Voyez la note 9 du chapitre précédent.)

(6) Le manuscrit du Vatican ajoute ici une phrase très-obscure, et vraisemblablement altérée par les copistes. Il me paroît que Théophraste fait dire à ce mauvais plaisant, au sujet des douleurs de sa mère : « Un moment bien doux « a dû précéder celui-là ; et sans ces deux choses il est « impossible de produire un homme. »

(7) Cette transition est de La Bruyère : les traits qui suivent me paroissent appartenir au Caractère suivant ou au chapitre XXIII. D'après les additions du manuscrit du Vatican, il faut les traduire : « Il se vante d'avoir chez « lui d'excellente eau de citerne, et de posséder un jardin « qui lui donne les légumes les plus tendres en grande « abondance. Il dit aussi qu'il a un cuisinier d'un rare ta-« lent, et que sa maison est comme une hôtellerie, parce « qu'elle est toujours pleine d'étrangers, et que ses amis « ressemblent au tonneau percé de la fable, puisqu'il ne « peut les satisfaire en les comblant de bienfaits. » Les traits suivants sont encore d'un genre différent, et conviendroient mieux au chapitre XIII ou au chapitre XI : « Quand il donne un repas, il fait connoître son parasite « à ses convives ; et les provoquant à boire, il dit que celle « qui doit amuser la compagnie est toute prête, et que, « dès qu'on voudra, il la fera chercher chez l'entrepreneur, « pour faire de la musique et pour égayer tout le monde. » (Voyez chap. IX, note 4, et chap. XI, note 5.) Ces nombreuses transpositions favorisent l'opinion de ceux qui croient que l'ouvrage de Théophraste d'où ces Caractères sont extraits, avoit une forme toute différente de celle de ces fragments.

(8) Mot grec qui signifie celui qui ne mange que chez autrui. (*Note de La Bruyère.*)

CHAPITRE XXI.

DE LA SOTTE VANITÉ (1).

La sotte vanité semble être une passion inquiète de se faire valoir par les plus petites choses, ou de chercher dans les sujets les plus frivoles du nom et de la distinction. Ainsi un homme vain, s'il se trouve à un repas, affecte toujours de s'asseoir proche de celui qui l'a convié. Il consacre à Apollon la chevelure d'un fils qui lui vient de naître ; et dès qu'il est parvenu à l'âge de puberté, il le conduit lui-même à Delphes, lui coupe les cheveux, et les dépose dans le temple comme un monument d'un vœu solennel qu'il a accompli (2). Il aime à se faire suivre par un More (3). S'il fait un payement, il affecte que ce soit dans une monnoie toute neuve, et qui ne vienne que d'être frappée (4). Après qu'il a immolé un bœuf devant quelque autel, il se fait réserver la peau du front de cet animal, il l'orne de rubans et de fleurs, et l'attache à l'endroit de sa maison le plus exposé à la vue de ceux qui passent (5), afin que personne du peuple n'ignore qu'il a sacrifié un bœuf. Une autre fois, au retour d'une cavalcade (6) qu'il aura faite avec d'autres citoyens, il renvoie chez soi par un valet tout son équipage, et ne garde qu'une riche robe dont il est habillé, et qu'il traîne le reste du jour dans la place publique. S'il lui meurt un petit chien, il l'enterre, lui dresse une épitaphe avec ces mots : *Il étoit de race de Malte* (7). Il consacre un anneau à Esculape, qu'il use à force d'y pendre des couronnes de fleurs. Il se parfume tous les jours (8). Il remplit avec un grand faste tout le temps de sa magistrature (9); et sortant de charge, il rend compte au peuple avec ostentation des sacrifices qu'il a faits, comme du nombre et de la qualité des victimes qu'il a immolées. Alors, revêtu d'une robe blanche, et couronné de fleurs, il paroît dans l'assemblée du peuple : « Nous pouvons, dit-il, vous assurer, ô « Athéniens! que pendant le temps de notre gou- « vernement nous avons sacrifié à Cybèle, et que « nous lui avons rendu des honneurs tels que les « mérite de nous la mère des Dieux : espérez donc « toutes choses heureuses de cette déesse. » Après avoir parlé ainsi, il se retire dans sa maison, où il fait un long récit à sa femme de la manière dont tout lui a réussi au delà même de ses souhaits.

NOTES.

(1) Le mot employé par Théophraste signifie littéralement *l'ambition des petites choses.*

(2) Le peuple d'Athènes, ou les personnes plus modestes, se contentoient d'assembler leurs parents, de couper en leur présence les cheveux de leur fils parvenu à l'âge de puberté, et de les consacrer ensuite à Hercule, ou à quelque autre divinité qui avoit un temple dans la ville. (*Note de La Bruyère.*) Le grec dit seulement : « Il conduit son fils « à Delphes pour lui faire couper les cheveux. » C'étoit, selon Plutarque dans la *Vie de Thésée*, l'antique usage d'Athènes lorsqu'un enfant étoit parvenu à l'âge de puberté. Il me paroît que cette coupe de cheveux étoit différente de celle qui avoit lieu lors de l'inscription dans la curie, et dont il a été parlé au chapitre x, note 4. On peut consulter, sur les différentes formalités par lesquelles les enfants passoient successivement pour arriver enfin au rang de citoyen, le *Voyage du jeune Anacharsis*, chapitre XXVI.

(3) Anciennement ces nègres étoient fort chers (Voyez Térence, *Eunuch.*, acte Ier, scène II, v. 85) ; au lieu que sous les empereurs romains ils étoient moins estimés que d'autres esclaves. (Voyez Visconti, *in Mus. Pio Clement.* III, pl. 35. Voyez aussi le Caractère du Glorieux, *Rhetor. ad Herennium*, liv. IV, chap. L et LI.)

(4) Le manuscrit du Vatican insère ici : « Il achète une « petite échelle pour le geai qu'il nourrit chez lui, et fait « faire un petit bouclier de cuivre que l'oiseau doit porter « lorsqu'il sautille sur cette échelle. »

(5) Le grec ne parle pas de la peau du front seulement, mais de toute la partie antérieure de la tête ; et cet usage paroît avoir donné lieu à l'ornement des frises des entablements anciens, composé d'une suite de crânes de taureaux liés par des festons de laine.

(6) Le grec parle d'une parade du corps de la cavalerie d'Athènes ; ce corps de douze cents hommes étoit composé des citoyens les plus riches et les plus puissants. C'est pour faire voir à tout le monde qu'il sert dans cette élite, que ce vaniteux se promène dans la place publique en gardant son habit de cérémonie, que, selon le véritable sens du texte, il retrousse élégamment. Le manuscrit du Vatican ajoute, « Et ses éperons. » On voit encore aujourd'hui une pompe ou procession de ce genre, sculptée par Phidias, ou sur ses dessins, dans la grande frise du temple de Minerve à Athènes : elle est représentée dans Stuart, au commencement du volume II.

(7) Cette île portoit de petits chiens fort estimés. (*Note de La Bruyère.*) Le grec dit : « Il lui dresse un monument « et un cippe sur lequel il fait graver, etc. »

(8) La Bruyère et tous ceux qui ont séparé ce trait du précédent n'ont pas fait attention que le grec ne parle pas de parfums extraordinaires, et que se frotter d'huile tous les jours n'étoit pas un effet de la vanité à Athènes, mais un usage ordinaire. (Voyez chap. v, note 4.) Par cette raison, et d'après le manuscrit du Vatican, il faut traduire : « Il suspend un anneau dans le temple d'Esculape, « et l'use à force d'y suspendre des fleurs et d'y verser de « l'huile. » D'après M. Schneider, cet anneau étoit apparemment de la classe de ceux auxquels on attribuoit des vertus médicales, et c'est par reconnoissance de quelque guérison que le vaniteux le suspend. Les couronnes de fleurs renouvelées souvent rappellent ce vers de Virgile, *Æneid.*, I, 416 :

Thure calent aræ, sertisque recentibus halant.

(9) La Bruyère a beaucoup altéré ce trait. Le grec porte :

« Il intrigue auprès des prytanes pour que ce soit lui que
« l'on charge d'annoncer au peuple le résultat des sacri-
« fices : alors, revêtu d'un habit magnifique, et portant
« une couronne sur la tête, il dit avec emphase : O citoyens
« d'Athènes, nous, les prytanes, avons sacrifié à la mère
« des dieux; le sacrifice a été bien reçu, et il est d'un
« heureux présage; recevez-en les fruits, etc. » (Voyez sur
les prytanes la table III, ajoutée au *Voyage d'Anacharsis*,
et le chapitre xiv du corps de l'ouvrage.) Les sacrifices
que les présidents des prytanes faisoient trois ou quatre
fois par mois s'adressoient à différentes divinités; il se
peut que l'abréviateur ou les copistes aient omis quelques
noms; peut-être aussi s'agit-il d'un sacrifice à Vesta, dont
le culte étoit confié particulièrement à ces magistrats, et
qui a été confondue plusieurs fois par les anciens avec
Cybèle. (Voyez la Dissertation de Spanheim dans le cinquième volume du *Trésor* de Grævius.)

CHAPITRE XXII.

DE L'AVARICE.

Ce vice est dans l'homme un oubli de l'honneur et de la gloire, quand il s'agit d'éviter la moindre dépense (1). Si un tel homme a remporté le prix de la tragédie (2), il consacre à Bacchus des guirlandes ou des bandelettes faites d'écorce de bois (3), et il fait graver son nom sur un présent si magnifique. Quelquefois, dans les temps difficiles, le peuple est obligé de s'assembler pour régler une contribution capable de subvenir aux besoins de la République; alors il se lève et garde le silence (4), ou le plus souvent il fend la presse et se retire. Lorsqu'il marie sa fille, et qu'il sacrifie, selon la coutume, il n'abandonne de la victime que les parties seules qui doivent être brûlées sur l'autel (5); il réserve les autres pour les vendre; et comme il manque de domestiques pour servir à table et être chargés du soin des noces (6), il loue des gens pour tout le temps de la fête, qui se nourrissent à leurs dépens, et à qui il donne une certaine somme. S'il est capitaine de galère, voulant ménager son lit, il se contente de

coucher indifféremment avec les autres sur de la
natte qu'il emprunte de son pilote (7). Vous verrez
une autre fois cet homme sordide acheter en plein
marché des viandes cuites, toutes sortes d'herbes, et
les porter hardiment dans son sein et sous sa robe :
s'il l'a un jour envoyée chez le teinturier pour la
détacher, comme il n'en a pas une seconde pour
sortir, il est obligé de garder la chambre. Il sait
éviter dans la place la rencontre d'un ami pauvre
qui pourroit lui demander, comme aux autres,
quelque secours (8); il se détourne de lui, et reprend le chemin de sa maison. Il ne donne point
de servantes à sa femme (9), content de lui en
louer quelques-unes pour l'accompagner à la ville
toutes les fois qu'elle sort. Enfin, ne pensez pas que
ce soit un autre que lui qui balaye le matin sa
chambre, qui fasse son lit et le nettoie. Il faut
ajouter qu'il porte un manteau usé, sale et tout
couvert de taches; qu'en ayant honte lui-même, il
le retourne quand il est obligé d'aller tenir sa place
dans quelque assemblée (10).

NOTES.

(1) La définition de cette nouvelle nuance d'avarice est
certainement altérée dans le grec; je crois qu'il faut corriger ἀπουσία φιλ. δ. ἐχούσης : le sens alors est celui que
La Bruyère a exprimé, et nul autre ne peut convenir à ce
Caractère. La préposition ἀπὸ peut avoir été exprimée par

une ligature qu'un copiste a prise pour περὶ : un correcteur a mis la véritable à la marge; et on l'a insérée par erreur à la place où on la trouve à présent dans les manuscrits, et où elle ne forme qu'un barbarisme.

(2) Qu'il a faite ou récitée. (*Note de La Bruyère.*) Ou plutôt qu'il a fait jouer par des comédiens nourris et instruits à ses frais. (Voyez le Caractère de la Magnificence, selon Aristote, *Moral. ad Nicom.*, liv. IV, chap. 11; il est intéressant de le comparer à ce chapitre.)

(3) Le texte dit simplement : « Il consacre à Bacchus « une couronne de bois, sur laquelle il fait graver son « nom. »

(4) Ceux qui vouloient donner se levoient et offroient une somme : ceux qui ne vouloient rien donner se levoient et se taisoient. (*Note de La Bruyère.*) Voyez le chap. LVI du *Jeune Anacharsis.*

(5) C'étoient les cuisses et les intestins. (*Note de La Bruyère.*) On partageoit la victime entre les dieux, les prêtres et ceux qui l'avoient présentée. La portion des dieux étoit brûlée, celle des prêtres faisoit partie de leur revenu, et la troisième servoit à un festin ou à des présents donnés par celui qui avoit sacrifié. (*Voyage du jeune Anacharsis*, chap. XXI.)

(6) Cette raison est ajoutée par le traducteur. Le grec dit seulement : « Il oblige les gens qu'il loue, pour servir « pendant les noces, à se nourrir chez eux. » Les noces des Athéniens étoient des fêtes très-magnifiques; et on ne pouvoit pas reprocher à un homme de n'avoir pas assez de domestiques pour servir dans cette occasion; mais

c'étoit une lésinerie que de ne pas nourrir ceux qu'on louoit.

(7) Le grec dit : « S'il commande une galère qu'il a « fournie à l'État, il fait étendre les couvertures du pilote « sous le pont, et met les siennes en réserve. » Les citoyens d'Athènes étoient obligés d'équiper un nombre de galères proportionné à l'état de leur fortune. (Voyez le *Voyage du jeune Anacharsis*, chap. LVI.) Les triérarques avoient un cabinet particulier nommé *la tente;* mais cet avare aime mieux coucher avec l'équipage, sous ce morceau de tillac qui se trouvoit entre les deux tours. (Voyez Pollux, I, 90.) Dans les galères modernes, les chevaliers de Malte avoient, comme les triérarques d'Athènes, un *tendelet;* et le capitaine couchoit, comme ici le pilote, sous un bout de pont ou de tillac qui s'appeloit *la teuque.*

Le manuscrit du Vatican ajoute : « Il est capable de ne « pas envoyer ses enfants à l'école vers le temps où il est « d'usage de faire des présents au maître, mais de dire « qu'ils sont malades, afin de s'épargner cette dépense. »

(8) Par forme de contribution. (Voyez les chapitres de la Dissimulation et de l'Esprit chagrin. (*Note de La Bruyère.*) (Voyez chap. I, note 3, et chap. XVII, note 6.) Le manuscrit du Vatican ajoute au commencement de cette phrase : « S'il est prévenu que cet ami fait une collecte; » et à la fin, « Et rentre chez lui par un grand détour. »

(9) Le manuscrit du Vatican ajoute : « Qui lui a porté « une dot considérable; » et continue : « Mais il loue une « jeune fille pour la suivre dans ses sorties; » car je crois que c'est ainsi qu'il faut corriger et entendre ce texte. Le passage de Pollux, que j'ai cité au chap. II, note 6, s'oppose à la manière dont M. Schneider a voulu y suppléer :

il est bien plus simple de lire, ἐκ τῶν γυναικείων παιδίων, et
c'est un trait d'avarice de plus de ne louer qu'une femme.
Cette conjecture ingénieuse est de M. Visconti. Le manuscrit du Vatican ajoute encore : « Il porte des souliers rac-
« commodés et à double semelle, et s'en vante en disant
« qu'ils sont aussi durs que de la corne. » (Voyez chap. IV,
note 2.)

(10) Ce dernier trait est tout à fait altéré par cette traduction, et il me semble qu'aucun éditeur n'en a encore
saisi le véritable sens. Le grec dit : « Pour s'asseoir, il
« roule le vieux manteau qu'il porte lui-même ; » c'est-à-
dire, au lieu de se faire suivre par un esclave qui porte un
pliant, comme c'étoit l'usage des riches (Voyez Aristophane
in Equit., v. 1381 et suiv., et Hésych. in Oklad.), il épargne
cette dépense en s'asseyant sur son vieux manteau.

CHAPITRE XXIII.

DE L'OSTENTATION.

Je n'estime pas que l'on puisse donner une idée plus juste de l'ostentation, qu'en disant que c'est dans l'homme une passion de faire montre d'un bien ou des avantages qu'il n'a pas. Celui en qui elle domine s'arrête dans l'endroit du Pirée (1) où les marchands étalent, et où se trouve un plus grand nombre d'étrangers ; il entre en matière avec eux, il leur dit qu'il a beaucoup d'argent sur la mer ; il discourt avec eux des avantages de ce commerce, des gains immenses qu'il y a à espérer pour ceux qui y entrent, et de ceux surtout que lui qui leur parle y a faits (2). Il aborde dans un voyage le premier qu'il trouve sur son chemin, lui fait compagnie, et lui dit bientôt qu'il a servi sous Alexandre (3), quels beaux vases et tout enrichis de pierreries il a rapportés de l'Asie, quels excellents ouvriers s'y rencontrent, et combien ceux de l'Europe leur sont inférieurs (4). Il se vante dans une autre occasion d'une lettre qu'il a reçue d'Anti-pater (5), qui apprend que lui troisième est entré dans la Macédoine. Il dit une autre fois que, bien

que les magistrats lui aient permis tels transports
de bois (6) qu'il lui plairoit sans payer de tribut,
pour éviter néanmoins l'envie du peuple, il n'a
point voulu user de ce privilège. Il ajoute que,
pendant une grande cherté de vivres, il a distribué
aux pauvres citoyens d'Athènes jusques à la somme
de cinq talents (7) : et s'il parle à des gens qu'il ne
connoît point, et dont il n'est pas mieux connu, il
leur fait prendre des jetons, compter le nombre de
ceux à qui il a fait ces largesses ; et quoiqu'il monte
à plus de six cents personnes, il leur donne à tous
des noms convenables ; et après avoir supputé les
sommes particulières qu'il a données à chacun
d'eux, il se trouve qu'il en résulte le double de ce
qu'il pensoit, et que dix talents y sont employés,
« sans compter, poursuit-il, les galères que j'ai
armées à mes dépens, et les charges publiques que
j'ai exercées à mes frais et sans récompense (8) ».
Cet homme fastueux va chez un fameux marchand
de chevaux, fait sortir de l'écurie les plus beaux et
les meilleurs, fait ses offres, comme s'il vouloit les
acheter. De même il visite les foires les plus célèbres (9), entre sous les tentes des marchands, se
fait déployer une riche robe, et qui vaut jusqu'à
deux talents ; et il sort en querellant son valet de
ce qu'il ose le suivre sans porter de l'or sur lui pour
lesbesoins où l'on se trouve (10). Enfin, s'il habite
une maison dont il paye le loyer, il dit hardiment

à quelqu'un qui l'ignore que c'est une maison de famille, et qu'il a héritée de son père ; mais qu'il veut s'en défaire, seulement parce qu'elle est trop petite pour le grand nombre d'étrangers qu'il retire chez lui (11).

NOTES.

(1) Port à Athènes fort célèbre. (*Note de La Bruyère.*) Le traducteur a exprimé par cette phrase une correction de Casaubon que peut-être le texte n'exigeoit point ; le mot que donnent les manuscrits signifie la langue de terre qui joint la péninsule du Pirée au continent, et qui servoit de promenade aux Athéniens.

(2) Le manuscrit du Vatican ajoute, « Et des pertes ; » et continue : « Et en se vantant ainsi, il envoie son esclave « à un comptoir où il n'a qu'une drachme à toucher. »

(3) Tous les manuscrits portent *Évandre,* nom que l'on ne trouve point dans l'histoire de ce temps. Le manuscrit du Vatican ajoute, « Et comment il étoit avec lui. »

(4) C'étoit contre l'opinion commune de toute la Grèce. (*Note de La Bruyère.*) Cependant on faisoit venir d'Asie plusieurs articles de manufacture (Voyez le *Voyage du jeune Anacharsis,* chap. xx et lv) ; et ce n'est que dans les beaux-arts que les Grecs paroissent avoir eu une supériorité exclusive.

(5) L'un des capitaines d'Alexandre le Grand, et dont la famille régna quelque temps dans la Macédoine. (*Note de La Bruyère.*) (Voyez chap. viii, note 6.) Dans le reste de

la phrase il faut, je crois, adopter la correction d'Auber,
et traduire : « Qu'il est arrivé dans la Macédoine en trois
« jours, » ou peut-être, « depuis trois jours. »

(6) Parce que les pins, les sapins, les cyprès, et tout
autre bois propre à construire des vaisseaux, étoient rares
dans le pays attique, l'on n'en permettoit le transport en
d'autres pays qu'en payant un fort gros tribut. (*Note de
La Bruyère.*) Je crois, avec M. Coray, que ce trait a rapport à celui qui précède, et qu'il faut traduire : « Et que
« ce prince lui ayant voulu permettre d'exporter des bois
« de construction sans payer de droits, il l'avoit refusé
« pour éviter les calomnies. » C'est de la Macédoine qu'on
faisoit venir ordinairement ces bois. Le manuscrit du Vatican ajoute, d'après l'interprétation de M. Schneider : « Car
« il falloit bien être plus raisonnable que les Macédoniens. »
Cette faveur d'un roi étranger auroit pu compromettre un
Athénien, ou du moins lui attirer l'envie et la haine d'une
partie de ses concitoyens.

(7) Un talent attique dont il s'agit valoit soixante mines
attiques; une mine, cent drachmes; une drachme, six
oboles. Le talent attique valoit quelque six cents écus de
notre monnoie. (*Note de La Bruyère.*) D'après l'évaluation
de M. Barthélemy, le talent, que La Bruyère n'estime qu'environ 1800 livres, en valoit 5400. Le manuscrit du Vatican
ajoute : « Car je ne sais ce que c'est que de refuser. »
    Le grec ne joint pas le trait suivant à celui-ci, et y parle
de ce genre de collectes nommées *éranes,* dont il a été
question au chap. I, note 3.

(8) On peut consulter sur les charges onéreuses d'Athènes
le *Voyage du jeune Anacharsis,* chap. XXIX et chap. LVI.
Elles consistoient en repas à donner, en chœurs à fournir

pour les jeux, en contributions pour l'entretien des gymnases, etc., etc.

(9) Le grec dit : « Il se rend aux boutiques des mar-
« chands, et y demande des étoffes précieuses jusqu'à la
« valeur de deux talents, etc. » On peut substituer à la
correction de Casaubon celle de χλιαίας, proposée par
M. Visconti.

(10) Coutume des anciens. (*Note de La Bruyère.*)

(11) Par droit d'hospitalité. (*Note de La Bruyère.*)

CHAPITRE XXIV.

DE L'ORGUEIL.

Il faut définir l'orgueil, une passion qui fait que de tout ce qui est au monde l'on n'estime que soi. Un homme fier et superbe n'écoute pas celui qui l'aborde dans la place pour lui parler de quelque affaire; mais, sans s'arrêter, et se faisant suivre quelque temps, il lui dit enfin qu'on peut le voir après son souper (1). Si l'on a reçu de lui le moindre bienfait, il ne veut pas qu'on en perde jamais le souvenir; il le reprochera en pleine rue, à la vue de tout le monde (2). N'attendez pas de lui qu'en quelque endroit qu'il vous rencontre il s'approche de vous, et qu'il vous parle le premier : de même, au lieu d'expédier sur-le-champ des marchands ou des ouvriers, il ne feint point* de les renvoyer au lendemain matin, et à l'heure de son lever. Vous le voyez marcher dans les rues de la ville la tête baissée, sans daigner parler à personne de ceux qui vont et viennent (3). S'il se familiarise quel-

---

* « Il ne feint point, » c'est-à-dire, « il ne craint point. » (*Dictionnaire de Richelet.*)

quefois jusques à inviter ses amis à un repas, il
prétexte des raisons (4) pour ne pas se mettre à
table et manger avec eux, et il charge ses principaux
domestiques du soin de les régaler. Il ne lui arrive
point de rendre visite à personne sans prendre la
précaution d'envoyer quelqu'un des siens pour
avertir qu'il va venir (5). On ne le voit point chez
lui lorsqu'il mange ou qu'il se parfume (6). Il ne
se donne pas la peine de régler lui-même des
parties; mais il dit négligemment à un valet de les
calculer, de les arrêter, et les passer à compte. Il
ne sait point écrire dans une lettre : « Je vous
prie de me faire ce plaisir, » ou « de me rendre
ce service; » mais : « J'entends que cela soit ainsi;
» j'envoie un homme vers vous pour recevoir une
« telle chose; je ne veux pas que l'affaire se passe
« autrement; faites ce que je vous dis promptement
« et sans différer. » Voilà son style.

NOTES.

(1) Littéralement : « L'orgueilleux est capable de dire à
« celui qui est pressé de le voir immédiatement après le
« dîner, que cela ne se peut faire qu'à la promenade. »

(2) D'après le manuscrit du Vatican : « S'il fait du bien
« à quelqu'un, il lui recommande de s'en souvenir : si on
« le choisit pour arbitre, il juge la cause en marchant dans
« les rues : s'il est élu pour quelque magistrature, il la

« refuse en affirmant par serment qu'il n'a pas le temps
« de s'en charger. » Je corrige le verbe qui commence la
seconde phrase, en βαδίζων.

(3) Le manuscrit du Vatican ajoute, « Ou bien portant
« la tête haute, quand bon lui semble. »

(4) C'est le traducteur qui a ajouté cet adoucissement.

(5) Voyez le chapitre II, *De la Flatterie.* (*Note de La
Bruyère.*)

(6) Avec des huiles de senteur. (*Note de La Bruyère.*)
(Voyez chap. V, note 4.) Le manuscrit du Vatican ajoute,
« Ou lorsqu'il se lave. »

CHAPITRE XXV.

DE LA PEUR, OU DU DÉFAUT DE COURAGE.

Cette crainte est un mouvement de l'ame qui s'ébranle ou qui cède en vue d'un péril vrai ou imaginaire; et l'homme timide est celui dont je vais faire la peinture. S'il lui arrive d'être sur la mer, et s'il aperçoit de loin des dunes ou des promontoires, la peur lui fait croire que c'est le débris de quelques vaisseaux qui ont fait naufrage sur cette côte (1); aussi tremble-t-il au moindre flot qui s'élève, et il s'informe avec soin si tous ceux qui navigent* avec lui sont initiés (2) : s'il vient à remarquer que le pilote fait une nouvelle manœuvre, ou semble se détourner comme pour éviter un écueil, il l'interroge, il lui demande avec inquiétude s'il ne croit pas s'être écarté de sa route, s'il tient toujours la haute mer, et si les dieux sont propices (3). Après cela il se met à raconter une

---

* Dans les neuf éditions imprimées sous les yeux de La Bruyère on lit *navigent*, et à la note 2 de la page 171, *navigeoient*. — *Naviger* est le verbe du *Dictionnaire de l'Académie françoise* de 1694.

vision qu'il a eue pendant la nuit, dont il est encore
tout épouvanté, et qu'il prend pour un mauvais
présage. Ensuite, ses frayeurs venant à croître, il
se déshabille et ôte jusques à sa chemise, pour
pouvoir mieux se sauver à la nage ; et après cette
précaution il ne laisse pas de prier les nautoniers
de le mettre à terre (4). Que si cet homme foible,
dans une expédition militaire où il s'est engagé,
entend dire que les ennemis sont proches, il appelle
ses compagnons de guerre, observe leur contenance
sur ce bruit qui court, leur dit qu'il est sans fondement, et que les coureurs n'ont pu discerner si
ce qu'ils ont découvert à la campagne sont amis ou
ennemis (5); mais si l'on n'en peut plus douter par
les clameurs que l'on entend, et s'il a vu lui-même
de loin le commencement du combat, et que quelques hommes aient paru tomber à ses pieds *, alors,
feignant que la précipitation et le tumulte lui ont
fait oublier ses armes (6), il court les querir dans
sa tente, où il cache son épée sous le chevet de son
lit, et emploie beaucoup de temps à la chercher,

---

* Var. *A ses yeux*, dans les huit premières éditions.
Cette faute n'a été corrigée par l'auteur que dans la neuvième. — M. Destailleur pense, non sans apparence de
raison, que la correction de la neuvième édition pourrait
bien être une faute d'impression, et que la leçon *à ses
yeux* devrait être conservée, comme plus d'accord avec
le sens.

pendant que, d'un autre côté, son valet va, par ses ordres, savoir des nouvelles des ennemis, observe quelle route ils ont prise, et où en sont les affaires; et dès qu'il voit apporter au camp quelqu'un tout sanglant d'une blessure qu'il a reçue, il accourt vers lui, le console et l'encourage (7), étanche le sang qui coule de sa plaie, chasse les mouches qui l'importunent, ne lui refuse aucun secours, et se mêle de tout, excepté de combattre. Si, pendant le temps qu'il est dans la chambre du malade, qu'il ne perd pas de vue, il entend la trompette qui sonne la charge : « Ah! dit-il avec imprécation, puisses-tu être pendu (8), maudit sonneur, qui cornes incessamment, et fais un bruit enragé qui empêche ce pauvre homme de dormir! » Il arrive même que, tout plein d'un sang qui n'est pas le sien, mais qui a rejailli sur lui de la plaie du blessé, il fait accroire (9) à ceux qui reviennent du combat qu'il a couru un grand risque de sa vie pour sauver celle de son ami : il conduit vers lui ceux qui y prennent intérêt, ou comme ses parents, ou parce qu'ils sont d'un même pays (10); et là il ne rougit pas de leur raconter quand et de quelle manière il a tiré cet homme des ennemis, et l'a apporté dans sa tente.

NOTES.

(1) Le grec dit : « Sur mer, il prend des promontoires « pour des galères de pirates. »

(2) Les anciens navigeoient rarement avec ceux qui passoient pour impies ; et ils se faisoient initier avant de partir, c'est-à-dire instruire *des mystères de quelque divinité*, pour se la rendre propice dans leurs voyages. (Voyez le chap. XVI, *De la Superstition.* La Bruyère.)
Les mystères dont il s'agit ici sont ou ceux d'Éleusis, dans lesquels, d'après la religion populaire des Grecs, tout le monde devoit être initié ; ou bien ceux de Samothrace, qui étoient censés avoir la vertu particulière de préserver leurs initiés des naufrages.

(3) Ils consultoient les dieux par les sacrifices, ou par les augures, c'est-à-dire par le vol, le chant et le manger des oiseaux, et encore par les entrailles des bêtes. (*Note de La Bruyère.*) Le grec porte : « Il lui demande ce qu'il « pense *du dieu ;* » et je crois avec Fischer et Coray que cela veut dire « ce qu'il présume de l'état du ciel. » Jupiter, ou le dieu par excellence, présidoit surtout aux révolutions de l'atmosphère. On peut même observer en général que la météorologie paroît avoir été la base primitive ou du moins la première occasion de la religion des Grecs. C'est ce qui devoit arriver dans un pays entrecoupé par des montagnes et entouré de la mer. Les religions antiques des grands continents ouverts et plats devoient au contraire être fondées principalement sur l'astronomie. Des traditions historiques se sont ensuite confondues avec les sentiments vagues de crainte, de reconnoissance et d'admiration que produisoient les révolutions de la nature. Des allégories et des idées morales y ont été jointes

dès les commencements de la civilisation ; mais la suite des siècles , et surtout les temps de malheurs et d'oppression, ont plongé les peuples dans les superstitions les plus grossières, tandis qu'un petit nombre de sages s'élevoit à des sentiments plus purs, et à des conceptions plus vastes et plus lumineuses.

(4) Le grec porte : « Il se déshabille, donne sa tunique à « son esclave, et prie qu'on l'approche de la terre, pour la « gagner à la nage, et se mettre ainsi en sûreté. »

(5) D'après le manuscrit du Vatican, il faut traduire ce passage : « S'il fait une campagne dans l'infanterie, il ap-« pelle à soi ceux qui courent aux armes pour commencer « l'attaque, et leur dit de s'arrêter d'abord, et de regarder « autour d'eux ; car il est difficile de discerner si ce sont « les ennemis. »

(6) Plus littéralement : « Mais quand il entend le bruit « du combat, quand il voit des hommes tomber, alors il « dit à ceux qui l'entourent qu'à force d'empressement il « a oublié son épée, etc. »

(7) Le manuscrit du Vatican ajoute : « Essaye de le por-« ter, et puis s'assied à côté de lui, etc. »

(8) Le grec dit : « Puisses-tu devenir la pâture des cor-« beaux ! »

(9) Le texte porte : « Il va à la rencontre de ceux qu i « reviennent du combat, et leur dit, etc. »

(10) D'après le manuscrit du Vatican : « Il conduit vers « lui ceux de sa bourgade ou de sa tribu. »

CHAPITRE XXVI.

DES GRANDS D'UNE RÉPUBLIQUE (1).

La plus grande passion de ceux qui ont les premières places dans un État populaire n'est pas le desir du gain ou de l'accroissement de leurs revenûs, mais une impatience de s'agrandir, et de se fonder, s'il se pouvoit, une souveraine puissance sur celle du peuple * (2). S'il est assemblé pour délibérer à qui des citoyens il donnera la commission d'aider de ses soins le premier magistrat dans la conduite d'une fête ou d'un spectacle, cet homme ambitieux, et tel que je viens de le définir, se lève, demande cet emploi, et proteste que nul autre ne peut si bien s'en acquitter (3). Il n'approuve point la domination de plusieurs (4) ; et de tous les vers d'Homère il n'a retenu que celui-ci :

Les peuples sont heureux quand un seul les gouverne.

Son langage le plus ordinaire est tel : « Retirons-nous de cette multitude qui nous environne, tenons ensemble un conseil particulier où le peuple ne soit

---

* VAR. Dans les trois premières éditions, on lit : « Une souveraine puissance sur *la ruine de* celle du peuple. »

point admis ; essayons même de lui fermer le chemin à la magistrature (5). » Et s'il se laisse prévenir contre une personne d'une condition privée, de qui il croit avoir reçu quelque injure, « Cela, dit-il, ne se peut souffrir, et il faut que lui ou moi abandonnions la ville. » Vous le voyez se promener dans la place, sur le milieu du jour, avec des ongles propres, la barbe et les cheveux en bon ordre (6) ; repousser fièrement ceux qui se trouvent sur ses pas : dire avec chagrin aux premiers qu'il rencontre que la ville est un lieu où il n'y a plus moyen de vivre (7); qu'il ne peut plus tenir contre l'horrible foule des plaideurs, ni supporter plus longtemps les longueurs, les crieries et les mensonges des avocats (8); qu'il commence à avoir honte de se trouver assis dans une assemblée publique ou sur les tribunaux, auprès d'un homme mal habillé, sale, et qui dégoûte ; et qu'il n'y a pas un seul de ces orateurs dévoués au peuple qui ne lui soit insupportable (9). Il ajoute que c'est Thésée qu'on peut appeler le premier auteur de tous ces maux (10); et il fait de pareils discours aux étrangers qui arrivent dans la ville, comme à ceux (11) avec qui il sympathise de mœurs et de sentiments.

NOTES.

(1) J'aurois intitulé ce chapitre, *De l'ambition oligarchique.*

(2) D'après les différentes corrections dont ce passage est susceptible, il faut traduire, ou « L'oligarchie est une « ambition qui desire un pouvoir fixe, » ou bien « qui « desire vivement de s'enrichir. » Les deux versions présentent une opposition à l'ambition des démagogues, qui ne briguent qu'une autorité passagère, et qui recherchent plutôt l'autorité que les richesses. Selon Aristote, l'oligarchie est une aristocratie dégénérée par le vice des gouvernants, qui administrent mal, et s'approprient injustement la plupart des droits et des biens de l'État, conservent toujours les mêmes personnes dans les places, et s'occupent surtout à s'enrichir.

(3) La fin de cette phrase étoit très-mutilée dans l'ancien texte ; et La Bruyère l'a traduite d'après les conjectures de Casaubon. Le manuscrit du Vatican, en y faisant une légère correction que le sens exige impérieusement, porte : « Le partisan de l'oligarchie s'y oppose, et dit qu'il faut « donner à l'archonte un pouvoir illimité ; et si l'on pro- « posoit d'adjoindre à ce magistrat dix citoyens, il persis- « teroit à dire qu'un seul suffit. » On peut voir dans le chapitre xxxiv du *Voyage du jeune Anacharsis* les formalités ordinaires de la direction des cérémonies publiques.

(4) Le traducteur a ajouté ces mots : Théophraste n'indique cette opinion que par le vers d'Homère, dont la traduction littérale est : « La multiplicité des chefs ne vaut « rien ; il faut qu'un seul gouverne. » *Iliade*, II, v. 204.

(5) Le grec dit : « Cessons de fréquenter les gens en « place. » Et d'après le manuscrit du Vatican la phrase continue, « Et s'il en a été offensé ou mortifié personnel- « lement, il dit : Il faut qu'eux ou nous abandonnions la « ville. » On se rappelle que, du temps même de Théophraste, le gouvernement d'Athènes fut changé deux fois

par des chefs macédoniens. L'exil des chefs du parti vaincu étoit une suite ordinaire des révolutions de ce genre.

(6) Le grec dit : « D'une coupe moyenne. » (Voyez chap. IV, note 9.) Le manuscrit du Vatican ajoute : « Relevant élégamment son manteau. » (Voyez la note 10 du *Discours sur Théophraste*.)

(7) Le manuscrit du Vatican ajoute : « A cause des déla-
« teurs. »

(8) Le même manuscrit ajoute ici : « Qu'il ne sait ce que
« pensent les hommes qui se mêlent des affaires de l'État,
« tandis que les fonctions publiques sont si désagréables
« à cause de l'espèce de gens qui les confère et en dis-
« pose. » C'est ainsi du moins que je crois que l'on peut expliquer la fin de cette phrase, très-obscure dans le grec.

(9) Nous trouvons encore dans la même source l'addition suivante : « Quand cesserons-nous d'être ruinés par
« des charges onéreuses qu'il faut supporter, et des galères
« qu'il faut équiper? »

(10) Thésée avoit jeté les fondements de la république d'Athènes, en établissant l'égalité entre les citoyens. (*Note de La Bruyère*.) Le manuscrit du Vatican ajoute au texte :
« Car c'est lui qui a réuni les douze villes, et qui a aboli
« la royauté; mais aussi, par une juste punition, il en fut
« la première victime. » Mais ces traditions appartiennent plutôt à la fable qu'à l'histoire. (Voyez Pausanias, *in At-
ticis*, chap. III.)

(11) « De ses concitoyens. » — M. Barthélemy a imité ce Caractère presque en entier dans son chapitre XXVIII, et y a inséré fort ingénieusement plusieurs traits semblables pris dans d'autres auteurs anciens.

CHAPITRE XXVII.

D'UNE TARDIVE INSTRUCTION.

Il s'agit de décrire quelques inconvénients où tombent ceux qui, ayant méprisé dans leur jeunesse les sciences et les exercices, veulent réparer cette négligence, dans un âge plus avancé, par un travail souvent inutile (1). Ainsi un vieillard de soixante ans s'avise d'apprendre des vers par cœur, et de les réciter à table dans un festin (2), où, la mémoire venant à lui manquer, il a la confusion de demeurer court. Une autre fois, il apprend de son propre fils les évolutions qu'il faut faire dans les rangs à droit* ou à gauche, le maniement des armes (3), et quel est l'usage à la guerre de la lance et du bouclier. S'il monte un cheval (4) que l'on lui a prêté, il le presse de l'éperon, veut le manier; et, lui faisant faire des voltes ou des caracoles, il tombe lourdement, et se casse la tête (5). On le voit tantôt pour s'exercer au javelot le lancer tout un jour contre l'homme de bois (6), tantôt tirer de l'arc, et disputer

* Toutes les éditions originales portent : *droit;* on sous-entendait *côté* ou *flanc.*

avec son valet lequel des deux donnera mieux dans
un blanc avec des flèches; vouloir d'abord apprendre de lui, se mettre ensuite à l'instruire et à le
corriger, comme s'il étoit le plus habile. Enfin, se
voyant tout nu au sortir d'un bain, il imite les postures d'un lutteur; et, par le défaut d'habitude, il
les fait de mauvaise grace, et il s'agite d'une manière ridicule (7).

NOTES.

(1) Le texte définit ce Caractère, « un goût pour des
« exercices qui ne conviennent pas à l'âge où l'on se
« trouve. »

(2) Voyez le chapitre *De la Brutalité*. (*Note de La
Bruyère.*) Chapitre xv, note 5.

(3) Au lieu de la fin de cette phrase que La Bruyère a
ajoutée au texte, le manuscrit du Vatican ajoute, d'après
une conjecture ingénieuse de M. Coray : « Et en arrière. »
Ce manuscrit continue : « Il se joint à des jeunes gens
« pour faire une course avec des flambeaux en l'honneur
« de quelque héros. S'il est invité à un sacrifice fait à
« Hercule, il jette son manteau, et saisit le taureau pour
« le terrasser; et puis il entre dans la palestre pour s'y
« livrer encore à d'autres exercices. Dans ces petits théâ-
« tres des places publiques, où l'on répète plusieurs fois
« de suite le même spectacle, il assiste à trois ou quatre
« représentations consécutives pour apprendre les airs par
« cœur. Dans les mystères de Sabasius, il cherche à être
« distingué particulièrement par le prêtre. Il aime des

« courtisanes, enfonce leurs portes, et plaide pour avoir
« été battu par un rival. » On peut consulter sur les courses
de flambeaux le chap. xxiv du *Jeune Anacharsis;* et l'on
peut voir au vol. II, pl. 3, des vases de Hamilton, un sacrifice fait par de jeunes athlètes qui cherchent à terrasser
un taureau. Cette explication du dessin que représente cette
planche est du moins bien plus naturelle que celle qu'en
donne le texte de Hamilton ; et Pausanias parle quelque
part d'un rit de ce genre. Les distinctions que brigue ce
vieillard dans les mystères de Sabasius, c'est-à-dire de
Bacchus, sont d'autant plus ridicules, que les femmes
concouroient à ces mystères. (Voyez Aristophane, *in
Lysistrata,* v. 388; voyez aussi Démosth., *Pro Cor.,*
page 314.)

J'ai suivi, dans la dernière phrase de cette addition, les
corrections du critique anonyme de la *Gazette littéraire
de Jéna.*

(4) Le grec porte : « S'il va à la campagne avec un
« cheval, etc. »

(5) Le manuscrit du Vatican ajoute ici une phrase vraisemblablement altérée par les copistes. D'après Schneider, il faudroit traduire : « Il fait des pique-niques de
« onze litres, » c'est-à-dire de onze oboles. « Reste à sa-
« voir, dit cet éditeur, pourquoi cela est ridicule. » Peut-
être faut-il rapporter le fragment de l'auteur comique So-
phron, « Le décalitre en est le prix, » aux *Femmes mimes,*
titre de la pièce d'où ce fragment nous est conservé par
Pollux, l. IV, segm. 173, et supposer que le décalitre fût
le prix ordinaire des jeux indécents ou des complaisances
de ces femmes, et une espèce de surnom qu'on leur donnoit. On pourroit alors corriger ce passage ἐν δεκαλίτραις,
et traduire : « Il fait des pique-niques chez des danseuses. »
Mais peut-être aussi faut-il traduire tout simplement : « Il

« rassemble, à force de prières, des convives pour man-
« ger avec lui à frais communs. »

(6) Une grande statue de bois qui étoit dans le lieu des
exercices, pour apprendre à darder. (*Note de La Bruyère.*)
Cette explication est une conjecture ingénieuse de Casaubon ; elle est confirmée en quelque sorte par une lampe
antique sur laquelle M. Visconti a vu le *palus* contre lequel
s'exerçoient les gladiateurs, revêtus d'habillements militaires. La traduction littérale de ce passage, tel que le
donne le manuscrit du Vatican, seroit : « Il joue à la grande
« statue avec son esclave ; » ce qui, par une suite de la
même explication, pourroit être rendu par l'expression
moderne « *Il tire au mur* avec son esclave. » Ce manuscrit
continue, « Il tire de l'arc ou lance le javelot avec le
« pédagogue de ses enfants. »

(7) Littéralement : « Il s'exerce à la lutte, et agite beau-
« coup les hanches. » Le manuscrit du Vatican ajoute :
« Afin de paroître instruit ; » et continue : « Quand il se
« trouve avec des femmes, il se met à danser en chantant
« entre les dents pour marquer la cadence. »

CHAPITRE XXVIII.

DE LA MÉDISANCE.

Je définis ainsi la médisance : une pente secrète de l'ame à penser mal de tous les hommes, laquelle se manifeste par les paroles. Et pour ce qui concerne le médisant, voici ses mœurs : Si on l'interroge sur quelque autre, et que l'on lui demande quel est cet homme, il fait d'abord sa généalogie : « Son père, dit-il, s'appeloit Sosie (1), que l'on a connu dans le service, et parmi les troupes, sous le nom de Sosistrate ; il a été affranchi depuis ce temps, et reçu dans l'une des tribus de la ville (2) : pour sa mère, c'étoit une noble Thracienne ; car les femmes de Thrace, ajoute-t-il, se piquent la plupart d'une ancienne noblesse (3) : celui-ci, né de si honnêtes gens, est un scélérat qui ne mérite que le gibet. » Et retournant à la mère de cet homme qu'il peint avec de si belles couleurs (4) : « Elle est, poursuit-il, de ces femmes qui épient sur les grands chemins (5) les jeunes gens au passage, et qui, pour ainsi dire, les enlèvent et les ravissent. » Dans une compagnie où il se trouve quelqu'un qui parle mal d'une personne absente, il relève la conversation :

« Je suis, lui dit-il, de votre sentiment ; cet homme m'est odieux, et je ne le puis souffrir. Qu'il est insupportable par sa physionomie! Y a-t-il un plus grand fripon et des manières plus extravagantes? Savez-vous combien il donne à sa femme (6) pour la dépense de chaque repas? Trois oboles (7), et rien davantage; et croiriez-vous que dans les rigueurs de l'hiver et au mois de décembre (8), il l'oblige de se laver avec de l'eau froide? » Si alors quelqu'un de ceux qui l'écoutent se lève et se retire, il parle de lui presque dans les mêmes termes (9). Nul de ses plus familiers amis* n'est épargné : les morts mêmes dans le tombeau ne trouvent pas un asile contre sa mauvaise langue (10).

* Le mot *amis* a été omis ou supprimé dans les trois dernières éditions originales.

NOTES.

(1) C'étoit chez les Grecs un nom de valet ou d'esclave. (*Note de La Bruyère.*) Le grec porte : « Son père s'appeloit d'abord Sosie ; dans les troupes il devint Sosistrate ; ensuite il fut inscrit dans une bourgade. » Le service militaire, quand la république y appeloit des esclaves ou leur permettoit d'y entrer, étoit un moyen de s'affranchir, dit l'auteur du *Voyage du jeune Anacharsis*, chap. vi, sur des autorités anciennes.

(2) Le peuple d'Athènes étoit partagé en diverses tribus. *Note de La Bruyère.*) Le texte parle de bourgades, sur

esquelles on peut voir le chapitre x, note 7. C'étoit là que
se. faisoit la première inscription. (Voyez Démosthènes ,
Pro Cor., page 314.)

(3) Cela est dit par dérision des Thraciennes, qui venoient dans la Grèce pour être servantes, et quelque chose
de pis. (*Note de La Bruyère.*) M. Barthélemy, qui a imité
ce Caractère dans le chapitre xxviii du *Voyage du jeune
Anacharsis,* fait dire au médisant : « Sa mère est de
« Thrace, et sans doute d'une illustre origine ; car les
« femmes qui viennent de ce pays éloigné ont autant de
« prétentions à la naissance que de facilité dans les mœurs. »
Le manuscrit du Vatican ajoute : « Et cette chère maîtresse
« s'appelle *Krinocorax*, » nom dont la composition bizarre
pouvoit faire rire aux dépens de cette femme : il signifie
corbeau de fleur de lis.

(4) C'est le traducteur qui a ajouté cette transition ; et
le manuscrit du Vatican indique clairement qu'il faut
commencer ici un nouveau trait, et traduire : . « Il dit mé-
« chamment à quelqu'un : Ah! je connois bien les femmes
« dont tu me parles, et sur lesquelles tu te trompes fort ;
« ce sont de celles qui épient sur les grands chemins, etc. »
Le même manuscrit fait ensuite une autre addition fort
obscure, et qui exige plusieurs corrections : on peut la
traduire : « Celle-ci est surtout très-habile au métier ; et
« ce que je vous dis des autres n'est pas un conte en l'air :
« elles se prostituent dans les rues, sont toujours à la
« poursuite des hommes, et ouvrent elles-mêmes la porte
« de leur maison. » Ce dernier trait a déjà été cité comme
une rusticité de la part d'un homme ; mais c'étoit sans
doute un signe de prostitution dans une femme, qui devoit
rester dans l'intérieur de son gynécée, et n'en sortir que
bien accompagnée.

(5) La Bruyère, en supposant qu'il est question de la Thracienne, fait ici la note suivante : « Elles tenoient « hôtellerie sur les chemins publics, où elles se mêloient « d'infâmes commerces. »

(6) Le manuscrit du Vatican ajoute : « Qui lui a ap-« porté plusieurs talents en dot, et qui lui a donné un « enfant. »

(7) Il y avoit au-dessous de cette monnoie d'autres en-core de moindre valeur. (*Note de La Bruyère.*) Aussi le grec parle-t-il de trois petites pièces de cuivre dont huit font une obole. L'obole est évaluée par M. Barthélemy à trois sous de notre monnoie.

(8) Le grec dit : « Le jour de Neptune, » fête qui étoit au milieu de l'hiver, et où peut-être on se baignoit en l'honneur du dieu auquel elle étoit consacrée.

(9) Le manuscrit du Vatican insère ici : « Une fois qu'il « a commencé. »

(10) Il étoit défendu chez les Athéniens de parler mal des morts par une loi de Solon, leur législateur. (*Note de La Bruyère.*) Il paroît en général par ces Caractères, et par d'autres autorités, que les lois de Solon n'étoient plus guère observées du temps de Théophraste. Le manuscrit du Vatican ajoute : « Et ce vice, il l'appelle franchise, « esprit démocratique, liberté, et en fait la plus douce « occupation de sa vie. » Le même manuscrit place en-core ici une phrase fort singulière, que je crois, avec M. Schneider, avoir été ajoutée par un lecteur chrétien qui n'avoit pas bien saisi l'esprit dans lequel ces Caractères ont été écrits. Je corrige le verbe inintelligible de cette

phrase en ἱστερισμένος, et je traduis : « C'est ainsi que
« celui qui est privé de la véritable doctrine rend les
« hommes maniaques, et leur donne des mœurs dépra-
« vées. » Dans les manuscrits numérotés 1679, 2830 et 1389
de la Bibliothèque du Roi, et dans un manuscrit de la Bibliothèque Palatine, on ajoute de même, à la suite des
Caractères de Théophraste qui existent dans ces manuscrits, quelques phrases d'un grec barbare, qui ne peuvent
pas être attribuées à l'auteur, et qui contiennent des réflexions sur les obstacles qu'éprouve la vertu. On trouvera
ce morceau dans l'édition de Fischer, page 240.

FIN DE LA TRADUCTION DE THÉOPHRASTE

PAR LA BRUYÈRE.

CHAPITRE XXIX.

DU GOUT QU'ON A POUR LES VICIEUX*.

Le goût que l'on a pour les méchants est le desir
du mal. L'homme infecté de ce vice est capable de
fréquenter les gens qui ont été condamnés pour leurs
crimes par tout le peuple (1), dans la vue de se
rendre plus expérimenté et plus formidable par leur
commerce. Si on lui cite quelques hommes distingués par leurs vertus, il dira : « Ils sont vertueux
« comme tant d'autres. Personne n'est homme de
« bien, tout le monde se ressemble, et ces honnêtes
« gens ne sont que des hypocrites. » « Le méchant
« seul, dit-il une autre fois, est vraiment libre. »
Si quelqu'un le consulte au sujet d'un méchant
homme (2), il convient que ce que l'on en dit est
vrai : « Mais, ajoute-t-il, ce que l'on ne sait pas,

* La Bruyère n'a connu que les titres de ce chapitre et
du suivant. Le texte grec a été découvert en 1742, par
Prosper Pétronius, dans un manuscrit du Vatican, et publié
pour la première fois à Parme en 1786. La version française
que nous publions est de M. Coray (*Adamantius*), savant
helléniste, né à Smyrne le 27 avril 1748, mort à Paris
le 6 avril 1833.

« c'est que c'est un homme d'esprit, fort attaché
« à ses amis, et qui donne de grandes espérances. »
Et il soutiendra qu'il n'a jamais vu un homme plus
habile. Il est toujours disposé en faveur de l'accusé
traduit devant l'assemblée du peuple ou devant
quelque tribunal particulier; il est capable de
s'asseoir à côté de lui, et de dire qu'il ne faut
point juger l'homme, mais le fait. « Je suis, dit-il,
« le chien du peuple, car je garde ceux qui es-
« suient des injustices (3). Nous finirions par ne
« plus trouver personne qui voulût s'intéresser
« aux affaires publiques, si nous abandounions ces
« hommes (4). » Il aime à se déclarer patron des
gens les plus misérables (5), et à se rendre aux tribunaux pour y soutenir de mauvaises affaires (6).
S'il juge un procès, il prend dans un mauvais sens
tout ce que disent les parties. En général (7), l'affection pour les scélérats est sœur de la scélératesse
même, et rien n'est plus vrai que le proverbe :
« On recherche toujours son semblable. »

NOTES.

(1) Je pense qu'il faut sous-entendre, « Et qui ont eu
« l'adresse de se soustraire à l'effet des lois. » (Voyez le
chap. xviii du *Voyage du jeune Anacharsis.*)

(2) J'ai cherché à remplir par ces mots une lacune qui
se trouve dans le manuscrit; il me paroît qu'il est ques-

tion d'un homme auquel on veut confier quelques fonctions politiques.

(3) J'ai traduit comme si le participe grec étoit au passif ; sans cette correction, le sens seroit : « Car je surveille ceux qui veulent lui faire du tort. » Le changement que je propose est nécessaire pour faire une transition à la phrase suivante.

(4) M. Coray a observé que ces traits ont un rapport particulier avec l'orateur Aristogiton et son protecteur Philocrate. (Voyez le plaidoyer de Démosthènes contre le premier.) Mais je n'ai point pu adopter toutes les conséquences que cet éditeur en tire pour le sens de notre auteur.

(5) Les simples domiciliés d'Athènes, non citoyens, avoient besoin d'un patron, parmi les citoyens, qui répondît de leur conduite. (Voyez le *Voyage du jeune Anacharsis,* chap. VI.)

(6) Tous les citoyens d'Athènes pouvoient être appelés à la fonction de juges par le sort ; et ils devoient être souvent dans ce cas, puisque le nombre des juges des différents tribunaux s'élevoit à six mille. (Voyez *Anacharsis*, chap. XVI.)

(7) Cette dernière phrase me paroît avoir été ajoutée par un glossateur.

CHAPITRE XXX.

DU GAIN SORDIDE.

L'homme qui aime le gain sordide emploie les moyens les plus vils pour gagner ou pour épargner de l'argent (I). Il est capable d'épargner le pain dans ses repas; d'emprunter de l'argent à un étranger descendu chez lui (2); de dire, en servant à table, qu'il est juste que celui qui distribue reçoive une portion double, et de se la donner sur-le-champ. S'il vend du vin, il y mêlera de l'eau, même pour son ami. Il ne va au spectacle avec ses enfants que lorsqu'il y a une représentation gratuite. S'il est membre d'une ambassade, il laisse chez lui la somme que la ville lui a assignée pour les frais du voyage, et emprunte de l'argent à ses collègues : en chemin il charge son esclave d'un fardeau au-dessus de ses forces,. et le nourrit moins bien que les. autres : arrivé au lieu de sa destination, il se fait donner sa part des présents d'hospitalité, pour la vendre. Pour se frotter d'huile au bain, il dira à son esclave : « Celle que tu m'as achetée est rance » ; et il se servira de celle d'un autre. Si quelqu'un de sa maison trouve une petite monnoie de cuivre dans la rue, il en demandera sa part, en disant : « *Mercure est commun.* » Quand il donne son habit à blanchir, il en emprunte un autre d'un ami, et le porte jusqu'à ce qu'on le lui redemande, etc. Il distribue lui-même les provisions aux gens de sa maison avec une mesure trop petite (3), et dont le fond est bombé en dedans; encore a-t-il soin d'égaliser le dessus. Il se fait céder par ses amis, et comme si c'étoit pour lui, des choses qu'il revend ensuite avec profit. S'il a une dette de trente mines à payer, il manquera toujours quelques drachmes à la somme. Si ses enfants ont été indisposés et ont passé quelques jours du mois sans aller à l'école, il diminue le salaire du maître à proportion; et pendant le mois d'Anthestérion il ne les y envoie pas du tout, pour ne pas être obligé de payer un mois dont une grande partie se passe en spectacles (4). S'il retire une contribution d'un esclave (5), il exige un dédommagement pour la perte qu'éprouve la monnoie de cuivre. Quand son chargé d'affaires lui rend ses comptes (6)..... Quand il donne un repas à sa curie, il demande, sur le service commun, une portion pour ses enfants, et note les moitiés de raves qui sont restées sur la table, afin que les esclaves qui les desservent ne puissent par les prendre. S'il voyage avec des personnes de sa connoissance, il se sert de leurs esclaves, et loue pendant ce temps le sien, sans mettre en commun le prix qu'il en

reçoit. Bien plus, si l'on arrange un pique-nique
dans sa maison, il soustrait une partie du bois, des
lentilles, du vinaigre, du sel et de l'huile pour la
lampe, qu'on a déposés chez lui (7). Si quelqu'un de
ses amis se marie ou marie sa fille, il quitte la ville
pour quelque temps, afin de pouvoir se dispenser
d'envoyer un présent de noces. Il aime beaucoup
aussi à emprunter aux personnes de sa connoissance
des objets qu'on ne redemande point, ou qu'on ne
recevroit même pas s'ils étoient rendus (8).

NOTES.

(1) J'ai été obligé de paraphraser cette définition, qui,
dans l'original, répète les mots dont le nom que Théophraste a donné à ce Caractère est composé, et qui est
certainement altéré par les copistes.

Plusieurs traits de ce Caractère ont été placés, par l'a-
bréviateur qui nous a transmis les quinze premiers chapitres de cet ouvrage, à la suite du chapitre xi, où on les
trouvera traduits par La Bruyère, et éclaircis par des
notes qu'il seroit inutile de répéter ici.

(2) Par droit d'hospitalité. (Voyez chap. ix, note 7.)

(3) J'ai traduit ici d'après la leçon du manuscrit du
Vatican ; mais, d'après les règles de la critique, il faut
préférer celle des autres manuscrits dans le chapitre xi ;
car ce sont les mots ou les tournures les plus vulgaires
qui s'introduisent dans le texte par l'erreur des copistes.

(4) Les Anthestéries, qui avoient donné le nom à ce mois, étoient des fêtes consacrées à Bacchus.

(5) Auquel il a permis de travailler pour son propre compte, ou qu'il a loué, ainsi qu'il étoit d'usage à Athènes, comme on le voit entre autres par la suite même de ce chapitre.

(6) Cette phrase est défectueuse dans l'original ; MM. Belin de Ballu et Coray l'ont jointe à la précédente par les mots : « Il en fait autant, etc. »

(7) C'est ainsi que ce passage difficile a été entendu par M. Coray : d'après M. Schneider, il faudroit traduire : « Il met en compte le bois, les raves, etc., qu'il a fournis. » (Voyez la note 7 du chap. x.)

(8) J'ai traduit cette dernière phrase d'après les corrections des deux savants éditeurs Coray et Schneider.

FIN DES CARACTÈRES DE THÉOPHRASTE.

LES CARACTÈRES

ou

LES MŒURS

DE CE SIÈCLE.

« Admonere voluimus, non mordere ;
prodesse, non lædere; consulere mori-
bus hominum, non officere. »

ERASME [1].

[1] « Notre intention a été d'avertir, non de mordre ; d'être
utile, non de blesser ; de faire du bien aux mœurs, non
du tort aux hommes. »

PRÉFACE.

Je rends au public ce qu'il m'a prêté : j'ai emprunté de lui la matière de cet ouvrage ; il est juste que l'ayant achevé avec toute l'attention pour la vérité dont je suis capable, et qu'il mérite de moi, je lui en fasse la restitution. Il peut regarder avec loisir ce portrait que j'ai fait de lui d'après nature, et s'il se connoît quelques-uns des défauts que je touche, s'en corriger. C'est l'unique fin que l'on doit se proposer en écrivant, et le succès aussi que l'on doit moins se promettre. Mais comme les hommes ne se dégoûtent point du vice, il ne faut pas aussi se lasser de le leur reprocher : ils seroient peut-être pires s'ils venoient à manquer de censeurs ou de critiques : c'est ce qui fait que l'on prêche et que l'on écrit. L'orateur et l'écrivain ne sauroient vaincre la joie qu'ils ont d'être applaudis; mais ils devroient rougir d'eux-mêmes s'ils n'avoient cherché, par leurs discours ou par leurs écrits, que des éloges : outre que l'approbation la plus sûre et la moins équivoque est le changement de mœurs et la réformation de ceux qui les lisent ou qui les écoutent. On ne doit parler, on ne doit écrire que pour l'instruction; et s'il arrive que l'on plaise, il ne faut pas néanmoins s'en repentir, si cela sert à insinuer et à faire recevoir les vérités qui doivent instruire. Quand donc il s'est glissé dans un livre quelques pensées ou quelques réflexions qui n'ont ni le feu, ni le tour, ni la vivacité des autres, bien qu'elles semblent y être admises pour la variété, pour délasser l'esprit, pour le rendre plus présent et plus attentif à ce qui va suivre, à moins que d'ailleurs elles ne soient sensibles, familières, instructives, accommodées au simple peuple, qu'il n'est pas permis de négliger, le lecteur peut les condamner, et l'auteur les doit proscrire; voilà la règle. Il y en a une autre, et que j'ai intérêt que l'on veuille suivre, qui est de ne pas perdre mon titre de vue, et de penser toujours, et

dans toute la lecture de cet ouvrage, que ce
sont les caractères ou les mœurs de ce siècle
que je décris : car, bien que je les tire souvent
de la cour de France, et des hommes de ma
nation, on ne peut pas néanmoins les restreindre à une seule cour, ni les renfermer
en un seul pays, sans que mon livre ne perde
beaucoup de son étendue et de son utilité,
ne s'écarte du plan que je me suis fait d'y
peindre les hommes en général, comme des
raisons qui entrent dans l'ordre des chapitres,
et dans une certaine suite insensible des réflexions qui les composent. Après cette précaution si nécessaire, et dont on pénètre assez
les conséquences, je crois pouvoir protester
contre tout chagrin, toute plainte, toute maligne interprétation, toute fausse application,
et toute censure; contre les froids plaisants et
les lecteurs malintentionnés. Il faut savoir
lire, et ensuite se taire, ou pouvoir rapporter
ce qu'on a lu, et ni plus ni moins que ce
qu'on a lu; et si on le peut quelquefois, ce n'est
pas assez, il faut encore le vouloir faire : sans
ces conditions, qu'un auteur exact et scrupu-

leux est en droit d'exiger de certains esprits
pour l'unique récompense de son travail, je
doute qu'il doive continuer d'écrire, s'il préfère du moins sa propre satisfaction à l'utilité.
de plusieurs et au zèle de la vérité. J'avoue
d'ailleurs que j'ai balancé dès l'année 1690,
et avant la cinquième édition, entre l'impatience de donner à mon livre plus de rondeur
et une meilleure forme par de nouveaux caractères, et la crainte de faire dire à quelques-
uns : « Ne finiront-ils point, ces Caractères,
et ne verrons-nous jamais autre chose de cet
écrivain? » Des gens sages me disoient d'une
part : « La matière est solide, utile, agréable,
inépuisable; vivez longtemps, et traitez-la
sans interruption pendant que vous vivez; que
pourriez-vous faire de mieux? il n'y a point
d'année que les folies des hommes ne puissent
fournir un volume. » D'autres, avec beaucoup
de raison, me faisoient redouter les caprices
de la multitude et la légèreté du public, de
qui j'ai néanmoins de si grands sujets d'être
content, et ne manquoient pas de me suggérer
que personne presque depuis trente années

ne lisant plus que pour lire, il falloit aux
hommes, pour les amuser, de nouveaux chapitres et un nouveau titre : que cette indo-
lence avoit rempli les boutiques et peuplé le
monde depuis tout ce temps de livres froids
et ennuyeux, d'un mauvais style et de nulle
ressource, sans règles et sans la moindre justesse, contraires aux mœurs et aux bienséances, écrits avec précipitation, et lus de
même, seulement par leur nouveauté; et que,
si je ne savois qu'augmenter un livre raisonnable, le mieux que je pouvois faire étoit de
me reposer. Je pris alors quelque chose de ces
deux avis si opposés, et je gardai un tempérament qui les rapprochoit : je ne feignis point
d'ajouter quelques nouvelles remarques à celles
qui avoient déja grossi du double la première
édition de mon ouvrage; mais afin que le public
ne fût point obligé de parcourir ce qui étoit
ancien pour passer à ce qu'il y avoit de nouveau, et qu'il trouvât sous ses yeux ce qu'il
avoit seulement envie de lire, je pris soin de
lui désigner cette seconde augmentation par
une marque particulière : je crus aussi qu'il

ne seroit pas inutile de lui distinguer la première augmentation par une autre marque plus
simple, qui servît à lui montrer le progrès de
mes *Caractères*, et à aider son choix dans la
lecture qu'il en voudroit faire[1] : et, comme
il pouvoit craindre que ce progrès n'allât à
l'infini, j'ajoutois à toutes ces exactitudes une
promesse sincère de ne plus rien hasarder en
ce genre. Que si quelqu'un m'accuse d'avoir
manqué à ma parole, en insérant dans les
trois éditions qui ont suivi un assez grand
nombre de nouvelles remarques, il verra du
moins qu'en les confondant avec les anciennes
par la suppression entière de ces différences,
qui se voient par apostille, j'ai moins pensé à
lui faire lire rien de nouveau, qu'à laisser
peut-être un ouvrage de mœurs plus complet,
plus fini et plus régulier, à la postérité. Ce ne
sont point au reste des maximes que j'aie voulu
écrire : elles sont comme des lois dans la morale;
et j'avoue que je n'ai ni assez d'autorité, ni
assez de génie, pour faire le législateur. Je

---

1 On a retranché ces marques, devenues actuellement
inutiles.

sais même que j'aurois péché contre l'usage
des maximes, qui veut qu'à la manière des
oracles elles soient courtes et concises. Quelques-
unes de ces remarques le sont, quelques autres
sont plus étendues : on pense les choses d'une
manière différente, et on les explique aussi
par un tour aussi tout différent, par une sen-
tence, par un raisonnement, par une métaphore ou quelque autre figure, par un parallèle, par une simple comparaison, par un
fait tout entier, par un seul trait, par une
description, par une peinture : de là procède
la longueur ou la brièveté de mes réflexions.
Ceux enfin qui font des maximes veulent être
crus : je consens au contraire que l'on dise de
moi que je n'ai pas quelquefois bien remarqué, pourvu que l'on remarque mieux.

LES CARACTÈRES

ou

LES MOEURS

DE CE SIÈCLE.

~~~~~~~~~~~~~~~~~~~~~~~~~~~~~~~~~~~~~~

CHAPITRE PREMIER.

DES OUVRAGES DE L'ESPRIT.

1. Tout est dit : et l'on vient trop tard depuis plus de sept mille ans qu'il y a des hommes, et qui pensent. Sur ce qui concerne les mœurs, le plus beau et le meilleur est enlevé : l'on ne fait que glaner après les anciens et les habiles d'entre les modernes.

2. Il faut chercher seulement à penser et à parler juste, sans vouloir amener les autres à notre goût et à nos sentiments : c'est une trop grande entreprise.

3. C'est un métier que de faire un livre, comme de faire une pendule. Il faut plus que de l'esprit pour être auteur. Un magistrat alloit par son mérite

à la première dignité, il étoit homme délié et pratique dans les affaires; il a fait imprimer un ouvrage moral, qui est rare par le ridicule.

4. Il n'est pas si aisé de se faire un nom par un ouvrage parfait, que d'en faire valoir un médiocre par le nom qu'on s'est déja acquis.

5. Un ouvrage satirique ou qui contient des faits, qui est donné en feuilles sous le manteau aux conditions d'être rendu de même, s'il est médiocre, passe pour merveilleux : l'impression est l'écueil.

6. Si l'on ôte de beaucoup d'ouvrages de morale l'avertissement au lecteur, l'épître dédicatoire, la préface, la table, les approbations, il reste à peine assez de pages pour mériter le nom de livre.

7. Il y a de certaines choses dont la médiocrité est insupportable : la poésie, la musique, la peinture, le discours public.

Quel supplice que celui d'entendre déclamer pompeusement un froid discours, ou prononcer de médiocres vers avec toute l'emphase d'un mauvais poëte !

8. Certains poëtes sont sujets dans le dramatique à de longues suites de vers pompeux, qui semblent forts, élevés, et remplis de grands sentiments. Le peuple écoute avidement, les yeux élevés et la bouche ouverte, croit que cela lui plaît, et à mesure qu'il y comprend moins, l'admire davantage; il n'a pas le temps de respirer, il a à peine celui de

se récrier et d'applaudir. J'ai cru autrefois, et dans ma première jeunesse, que ces endroits étoient clairs et intelligibles pour les acteurs, pour le parterre et l'amphithéâtre, que les auteurs s'entendoient eux-mêmes; et qu'avec toute l'attention que je donnois à leur récit j'avois tort de n'y rien entendre : je suis détrompé.

9. L'on n'a guère vu jusques à présent un chef-d'œuvre d'esprit qui soit l'ouvrage de plusieurs. Homère a fait l'*Iliade,* Virgile l'*Énéide*, Tite-Live ses *Décades,* et l'Orateur romain ses *Oraisons*[1].

10. Il y a dans l'art un point de perfection, comme de bonté ou de maturité dans la nature : celui qui le sent et qui l'aime a le goût parfait; celui qui ne le sent pas, et qui aime en deçà ou au delà, a le goût défectueux. Il y a donc un bon et un mauvais goût, et l'on dispute des goûts avec fondement.

11. Il y a beaucoup plus de vivacité que de goût parmi les hommes; ou, pour mieux dire, il y a peu d'hommes dont l'esprit soit accompagné d'un goût sûr et d'une critique judicieuse.

12. La vie des héros a enrichi l'histoire, et l'histoire a embelli les actions des héros : ainsi je ne sais qui sont plus redevables, ou ceux qui ont écrit l'histoire à ceux qui leur en ont fourni une si

---

[1] *Orationes,* que nous traduisons aujourd'hui par le mot *Discours.*

noble matière, ou ces grands hommes à leurs historiens.

13. Amas d'épithètes, mauvaises louanges : ce sont les faits qui louent, et la manière de les raconter.

14. Tout l'esprit d'un auteur consiste à bien définir et à bien peindre. MOÏSE [1], HOMÈRE, PLATON, VIRGILE, HORACE, ne sont au-dessus des autres écrivains que par leurs expressions et par leurs images : il faut exprimer le vrai, pour écrire naturellement, fortement, délicatement.

15. On a dû faire du style ce qu'on a fait de l'architecture : on a entièrement abandonné l'ordre gothique que la barbarie avoit introduit pour les palais et pour les temples ; on a rappelé le dorique, l'ionique, et le corinthien : ce qu'on ne voyoit plus que dans les ruines de l'ancienne Rome et de la vieille Grèce, devenu moderne, éclate dans nos portiques et dans nos péristyles. De même on ne sauroit en écrivant rencontrer le parfait, et, s'il se peut, surpasser les anciens, que par leur imitation.

Combien de siècles se sont écoulés avant que les hommes dans les sciences et dans les arts aient pu revenir au goût des anciens, et reprendre enfin e simple et le naturel !

[1] Quand même on ne le considère que comme un homme qui a écrit. (*Note de La Bruyère.*)

On se nourrit des anciens et des habíles modernes;
on les presse, on en tîre le plus que l'on peut, on
en renfle ses ouvrages; et quand l'on est auteur, et
que l'on croit marcher tout seul, on s'élève contre
eux, on les maltraite, semblables à ces enfants *drus*
et forts d'un bon lait qu'ils ont sucé, qui battent
leur nourrice.

Un auteur moderne [1] prouve ordinairement que
les anciens nous sont inférieurs en deux manières,
par raison et par exemple : il tire la raison de
son goût particulier, et l'exemple de ses ouvrages.

Il avoue que les anciens, quelque inégaux et peu
corrects qu'ils soient, ont de beaux traits, il les
cite; et ils sont si beaux qu'ils font lire sa critique.

Quelques habiles [2] prononcent en faveur des
anciens contre les modernes; mais ils sont suspects,
et semblent juger en leur propre cause, tant leurs
ouvrages sont faits sur le goût de l'antiquité : on
es récuse.

16. L'on devroit aimer à lire ses ouvrages à ceux
qui en savent assez pour les corriger et les estimer.

Ne vouloir être ni conseillé ni corrigé sur son
ouvrage, est un pédantisme.

---

[1] Il est probable que La Bruyère désigne ici Charles
Perrault, de l'Académie françoise, qui venoit de faire
paroître son PARALLÈLE DES ANCIENS ET DES MODERNES.

[2] Boileau et Racine.

Il faut qu'un auteur reçoive avec une égale modestie les éloges et la critique que l'on fait de ses ouvrages.

17. Entre toutes les différentes expressions qui peuvent rendre une seule de nos pensées, il n'y en a qu'une qui soit la bonne; on ne la rencontre pas toujours en parlant ou en écrivant. Il est vrai néanmoins qu'elle existe, que tout ce qui ne l'est point est foible, et ne satisfait point un homme d'esprit qui veut se faire entendre.

Un bon auteur, et qui écrit avec soin, éprouve souvent que l'expression qu'il cherchoit depuis long-temps sans la connoître, et qu'il a enfin trouvée, est celle qui étoit la plus simple, la plus naturelle, et qui sembloit devoir se présenter d'abord et sans effort.

Ceux qui écrivent par humeur[1] sont sujets à retoucher à leurs ouvrages. Comme elle n'est pas toujours fixe, et qu'elle varie en eux selon les occasions, ils se refroidissent bientôt pour les expressions et les termes qu'ils ont le plus aimés.

18. La même justesse d'esprit qui nous fait écrire de bonnes choses nous fait appréhender qu'elles ne le soient pas assez pour mériter d'être lues.

Un esprit médiocre croit écrire divinement : un bon esprit croit écrire raisonnablement.

---

[1] Voyez ci-après, au n° 64, ce que La Bruyère entend par ces mots, *écrire par humeur.*

19. « L'on m'a engagé, dit *Ariste,* à lire mes ouvrages à *Zoïle,* je l'ai fait; ils l'ont saisi d'abord,
et avant qu'il ait eu le loisir de les trouver mauvais, il les a loués modestement en ma présence,
et il ne les a pas loués depuis devant personne. Je
l'excuse, et je n'en demande pas davantage à un
auteur; je le plains même d'avoir écouté de belles
choses qu'il n'a point faites. »

Ceux qui par leur condition se trouvent exempts
de la jalousie d'auteur, ont ou des passions ou des
besoins qui les distraient et les rendent froids sur
les conceptions d'autrui : personne presque, par la
disposition de son esprit, de son cœur, et de sa
fortune, n'est en état de se livrer au plaisir que
donne la perfection d'un ouvrage.

20. Le plaisir de la critique nous ôte celui d'être
vivement touchés de très-belles choses.

21. Bien des gens vont jusques à sentir le mérite
d'un manuscrit qu'on leur lit, qui ne peuvent se
déclarer en sa faveur, jusques à ce qu'ils aient vu
le cours qu'il aura dans le monde par l'impression,
ou quel sera son sort parmi les habiles : ils ne
hasardent point leurs suffrages, et ils veulent être
portés par la foule et entraînés par la multitude.
Ils disent alors qu'ils ont les premiers approuvé
cet ouvrage, et que le public est de leur avis.

Ces gens laissent échapper les plus belles occasions de nous convaincre qu'ils ont de la capa-

cité et des lumières, qu'ils savent juger, trouver bon ce qui est bon, et meilleur ce qui est meilleur. Un bel ouvrage tombe entre leurs mains; c'est un premier ouvrage, l'auteur ne s'est pas encore fait un grand nom, il n'a rien qui prévienne en sa faveur : il ne s'agit point de faire sa cour ou de flatter les grands en applaudissant à ses écrits. On ne vous demande pas, Zélotes, de vous récrier : *C'est un chef-d'œuvre de l'esprit; l'humanité ne va pas plus loin : c'est jusqu'où la parole humaine peut s'élever : on ne jugera à l'avenir du goût de quelqu'un qu'à proportion qu'il en aura pour cette pièce;* phrases outrées, dégoûtantes, qui sentent la pension ou l'abbaye; nuisibles à cela même qui est louable, et qu'on veut louer. Que ne disiez-vous seulement: «Voilà un bon livre?» Vous le dites, il est vrai, avec toute la France, avec les étrangers comme avec vos compatriotes, quand il est imprimé par toute l'Europe, et qu'il est traduit en plusieurs langues : il n'est plus temps.

22. Quelques-uns de ceux qui ont lu un ouvrage en rapportent certains traits dont ils n'ont pas compris le sens, et qu'ils altèrent encore par tout ce qu'ils y mettent du leur; et ces traits ainsi corrompus et défigurés, qui ne sont autre chose que leurs propres pensées et leurs expressions, ils les exposent à la censure, soutiennent qu'ils sont mauvais, et tout le monde convient qu'ils sont

mauvais : mais l'endroit de l'ouvrage que ces critiques croient citer, et qu'en effet ils ne citent
point, n'en est pas pire.

23. « Que dites-vous du livre d'*Hermodore?* —
Qu'il est mauvais, répond *Anthime.* — Qu'il est
mauvais? — Qu'il est tel, continue-t-il, que ce
n'est pas un livre, ou qui mérite du moins que le
monde en parle. — Mais l'avez-vous lu? — Non, »
dit Anthime. Que n'ajoute-t-il que *Fulvie* et *Mélanie*
l'ont condamné sans l'avoir lu, et qu'il est ami de
Fulvie et de Mélanie?

24. *Arsène,* du plus haut de son esprit, contemple
les hommes; et dans l'éloignement d'où il les voit,
il est comme effrayé de leur petitesse. Loué,
exalté, et porté jusqu'aux cieux par de certaines gens
qui se sont promis de s'admirer réciproquement, il
croit, avec quelque mérite qu'il a, posséder tout
celui qu'on peut avoir, et qu'il n'aura jamais : occupé et rempli de ses sublimes idées, il se donne
à peine le loisir de prononcer quelques oracles :
élevé par son caractère au-dessus des jugements
humains, il abandonne aux ames communes le
mérite d'une vie suivie et uniforme; et il n'est
responsable de ses inconstances qu'à ce cercle
d'amis qui les idolâtrent : eux seuls savent juger,
savent penser, savent écrire, doivent écrire. Il n'y
a point d'autre ouvrage d'esprit si bien reçu dans
le monde, et si universellement goûté des honnêtes

gens, je ne dis pas qu'il veuille approuver, mais qu'il daigne lire, incapable d'être corrigé par cette peinture, qu'il ne lira point.

25. *Théocrine* sait des choses assez inutiles; il a des sentiments toujours singuliers, il est moins profond que méthodique, il n'exerce que sa mémoire; il est abstrait, dédaigneux, et il semble toujours rire en lui-même de ceux qu'il croit ne le valoir pas. Le hasard fait que je lui lis mon ouvrage, il l'écoute. Est-il lu, il me parle du sien. « Et du vôtre, me direz-vous, qu'en pense-t-il? » — Je vous l'ai déja dit, il me parle du sien.

26. Il n'y a point d'ouvrage si accompli qui ne fondît tout entier au milieu de la critique, si son auteur vouloit en croire tous les censeurs, qui ôtent chacun l'endroit qui leur plaît le moins.

27. C'est une expérience faite, que s'il se trouve dix personnes qui effacent d'un livre une expression ou un sentiment, l'on en fournit aisément un pareil nombre qui les réclame. Ceux-ci s'écrient: « Pourquoi supprimer cette pensée? elle est neuve, elle est belle, et le tour en est admirable; » et ceux-là affirment, au contraire, ou qu'ils auroient négligé cette pensée, ou qu'ils lui auroient donné un autre tour. « Il y a un terme, disent les uns, dans votre ouvrage, qui est rencontré, et qui peint la chose au naturel; il y a un mot, disent les autres, qui est hasardé, et qui d'ailleurs ne signifie pas assez ce

que vous voulez peut-être faire entendre : » et c'est
du même trait et du même mot que tous ces gens
s'expliquent ainsi, et tous sont connoisseurs et passent pour tels. Quel autre parti pour un auteur que
d'oser pour lors être de l'avis de ceux qui l'approuvent?

28. Un auteur sérieux n'est pas obligé de remplir
son esprit de toutes les extravagances, de toutes les
saletés, de tous les mauvais mots que l'on peut dire,
et de toutes les ineptes applications que l'on peut
faire au sujet de quelques endroits de son ouvrage,
et encore moins de les supprimer. Il est convaincu
que, quelque scrupuleuse exactitude que l'on ait
dans sa manière d'écrire, la raillerie froide des
mauvais plaisants est un mal inévitable, et que les
meilleures choses ne leur servent souvent qu'à leur
faire rencontrer une sottise.

29. Si certains esprits vifs et décisifs étoient crus,
ce seroit encore trop que les termes pour exprimer
les sentiments; il faudroit leur parler par signes,
ou sans parler se faire entendre. Quelque soin qu'on
apporte à être serré et concis, et quelque réputation
qu'on ait d'être tel, ils vous trouvent diffus. Il faut
leur laisser tout à suppléer, et n'écrire que pour
eux seuls; ils conçoivent une période par le mot
qui la commence, et par une période tout un
chapitre : leur avez-vous lu un seul endroit de
l'ouvrage, c'est assez; ils sont dans le fait et en-

tendent l'ouvrage. Un tissu d'énigmes leur seroit une lecture divertissante; et c'est une perte pour eux que ce style estropié qui les enlève soit rare, et que peu d'écrivains s'en accommodent. Les comparaisons tirées d'un fleuve dont le cours, quoique rapide, est égal et uniforme, ou d'un embrasement qui, poussé par les vents, s'épand au loin dans une forêt où il consume les chênes et les pins, ne leur fournissent aucune idée de l'éloquence. Montrez-leur un feu grégeois qui les surprenne, ou un éclair qui les éblouisse, ils vous quittent du bon et du beau.

30. Quelle prodigieuse distance entre un bel ouvrage et un ouvrage parfait ou régulier! Je ne sais s'il s'en est encore trouvé de ce dernier genre. Il est peut-être moins difficile aux rares génies de rencontrer le grand et le sublime, que d'éviter toutes sortes de fautes. Le *Cid* n'a eu qu'une voix pour lui à sa naissance, qui a été celle de l'admiration : il s'est vu plus fort que l'autorité et la politique, qui ont tenté vainement de le détruire[1]; il a réuni en sa faveur des esprits toujours partagés

---

[1] En vain contre le *Cid* un ministre se ligue,
Tout Paris pour Chimène a les yeux de Rodrigue.
L'Académie en corps a beau le censurer,
Le public révolté s'obstine à l'admirer.
(BOILEAU, *Satire* IX, v. 231-234.)

d'opinions et de sentiments, les grands et le peuple :
ils s'accordent tous à le savoir de mémoire, et à prévenir au théâtre les acteurs qui le récitent. Le *Cid*
enfin est l'un des plus beaux poëmes que l'on puisse
faire ; et l'une des meilleures critiques qui aient été
faites sur aucun sujet, est celle du *Cid*.

31. Quand une lecture vous élève l'esprit, et
qu'elle vous inspire des sentiments nobles et cou-
rageux, ne cherchez pas une autre règle pour juger
de l'ouvrage ; il est bon, et fait de main d'ouvrier [1].

32. *Capys,* qui s'érige en juge du beau style, et
qui croit écrire comme BOUHOURS et RABUTIN, résiste
à la voix du peuple, et dit tout seul que *Damis* n'est
pas un bon auteur. *Damis* cède à la multitude, et
dit ingénument avec le public que Capys est un
froid écrivain.

33. Le devoir du nouvelliste est de dire : « Il y
a un tel livre qui court, et qui est imprimé chez
Cramoisy [2], en tel caractère ; il est bien relié, et en
beau papier ; il se vend tant ; » il doit savoir jus-

---

[1] Tout ce qui est véritablement sublime a cela de propre,
quand on l'écoute, qu'il élève l'âme. (LONGIN, *Traité du
sublime*, chap. v.) Voyez *OEuvres de Boileau*, tome III,
p. 37 et 38. Collection du Prince impérial.

[2] André Cramoisy, imprimeur, contemporain de La
Bruyère, appartenoit à une famille distinguée d'imprimeurs
et de libraires.

ques à l'enseigne du libraire qui le débite sa
folie est d'en vouloir faire la critique. .

Le sublime du nouvelliste est le raisonnement
creux sur la politique.

Le nouvelliste se couche le soir tranquillement
sur une nouvelle qui se corrompt la nuit, et qu'il
est obligé d'abandonner le matin à son réveil.

34. Le philosophe consume sa vie à observer les
hommes, et il use ses esprits à en démêler les vices
et le ridicule : s'il donne quelque tour à ses pensées, c'est moins par une vanité d'auteur, que pour
mettre une vérité qu'il a trouvée dans tout le jour
nécessaire pour faire l'impression qui doit servir à
son dessein. Quelques lecteurs croient néanmoins
le payer avec usure s'ils disent magistralement
qu'ils ont lu son livre, et qu'il y a de l'esprit : mais
il leur renvoie tous leurs éloges qu'il n'a pas cher-
chés par son travail et par ses veilles. Il porte plus
haut ses projets, et agit pour une fin plus relevée :
il demande des hommes un plus grand et un plus
rare succès que les louanges, et même que les récompenses, qui est de les rendre meilleurs.

35. Les sots lisent un livre, et ne l'entendent
point ; les esprits médiocres croient l'entendre
parfaitement ; les grands esprits ne l'entendent
quelquefois pas tout entier ; ils trouvent obscur ce
qui est obscur, comme ils trouvent clair ce qui est
clair. Les beaux esprits veulent trouver obscur ce

qui ne l'est point, et ne pas entendre ce qui est
fort intelligible.

36. Un auteur cherche vainement à se faire admirer par son ouvrage. Les sots admirent quelquefois,
mais ce sont des sots. Les personnes d'esprit ont en
eux les semences de toutes les vérités et de tous les
sentiments; rien ne leur est nouveau; ils admirent
peu, ils approuvent.

37. Je ne sais si l'on pourra jamais mettre dans
des lettres plus d'esprit, plus de tour, plus d'a-
grément, et plus de style, que l'on en voit dans
celles de BALZAC et de VOITURE. Elles sont vides de
sentiments qui n'ont régné que depuis leur temps,
et qui doivent aux femmes leur naissance. Ce sexe
va plus loin que le nôtre dans ce genre d'écrire.
Elles trouvent sous leur plume des tours et des expressions qui souvent en nous ne sont l'effet que
d'un long travail et d'une pénible recherche : elles
sont heureuses dans le choix des termes, qu'elles
placent si juste, que, tout connus qu'ils sont, ils ont
le charme de la nouveauté, et semblent être faits
seulement pour l'usage où elles les mettent. Il
n'appartient qu'à elles de faire lire dans un seul
mot tout un sentiment, et de rendre délicatement
une pensée qui est délicate. Elles ont un enchaî-
nement de discours inimitable qui se suit naturellement, et qui n'est lié que par le sens. Si les femmes étoient toujours correctes, j'oserois dire que

les lettres de quelques-unes d'entre elles seroient peut-être ce que nous avons dans notre langue de mieux écrit [1].

38. Il n'a manqué à TÉRENCE que d'être moins froid : quelle pureté, quelle exactitude, quelle politesse, quelle élégance, quels caractères! Il n'a manqué à MOLIÈRE que d'éviter le jargon et le barbarisme, et d'écrire purement : quel feu, quelle naïveté, quelle source de la bonne plaisanterie, quelle imitation des mœurs, quelles images, et quel fléau du ridicule! Mais quel homme on auroit pu faire de ces deux comiques !

39. J'ai lu MALHERBE et THÉOPHILE [2]. Ils ont tous

---

[1] Tout ce passage sembleroit avoir été inspiré par la lecture des Lettres de Madame de Sévigné, et il en seroit le plus bel éloge. Le recueil n'en fut cependant publié que longtemps après la mort de La Bruyère : mais peut-être en avoit-il eu connoissance pendant qu'elles circuloient manuscrites. Au reste, madame de Sévigné n'étoit pas la seule femme de cette époque qui écrivît des lettres avec un abandon plein de grace, et une piquante originalité de style.

[2] Théophile Viaud, né à Clérac en 1590, mort à Paris en 1626. On a de lui des tragédies, des élégies, des odes, des sonnets, etc. Il est l'auteur de ces vers :

    Ah ! voici le poignard qui du sang de son maître
    S'est souillé lâchement ! Il en rougit, le traître !

cités par ROILEAU.

deux connu la nature, avec cette différence, que le premier, d'un style plein et uniforme, montre tout à la fois ce qu'elle a de plus beau et de plus noble, de plus naïf et de plus simple : il en fait la peinture ou l'histoire. L'autre, sans choix, sans exactitude, d'une plume libre et inégale, tantôt charge ses descriptions, s'appesantit sur les détails ; il fait une anatomie : tantôt il feint, il exagère, il passe le vrai dans la nature, il en fait le roman.

40. RONSARD et BALZAC ont eu chacun dans leur genre assez de bon et de mauvais pour former après eux de très-grands hommes en vers et en prose.

41. MAROT, par son tour et par son style, semble avoir écrit depuis Ronsard : il n'y a guère entre ce premier et nous que la différence de quelques mots.

42. RONSARD et les auteurs ses contemporains ont plus nui au style qu'ils ne lui ont servi. Ils l'ont retardé dans le chemin de la perfection ; ils l'ont exposé à la manquer pour toujours, et à n'y plus revenir. Il est étonnant que les ouvrages de MAROT, si naturels et si faciles, n'aient su faire de Ronsard, d'ailleurs plein de verve et d'enthousiasme, un plus grand poëte que Ronsard et que Marot ; et, au contraire, que Belleau, Jodelle, et Du Bartas, aient été sitôt suivis d'un RACAN et d'un MALHERBE ; et que notre langue, à peine corrompue, se soit vue réparée.

43. Marot et Rabelais sont inexcusables d'avoir semé l'ordure dans leurs écrits : tous deux avoient assez de génie et de naturel pour pouvoir s'en passer, même à l'égard de ceux qui cherchent moins à admirer qu'à rire dans un auteur. Rabelais surtout est incompréhensible. Son livre est une énigme, quoi qu'on veuille dire, inexplicable : c'est une chimère, c'est le visage d'une belle.femme avec des pieds et une queue de serpent, ou de quelque autre bête plus difforme : c'est un monstrueux assemblage d'une morale fine et ingénieuse.et d'une sale corruption. Où-il est mauvais, il passe bien loin au delà du pire, c'est le charme de la canaille : où il est bon, il va jusques à l'exquis et à l'excellent, il peut être le mets des plus délicats.

44. Deux écrivains[1] dans leurs ouvrages ont blâmé Montaigne[2], que je ne crois pas, aussi bien qu'eux, exempt de toute sorte de blâme : il paroît que tous deux ne l'ont estimé en nulle manière. L'un ne pensoit pas assez pour goûter un auteur qui pense beaucoup ; l'autre pense trop subtilement

---

[1] Nicole et le P. Malebranche. Le premier est celui qui *ne pense pas assez*, et le second celui qui *pense trop subtilement*.

[2] La Bruyère et ses contemporains écrivoient et prononçoient *Montagne* ; cependant l'auteur des Essais signoit *Montaigne*.

pour s'accommoder des pensées qui sont naturelles.

45. Un style grave, sérieux, scrupuleux, va fort loin : on lit Amyot et Coeffeteau [1] : lequel lit-on de leurs contemporains? Balzac, pour les termes et pour l'expression, est moins vieux que Voiture : mais si ce dernier, pour le tour, pour l'esprit, et pour le naturel, n'est pas moderne, et ne ressemble en rien à nos écrivains, c'est qu'il leur a été plus facile de le négliger que de l'imiter; et que le petit nombre de ceux qui courent après lui ne peut l'atteindre.

46. Le H** G** [2] est immédiatement au-dessous de rien. Il y a bien d'autres ouvrages qui lui ressemblent. Il y a autant d'invention à s'enrichir par

---

[1] Coëffeteau (*Nicolas*), évêque de Marseille, né à Saint-Calais (Sarthe) en 1574, mort à Paris le 21 avril 1623.

[2] *Le Mercure galant,* journal revue mensuelle fondée par Donneau de Visé. C'est par ces initiales H** G**, dont la première est fausse, que ce recueil est désigné dans les éditions des *Caractères* faites du vivant de La Bruyère, les 6e et 7e exceptées, où l'on trouve les initiales M** G**, qui ont de nouveau été remplacées par H** G** dans les éditions 8e et 9e. Dans la Préface de son *Discours de réception à l'Académie françoise,* La Bruyère dit qu'il a poussé le soin d'éviter les applications directes jusqu'à employer quelquefois *des lettres initiales qui n'ont qu'une signification vaine et incertaine.* Malgré cette déclaration, de Visé ne s'y trompa pas, il reconnut que l'initiale H** devait se lire *Hermès,* qui est le nom grec de *Mercure.*

un sot livre, qu'il y a de sottise à l'acheter : c'est
ignorer le goût du peuple que de ne pas hasarder
quelquefois de grandes fadaises.

47. L'on voit bien que l'*Opéra* est l'ébauche d'un
grand spectacle : il en donne l'idée.

Je ne sais pas comment l'*Opéra*, avec une musique si parfaite et une dépense toute royale, a pu
réussir à m'ennuyer.

Il y a des endroits dans l'*Opéra* qui laissent en
desirer d'autres. Il échappe quelquefois de souhaiter la fin de tout le spectacle : c'est faute de
théâtre, d'action, et de choses qui intéressent.

L'*Opéra* jusques à ce jour n'est pas un poëme,
ce sont des vers; ni un spectacle, depuis que les
machines ont disparu par le bon ménage d'*Am-
phion* et de sa race [1] : c'est un concert, ou ce sont
des voix soutenues par des instruments. C'est
prendre le change, et cultiver un mauvais goût,
que de dire, comme l'on fait, que la machine n'est
qu'un amusement d'enfants, et qui ne convient
qu'aux Marionnettes [2] : elle augmente et embellit

---

[1] Lulli, et son école, sa famille.

[2] Il s'agit ici du théâtre fondé par Pierre Datelin, dit
Brioché, mort à Paris le 25 septembre 1671, à l'âge de
cent cinq ans. — M. Jal, dans son *Dictionnaire critique
de biographie et d'histoire* (au mot DATELIN), a donné
d'intéressants détails sur la famille des Brioché et sur le
théâtre des *Marionnettes*.

la fiction. soutient dans les spectateurs cette douce
illusion qui est tout le plaisir du théâtre, où elle
jette encore le merveilleux. Il ne faut point de vols,
ni de chars, ni de changements, aux *Bérénices* [1] et
à *Pénélope* [2]; il en faut aux *Opéras*, et le propre de
ce spectacle est de tenir les esprits, les yeux et les
oreilles, dans un égal enchantement.

48. Ils ont fait le théâtre, ces empressés, les machines, les ballets, les vers, la musique, tout le
spectacle; jusqu'à la salle où s'est donné le spectacle, j'entends le toit et les quatre murs dès leurs
fondements : qui doute que la chasse sur l'eau [3],
l'enchantement de la Table [4], la merveille [5] du
Labyrinthe, ne soient encore de leur invention?
J'en juge par le mouvement qu'ils se donnent, et
par l'air content dont ils s'applaudissent sur tout
le succès. Si je me trompe, et qu'ils n'aient con-
tribué en rien à cette fête si superbe, si galante, si

---

[1] La Bérénice de Corneille, et celle de Racine, représentées en 1670.

[2] La Pénélope de l'abbé Genest, représentée en 1684.

[3] Le dimanche 28 août 1688.

[4] Rendez-vous de chasse de la forêt de Chantilly. (*Note
de La Bruyère.*)

[5] Collation très-ingénieuse donnée dans le Labyrinthe
de Chantilly. (*Note de La Bruyère.*) Elle eut lieu le
29 août 1688.

longtemps soutenue, et où un seul a suffi pour le
projet et pour la dépense, j'admire deux choses, la
tranquillité et le flegme de celui qui a tout remué,
comme l'embarras et l'action de ceux qui n'ont rien
fait.

49. Les connoisseurs, ou ceux qui se croient tels,
se donnent voix délibérative et décisive sur les
spectacles, se cantonnent aussi, et se divisent en
des partis contraires, dont chacun, poussé par un
tout autre intérêt que par celui du public ou de
l'équité, admire un certain poëme ou une certaine
musique, et siffle toute autre. Ils nuisent également
ment, par cette chaleur à défendre leurs préventions,
et à la faction opposée, et à leur propre cabale :
ils découragent par mille contradictions les poètes
et les musiciens, retardent le progrès des sciences
et des arts, en leur ôtant le fruit qu'ils pourroient
tirer de l'émulation et de la liberté qu'auroient
plusieurs excellents maîtres de faire chacun dans
leur genre, et selon leur génie, de très-beaux ouvrages.

50. D'où vient que l'on rit si librement au théâtre,
et que l'on a honte d'y pleurer? Est-il moins dans
la nature de s'attendrir sur le pitoyable que d'éclater
sur le ridicule? Est-ce l'altération des traits qui nous
retient? Elle est plus grande dans un ris immodéré
que dans la plus amère douleur; et l'on détourne
son visage pour rire comme pour pleurer en la

présence des grands, et de tous ceux que l'on respecte. Est-ce une peine que l'on sent à laisser voir
que l'on est tendre, et à marquer quelque foiblesse,
surtout en un sujet faux, et dont il semble que l'on
soit la dupe? Mais sans citer les personnes graves
ou les esprits forts qui trouvent du foible dans un
ris excessif comme dans les pleurs, et qui se les défendent également, qu'attend-on d'une scène tragique? qu'elle fasse rire? Et d'ailleurs la vérité n'y
règne-t-elle pas aussi vivement par ses images que
dans le comique? l'ame ne va-t-elle pas jusqu'au
vrai dans l'un et l'autre genre avant que de s'é-
mouvoir? est-elle même si aisée à contenter? ne lui
faut-il pas encore le vraisemblable? Comme donc
ce n'est point une chose bizarre d'entendre s'élever
de tout un amphithéâtre un ris universel sur quelque endroit d'une comédie, et que cela suppose
au contraire qu'il est plaisant et très-naïvement
exécuté; aussi l'extrême violence que chacun se fait
à contraindre ses larmes, et le mauvais ris dont on
veut les couvrir, prouvent clairement que l'effet naturel du grand tragique seroit de pleurer tout fran-
chement et de concert à la vue l'un de l'autre, et
sans autre embarras que d'essuyer ses larmes :
outre qu'après être convenu de s'y abandonner,
on éprouveroit encore qu'il y a souvent moins lieu
de craindre de pleurer au théâtre que de s'y morfondre.

51. Le poëme tragique vous serre le cœur dès son commencement, vous laisse à peine dans tout son progrès la liberté de respirer et le temps de vous remettre; ou, s'il vous donne quelque relâche, c'est pour vous replonger dans de nouveaux abîmes et dans de nouvelles alarmes. Il vous conduit à la terreur par la pitié, ou réciproquement à la pitié par le terrible; vous mène par les larmes, par les sanglots, par l'incertitude, par l'espérance, par la crainte, par les surprises, et par l'horreur, jusqu'à la catastrophe. Ce n'est donc pas un tissu de jolis sentiments, de déclarations tendres, d'entretiens galants, de portraits agréables, de mots *doucereux*, ou quelquefois assez plaisants pour faire rire, suivi à la vérité d'une dernière scène où les mutins n'entendent aucune raison[1], et où, pour la bien-séance, il y a enfin du sang répandu, et quelque malheureux à qui il en coûte la vie.

52. Ce n'est point assez que les mœurs du théâtre ne soient point mauvaises, il faut encore qu'elles soient décentes et instructives. Il peut y avoir un ridicule si bas, si grossier, ou même si fade et si indifférent, qu'il n'est ni permis au poëte d'y faire attention, ni possible aux spectateurs de s'en divertir. Le paysan ou l'ivrogne fournit quelques scènes à un

---

[1] Sédition, dénoûment vulgaire des tragédies. (*Note de La Bruyère.*)

farceur; il n'entre qu'à peine dans le vrai comique :
comment pourroit-il faire le fond ou l'action principale de la comédie? « Ces caractères, dit-on, sont
naturels. » Ainsi par cette règle on occupera bientôt
tout l'amphithéâtre d'un laquais qui siffle, d'un
malade dans sa garde-robe, d'un homme ivre qui
dort ou qui vomit : y a-t-il rien de plus naturel?
C'est le propre d'un efféminé de se lever tard, de
passer une partie du jour à sa toilette, de se voir
au miroir, de se parfumer, de se mettre des mouches, de recevoir des billets et d'y faire réponse.
Mettez ce rôle sur la scène : plus longtemps vous
le ferez durer, un acte, deux actes, plus il sera naturel et conforme à son original; mais plus aussi il
sera froid et insipide [1].

53. Il semble que le roman et la comédie pourroient être aussi utiles qu'ils sont nuisibles : l'on y
voit de si grands exemples de constance, de vertu,
de tendresse et de désintéressement, de si beaux et
de si parfaits caractères, que quand une jeune
personne jette de là sa vue sur tout ce qui l'entoure,
ne trouvant que des sujets indignes et fort au-dessous de ce qu'elle vient d'admirer, je m'étonne
qu'elle soit capable pour eux de la moindre foiblesse.

---

[1] On ne peut douter que La Bruyère n'ait eu en vue ici
l'HOMME A BONNES FORTUNES, comédie de Baron.

54. CORNEILLE ne peut être égalé dans les endroits où il excelle, il a pour lors un caractère original et inimitable : mais il est inégal. Ses premières comédies sont sèches, languissantes, et ne laissoient pas espérer qu'il dût ensuite aller si loin ; comme ses dernières font qu'on s'étonne qu'il ait pu tomber de si haut. Dans quelques-unes de ses meilleures pièces il y a des fautes inexcusables contre les mœurs ; un style de déclamateur qui arrête l'action et la fait languir ; des négligences dans les vers et dans l'expression, qu'on ne peut comprendre en un si grand homme. Ce qu'il y a eu en lui de plus éminent, c'est l'esprit, qu'il avoit sublime, auquel il a été redevable de certains vers les plus heureux qu'on ait jamais lus ailleurs ; de la conduite de son théâtre, qu'il a quelquefois hasardée contre les règles des anciens, et enfin de ses dénoûments ; car il ne s'est pas toujours assujetti au goût des Grecs et à leur grande simplicité : il a aimé au contraire à charger la scène d'événements dont il est presque toujours sorti avec succès : admirable surtout par l'extrême variété et le peu de rapport qui se trouve pour le dessein entre un si grand nombre de poèmes qu'il a composés. Il semble qu'il y ait plus de ressemblance dans ceux de RACINE, et qui tendent un peu plus à une même chose ; mais il est égal, soutenu, toujours le même partout, soit pour le dessein et la conduite de ses pièces, qui sont justes,

régulières, prises dans le bon sens et dans la nature,
soit pour la versification, qui est correcte, riche
dans ses rimes, élégante, nombreuse, harmonieuse :
exact imitateur des anciens, dont il a suivi scrupu-
leusement la netteté et la simplicité de l'action; à
qui le grand et le merveilleux n'ont pas même
manqué, ainsi qu'à Corneille ni le touchant ni le
pathétique. Quelle plus grande tendresse que celle
qui est répandue dans tout *le Cid*, dans *Polyeucte*,
et dans *les Horaces ?* Quelle grandeur ne se remarque point en Mithridate, en Porus et en Burrhus ?
Ces passions encore favorites des anciens, que les
tragiques aimoient à exciter sur les théâtres, et qu'on
nomme la terreur et la pitié, ont été connues de ces
deux poëtes. Oreste, dans l'*Andromaque* de Racine,
et *Phèdre* du même auteur, comme l'*OEdipe* et *les
Horaces* de Corneille, en sont la preuve. Si cependant il est permis de faire entre eux quelque comparaison, et de les marquer l'un et l'autre par ce
qu'ils ont eu de plus propre, et par ce qui éclate le
plus ordinairement dans leurs ouvrages, peut-être
qu'on pourroit parler ainsi : « Corneille nous assu-
jettit à ses caractères et à ses idées, Racine se conforme aux nôtres : celui-là peint les hommes comme
ils devroient être, celui-ci les peint tels qu'ils sont.
Il y a plus dans le premier de ce que l'on admire,
et de ce que l'on doit même imiter; il y a plus dans
le second de ce que l'on reconnoît dans les autres,

ou de ce que l'on éprouve dans soi-même. L'un
élève, étonne, maîtrise, instruit; l'autre plaît,
remue, touche, pénètre. Ce qu'il y a de plus beau,
de plus noble, et de plus impérieux dans la raison,
est manié par le premier; et par l'autre, ce qu'il
y a de plus flatteur et de plus délicat dans la passion.
Ce sont dans celui-là des maximes, des règles, et
des préceptes; et dans celui-ci du goût et des sentiments. L'on est plus occupé aux pièces de Corneille; l'on est plus ébranlé et plus attendri à celles
de Racine. Corneille est plus moral; Racine, plus
naturel. Il semble que l'un imite SOPHOCLE, et que
l'autre doit plus à EURIPIDE. »

55. Le peuple appelle éloquence la facilité que
quelques-uns ont de parler seuls et longtemps,
jointe à l'emportement du geste, à l'éclat de la
voix, et à la force des poumons. Les pédants ne
l'admettent aussi que dans le discours oratoire, et
ne la distinguent pas de l'entassement des figures,
de l'usage des grands mots, et de la rondeur des
périodes.

Il semble que la logique est l'art de convaincre
de quelque vérité; et l'éloquence un don de l'ame,
lequel nous rend maîtres du cœur et de l'esprit des
autres; qui fait que nous leur inspirons ou que nous
leur persuadons tout ce qui nous plaît.

L'éloquence peut se trouver dans les entretiens
et dans tout genre d'écrire. Elle est rarement où

on la cherche, et elle est quelquefois où on ne la
cherche point.

L'éloquence est au sublime ce que le tout est à
sa partie.

Qu'est-ce que le sublime? Il ne paroît pas qu'on
l'ait défini. Est-ce une figure? Naît-il des figures, ou
du moins de quelques figures? Tout genre d'écrire
reçoit-il le sublime, ou s'il n'y a que les grands
sujets qui en soient capables? Peut-il briller autre
chose dans l'églogue qu'un beau naturel, et dans
les lettres familières comme dans les conversations
qu'une grande délicatesse? ou plutôt le naturel et le
délicat ne sont-ils pas le sublime des ouvrages dont
ils font la perfection? Qu'est-ce que le sublime?
Où entre le sublime?

Les synonymes sont plusieurs dictions ou plusieurs phrases différentes qui signifient une même
chose. L'antithèse est une opposition de deux
vérités qui se donnent du jour l'une à l'autre. La
métaphore ou la comparaison emprunte d'une chose
étrangère une image sensible et naturelle d'une
vérité. L'hyperbole exprime au delà de la vérité
pour ramener l'esprit à la mieux connoître. Le sublime ne peint que la vérité, mais en un sujet noble;
il la peint toute entière, dans sa cause et dans son
effet; il est l'expression ou l'image la plus digne
de cette vérité. Les esprits médiocres ne trouvent
point l'unique expression, et usent de synonymes.

Les jeunes gens sont éblouis de l'éclat de l'antithèse, et s'en servent. Les esprits justes, et qui aiment à faire des images qui soient précises, donnent naturellement dans la comparaison et la métaphore. Les esprits vifs, pleins de feu, et qu'une vaste imagination emporte hors des règles et de la justesse, ne peuvent s'assouvir de l'hyperbole. Pour le sublime, il n'y a même entre les grands génies que les plus élevés qui en soient capables.

56. Tout écrivain, pour écrire nettement, doit se mettre à la place de ses lecteurs, examiner son propre ouvrage comme quelque chose qui lui est nouveau, qu'il lit pour la première fois, où il n'a nulle part, et que l'auteur auroit soumis à sa critique; et se persuader ensuite qu'on n'est pas entendu seulement à cause que l'on s'entend soi-même, mais parce qu'on est en effet intelligible.

57. L'on n'écrit que pour être entendu; mais il faut du moins en écrivant faire entendre de belles choses. L'on doit avoir une diction pure, et user de termes qui soient propres, il est vrai; mais il faut que ces termes si propres expriment des pensées nobles, vives, solides, et qui renferment un très-beau sens. C'est faire de la pureté et de la clarté du discours un mauvais usage que de les faire servir à une matière aride, infructueuse, qui est sans sel, sans utilité, sans nouveauté. Que sert aux lecteurs de comprendre aisément et sans peine des

choses frivoles et puériles, quelquefois fades et communes, et d'être moins incertains de la pensée d'un auteur qu'ennuyés de son ouvrage?

Si l'on jette quelque profondeur dans certains écrits; si l'on affecte une finesse de tour, et quelquefois une trop grande délicatesse, ce n'est que par la bonne opinion qu'on a de ses lecteurs.

58. L'on a cette incommodité [1] à essuyer dans la lecture des livres faits par des gens de parti et de cabale, que l'on n'y voit pas toujours la vérité. Les faits y sont déguisés, les raisons réciproques n'y sont point rapportées dans toute leur force, ni avec une entière exactitude; et, ce qui use la plus longue patience, il faut lire un grand nombre de termes durs et injurieux que se disent des hommes graves, qui, d'un point de doctrine ou d'un fait contesté, se font une querelle personnelle. Ces ouvrages ont cela de particulier, qu'ils ne méritent ni le cours prodigieux qu'ils ont pendant un certain temps, ni le profond oubli où ils tombent lorsque, le feu et la division venant à s'éteindre, ils deviennent des almanachs de l'autre année.

59. La gloire ou le mérite de certains hommes est

---

[1] On ne sait si La Bruyère a voulu désigner les jésuites et les jansénistes; mais on peut en dire autant de tous les livres écrits dans quelque temps que ce soit par des gens de partis opposés. — Cette note, dont nous ignorons l'auteur, nous a paru bonne à conserver.

de bien écrire; et de quelques autres, c'est de n'écrire point.

60. L'on écrit régulièrement depuis vingt années : l'on est esclave de la construction : l'on a enrichi la langue de nouveaux mots, secoué le joug du latinisme, et réduit le style à la phrase purement françoise : l'on a presque retrouvé le nombre que MALHERBE et BALZAC avoient les premiers rencontré, et que tant d'auteurs depuis eux ont laissé perdre. L'on a mis enfin dans le discours tout l'ordre et toute la netteté dont il est capable : cela conduit insensiblement à y mettre de l'esprit.

61. Il y a des artisans ou des habiles dont l'esprit est aussi vaste que l'art et la science qu'ils professent : ils lui rendent avec avantage, par le génie et par l'invention, ce qu'ils tiennent d'elle et de ses principes : ils sortent de l'art pour l'ennoblir, s'écartent des règles, si elles ne les conduisent pas au grand et au sublime : ils marchent seuls et sans compagnie, mais ils vont fort haut et pénètrent fort loin, toujours sûrs et confirmés par le succès des avantages que l'on tire quelquefois de l'irrégularité. Les esprits justes, doux, modérés, non-seulement ne les atteignent pas, ne les admirent pas, mais ils ne les comprennent point, et voudroient encore moins les imiter. Ils demeurent tranquilles dans l'étendue de leur sphère, vont jusques à un certain point qui fait les bornes de leur capacité et de leurs

lumières; ils ne vont pas plus loin, parce qu'ils ne voient rien au delà. Ils ne peuvent au plus qu'être les premiers d'une seconde classe, et exceller dans le médiocre.

62. Il y a des esprits, si je l'ose dire, inférieurs et subalternes, qui ne semblent faits que pour être le recueil, le registre, ou le magasin de toutes les productions des autres génies. Ils sont plagiaires, traducteurs, compilateurs : ils ne pensent point, ils disent ce que les auteurs ont pensé; et comme le choix des pensées est invention, ils l'ont mauvais, peu juste, et qui les détermine plutôt à rapporter beaucoup de choses, que d'excellentes choses : ils n'ont rien d'original et qui soit à eux : ils ne savent que ce qu'ils ont appris; et ils n'apprennent que ce que tout le monde veut bien ignorer, une science vaine, aride, dénuée d'agrément et d'utilité, qui ne tombe point dans la conversation, qui est hors du commerce, semblable à une monnoie qui n'a point de cours. On est tout à la fois étonné de leur lecture et ennuyé de leur entretien ou de leurs ouvrages. Ce sont ceux que les grands et le vulgaire confondent avec les savants, et que les sages renvoient au pédantisme.

63. La critique souvent n'est pas une science : c'est un métier où il faut plus de santé que d'esprit, plus de travail que de capacité, plus d'habitude que de génie. Si elle vient d'un homme qui ait

moins de discernement que de lecture, et qu'elle
s'exerce sur de certains chapitres, elle corrompt et
les lecteurs et l'écrivain.

64. Je conseille à un auteur né copiste, et qui a
l'extrême modestie de travailler d'après quelqu'un,
de ne se choisir pour exemplaires que ces sortes
d'ouvrages où il entre de l'esprit, de l'imagination,
ou même de l'érudition : s'il n'atteint pas ses originaux, du moins il en approche, et il se fait lire.
Il doit au contraire éviter comme un écueil de
vouloir imiter ceux qui écrivent par humeur, que
le cœur fait parler, à qui il inspire les termes et les
figures, et qui tirent, pour ainsi dire, de leurs entrailles tout ce qu'ils expriment sur le papier :
dangereux modèles et tout propres à faire tomber
dans le froid, dans le bas, et dans le ridicule, ceux
qui s'ingèrent de les suivre. En effet, je rirois
d'un homme qui voudroit sérieusement parler mon
ton de voix, ou me ressembler de visage.

65. Un homme né chrétien et François se trouve
contraint dans la satire : les grands sujets lui
sont défendus; il les entame quelquefois, et se
détourne ensuite sur de petites choses, qu'il relève
par la beauté de son génie et de son style.

66. Il faut éviter le style vain et puéril, de peur
de ressembler à *Dorilas* et *Handburg*[1]. L'on peut

---

[1] On prétend que, par le nom de *Dorilas*, La Bruyère

au contraire en une sorte d'écrits hasarder de certaines expressions, user de termes transposés et qui peignent vivement, et plaindre ceux qui ne sentent pas le plaisir qu'il y a à s'en servir ou à les entendre.

67. Celui qui n'a égard en écrivant qu'au goût de son siècle, songe plus à sa personne qu'à ses écrits. Il faut toujours tendre à la perfection; et alors cette justice qui nous‑est quelquefois refusée par nos contemporains, la postérité sait nous la rendre.

68. Il ne faut point mettre un ridicule où il n'y en a point : c'est se gâter le goût, c'est corrompre son jugement et celui des autres. Mais le ridicule qui est quelque part, il faut l'y voir, l'en tirer avec grace, et d'une manière qui plaise et qui instruise.

69. HORACE, ou DESPRÉAUX, l'a dit avant vous. Je le crois sur votre parole, mais je l'ai dit comme mien. Ne puis-je pas penser après eux une chose vraie, et que d'autres encore penseront après moi?

désigne Varillas, historien assez agréable, mais fort inexact. Quant au nom de *Handburg*, il n'y a pas la moindre incertitude : il est la parodie exacte de Maimbourg ; *hand* voulant dire *main* en allemand et en anglois. Madame de Sévigné a dit du P. Maimbourg, qu'*il a ramassé le délicat des mauvaises ruelles.* Ce jugement s'accorde fort bien avec celui de La Bruyère.

CHAPITRE II.

DU MÉRITE PERSONNEL.

1. Qui peut avec les plus rares talents, et le plus excellent mérite, n'être pas convaincu de son inutilité, quand il considère qu'il laisse, en mourant, un monde qui ne se sent pas de sa perte, et où tant de gens se trouvent pour le remplacer?

2. De bien des gens il n'y a que le nom qui vale[1] quelque chose. Quand vous les voyez de fort près, c'est moins que rien : de loin, ils imposent.

3. Tout persuadé que je suis que ceux que l'on choisit pour de différents emplois, chacun selon son génie et sa profession, font bien, je me hasarde de dire qu'il se peut faire qu'il y ait au monde plusieurs personnes connues ou inconnues, que l'on n'emploie pas, qui feroient très-bien; et je suis induit à ce sentiment par le merveilleux succès de certaines gens que le hasard seul a placés, et de qui jusques alors on n'avoit pas attendu de fort grandes choses.

4. Combien d'hommes admirables, et qui avoient de très-beaux génies, sont morts sans qu'on en ait

---

[1] *Vale*, pour *vaille*, dans les neuf éditions originales.

parlé! Combien vivent encore dont on ne parle
point, et dont on ne parlera jamais!

Quelle horrible peine à un homme qui est sans
prôneurs et sans cabale, qui n'est engagé dans aucun corps, mais qui est seul, et qui n'a que beaucoup de mérite pour toute recommandation, de se
faire jour à travers l'obscurité où il se trouve, et
de venir au niveau d'un fat qui est en crédit!

5. Personne presque ne s'avise de lui-même du
mérite d'un autre.

Les hommes sont trop occupés d'eux-mêmes pour
avoir le loisir de pénétrer ou de discerner les autres :
de là vient qu'avec un grand mérite et une plus
grande modestie l'on peut être longtemps ignoré.

6. Le génie et les grands talents manquent souvent, quelquefois aussi les seules occasions : tels
peuvent être loués de ce qu'ils ont fait, et tels de
ce qu'ils auroient fait.

7. Il est moins rare de trouver de l'esprit que
des gens qui se servent du leur, ou qui fassent valoir
celui des autres, et le mettent à quelque usage.

_ 8. Il y a plus d'outils que d'ouvriers, et de ces
derniers plus de mauvais que d'excellents : que
pensez-vous de celui qui veut scier avec un rabot,
et qui prend sa scie pour raboter?

9. Il n'y a point au monde un si pénible métier
que celui de se faire un grand nom : la vie s'achève
que l'on a à peine ébauché son ouvrage.

10. Que faire d'*Égésippe* qui demande un emploi? Le mettra-t-on dans les finances, ou dans les troupes? Cela est indifférent, et il faut que ce soit l'intérêt seul qui en décide ; car il est aussi capable de manier de l'argent, ou de dresser des comptes, que de porter les armes. « Il est propre à tout, » disent ses amis; ce qui signifie toujours qu'il n'a pas plus de talent pour une chose que pour une autre, ou, en d'autres termes, qu'il n'est propre à rien. Ainsi la plupart des hommes, occupés d'eux seuls dans leur jeunesse, corrompus par la paresse ou par le plaisir, croient faussement dans un âge plus avancé qu'il leur suffit d'être inutiles ou dans l'indigence, afin que la république soit engagée à les placer ou à les secourir; et ils profitent rarement de cette leçon très-importante, que les hommes devroient employer les premières années de leur vie à devenir tels par leurs études et par leur travail, que la république elle-même eût besoin de leur industrie et de leurs lumières; qu'ils fussent comme une pièce nécessaire à tout son édifice, et qu'elle se trouvât portée par ses propres avantages à faire leur fortune ou à l'embellir.

Nous devons travailler à nous rendre très-dignes de quelque emploi : le reste ne nous regarde point, c'est l'affaire des autres.

11. Se faire valoir par des choses qui ne dépendent point des autres, mais de soi seul, ou renoncer

à se faire valoir : maxime inestimable et d'une
ressource infinie dans la pratique, utile aux foibles,
aux vertueux, à ceux qui ont de l'esprit, qu'elle
rend maîtres de leur fortune ou de leur repos : per-
nicieuse pour les grands; qui diminueroit leur
cour, ou plutôt le nombre de leurs esclaves; qui
feroit tomber leur morgue avec une partie de leur
autorité, et les réduiroit presque à leurs entremets
et à leurs équipages; qui les priveroit du plaisir
qu'ils sentent à se faire prier, presser, solliciter, à
faire attendre ou à refuser, à promettre et à ne pas
donner; qui les traverseroit dans le goût qu'ils ont
quelquefois à mettre les sots en vue, et à anéantir
le mérite quand il leur arrive de le discerner; qui
banniroit des cours les brigues, les cabales, les mauvais offices, la bassesse, la flatterie, la fourberie; qui
feroit d'une cour orageuse, pleine de mouvements
et d'intrigues, comme une pièce comique ou même
tragique, dont les sages ne seroient que les spectateurs; qui remettroit de la dignité dans les différentes
conditions des hommes, et de la sérénité sur leur visage; qui étendroit leur liberté; qui réveilleroit en
eux, avec les talents naturels, l'habitude du travail
et de l'exercice; qui les exciteroit à l'émulation, au
desir de la gloire, à l'amour de la vertu; qui, au lieu
de courtisans vils, inquiets, inutiles, souvent onéreux
à la république, en feroit ou de sages économes ou
d'excellents pères de famille, ou des juges intègres ou

de grands capitaines, ou des orateurs, ou des philosophes; et qui ne leur attireroit à tous nul autre inconvénient que celui peut-être de laisser à leurs héritiers moins de trésors que de bons exemples.

12. Il faut en France beaucoup de fermeté et une grande étendue d'esprit pour se passer des charges et des emplois, et consentir ainsi à demeurer chez soi, et à ne rien faire. Personne presque n'a assez de mérite pour jouer ce rôle avec dignité, ni assez de fonds pour remplir le vide du temps, sans ce que le vulgaire appelle des affaires. Il ne manque cependant à l'oisiveté du sage qu'un meilleur nom; et que méditer, parler, lire, et être tranquille, s'appelât travailler.

13. Un homme de mérite, et qui est en place, n'est jamais incommodé par sa vanité; il s'étourdit moins du poste qu'il occupe qu'il n'est humilié par un plus grand qu'il ne remplit pas, et dont il se croit digne : plus capable d'inquiétude que de fierté ou de mépris pour les autres, il ne pense qu'à soi-même.

14. Il coûte à un homme de mérite de faire assidument sa cour, mais par une raison bien opposée à celle que l'on pourroit croire. Il n'est point tel sans une grande modestie, qui l'éloigne de penser qu'il fasse le moindre plaisir aux princes s'il se trouve sur leur passage, se poste devant leurs yeux, et leur montre son visage : il est plus proche de se persua-

der qu'il les importune; et il a besoin de toutes
les raisons tirées de l'usage et de son devoir pour
se résoudre à se montrer. Celui au contraire qui a
bonne opinion de soi, et que le vulgaire appelle
un glorieux, a du goût à se faire voir; et il fait sa
cour avec d'autant plus de confiance qu'il est incapable de s'imaginer que les grands dont il est vu
pensent autrement de sa personne qu'il fait lui-
même.

15. Un honnête homme se paye par ses mains
de l'application qu'il a à son devoir par le plaisir
qu'il sent à le faire, et se désintéresse sur les éloges,
l'estime, et la reconnoissance, qui lui manquent
quelquefois.

16. Si j'osois faire une comparaison entre deux
conditions tout à fait inégales, je dirois qu'un homme
de cœur pense à remplir ses devoirs à peu près
comme le couvreur pense à couvrir : ni l'un ni
l'autre ne cherchent à exposer leur vie, ni ne sont
détournés par le péril; la mort pour eux est un inconvénient dans le métier, et jamais un obstacle.
Le premier aussi n'est guère plus vain d'avoir paru
à la tranchée, emporté un ouvrage, ou forcé un re-
tranchement, que celui-ci d'avoir monté sur de
hauts combles, ou sur la pointe d'un clocher. Ils ne
sont tous deux appliqués qu'à bien faire, pendant que
le fanfaron travaille à ce qu'on dise de lui qu'il a
bien fait.

17. La modestie est au mérite ce que les ombres sont aux figures dans un tableau : elle lui donne de la force et du relief.

Un extérieur simple est l'habit des hommes vulgaires; il est taillé pour eux et sur leur mesure : mais c'est une parure pour ceux qui ont rempli leur vie de grandes actions; je les compare à une beauté négligée, mais plus piquante.

Certains hommes, contents d'eux-mêmes, de quelque action ou de quelque ouvrage qui ne leur a pas mal réussi, et ayant ouï dire que la modestie sied bien aux grands hommes, osent être modestes, contrefont les simples et les naturels; semblables à ces gens d'une taille médiocre qui se baissent aux portes, de peur de se heurter.

18. Votre fils est bègue; ne le faites pas monter sur la tribune. Votre fille est née pour le monde; ne l'enfermez pas parmi les vestales. *Xanthus,* votre affranchi, est foible et timide; ne différez pas, retirez-le des légions et de la milice. « Je veux l'avancer, » dites-vous : comblez-le de biens, surchargez-le de terres, de titres, et de possessions; servez-vous du temps; nous vivons dans un siècle où elles lui feront plus d'honneur que la vertu. « Il m'en coûteroit trop, » ajoutez-vous. Parlez-vous sérieusement, *Crassus?* Songez-vous que c'est une goutte d'eau que vous puisez du Tibre pour enrichir Xanthus que vous aimez, et pour prévenir

les honteuses suites d'un engagement où il n'est pas propre?

19. Il ne faut regarder dans ses amis que la seule vertu qui nous attache à eux, sans aucun examen de leur bonne ou de leur mauvaise fortune; et, quand on se sent capable de les suivre dans leur disgrace, il faut les cultiver hardiment et avec confiance jusque dans leur plus grande prospérité.

20. S'il est ordinaire d'être vivement touché des choses rares, pourquoi le sommes-nous si peu de la vertu?

21. S'il est heureux d'avoir de la naissance, il ne l'est pas moins d'être tel qu'on ne s'informe plus si vous en avez.

22. Il apparoît de temps en temps sur la face de la terre des hommes rares, exquis, qui brillent par leur vertu, et dont les qualités éminentes jettent un éclat prodigieux. Semblables à ces étoiles extraordinaires dont on ignore les causes, et dont on sait encore moins ce qu'elles deviennent après avoir disparu, ils n'ont ni aïeuls ni descendants; ils composent seuls toute leur race.

23. Le bon esprit nous découvre notre devoir, notre engagement à le faire; et, s'il y a du péril, avec péril : il inspire le courage, ou il y supplée.

24. Quand on excelle dans son art, et qu'on lui donne toute la perfection dont il est capable, l'on en sort en quelque manière; et l'on s'égale à ce

qu'il y a de plus noble et de plus relevé. V** [1] est
un peintre, C** [2] un musicien, et l'auteur de *Py-
rame* [3] est un poëte : mais MIGNARD est MIGNARD,
LULLI est LULLI, et CORNEILLE est CORNEILLE.

25. Un homme libre, et qui n'a point de femme,
s'il a quelque esprit, peut s'élever au-dessus de sa
fortune, se mêler dans le monde, et aller de pair
avec les plus honnêtes gens : cela est moins facile
à celui qui est engagé; il semble que le mariage met
tout le monde dans son ordre.

26. Après le mérite personnel, il faut l'avouer,
ce sont les éminentes dignités et les grands titres
dont les hommes tirent plus de distinction et plus
d'éclat : et qui ne sait être un ÉRASME doit penser
à être évêque. Quelques-uns, pour étendre leur
renommée, entassent sur leurs personnes des pairies,
des colliers d'ordre, des primaties, la pourpre; et
ils auroient besoin d'une tiare : mais quel besoin a
Trophime [4] d'être cardinal?

27. L'or éclate, dites-vous, sur les habits de *Phi-*

---

[1] Vignon.

[2] Colasse.

[3] Pradon.

[4] Les éditions publiées par La Bruyère lui-même portent *Trophime*. Les éditeurs qui sont venus ensuite ont
mis *Bénigne*, pour mieux désigner Bossuet, qu'apparemment La Bruyère avoit en vue.

lémon : il éclate de même chez les marchands. Il
est habillé des plus belles étoffes : le sont-elles
moins toutes déployées dans les boutiques, et à la
pièce? Mais la broderie et les ornements y ajoutent
encore la magnificence : je loue donc le travail de
l'ouvrier. Si on lui demande quelle heure il est, il
tire une montre qui est un chef-d'œuvre : la garde
de son épée est un onyx[1]; il a au doigt un gros dia-
mant qu'il fait briller aux yeux, et qui est parfait :
il ne lui manque aucune de ces curieuses bagatelles
que l'on porte sur soi autant pour la vanité que
pour l'usage, et il ne se plaint non plus toute sorte
de parure qu'un jeune homme qui a épousé une
riche vieille. — Vous m'inspirez enfin de la curiosité; il faut voir du moins des choses si précieuses:
envoyez-moi cet habit et ces bijoux de Philémon;
je vous quitte de la personne.

Tu te trompes, Philémon, si avec ce carrosse
brillant, ce grand nombre de coquins qui te suivent,
et ces six bêtes qui te traînent, tu penses que l'on
t'en estime davantage. L'on écarte tout cet attirail,
qui t'est étranger, pour pénétrer jusques à toi, qui
n'es qu'un fat.

Ce n'est pas qu'il faut quelquefois pardonner à
celui qui, avec un grand cortége, un habit riche, et
un magnifique équipage, s'en croit plus de nais-

---

[1] Agate. (*Note de La Bruyère.*)

sance et plus d'esprit : il lit cela dans la contenance et dans les yeux de ceux qui lui parlent.

28. Un homme à la cour, et souvent à la ville, qui a un long manteau de soie ou de drap de Hollande, une ceinture large et placée haut sur l'estomac, le soulier de maroquin, la calotte de même, d'un beau grain, un collet bien fait et bien empesé, les cheveux arrangés et le teint vermeil, qui avec cela se souvient de quelques distinctions métaphysiques, explique ce que c'est que la lumière de gloire, et sait précisément comment l'on voit Dieu : cela s'appelle un docteur. Une personne humble, qui est ensevelie dans le cabinet, qui a médité, cherché, consulté, confronté, lu ou écrit pendant toute sa vie, est un homme docte.

29. Chez nous, le soldat est brave ; et l'homme de robe est savant : nous n'allons pas plus loin. Chez les Romains, l'homme de robe étoit brave; et le soldat étoit savant : un Romain étoit tout ensemble et le soldat et l'homme de robe.

30. Il semble que le héros est d'un seul métier, qui est celui de la guerre; et que le grand homme est de tous les métiers, ou de la robe, ou de l'épée, ou du cabinet, ou de la cour : l'un et l'autre mis ensemble ne pèsent pas un homme de bien.

31. Dans la guerre, la distinction entre le héros et le grand homme est délicate : toutes les vertus militaires font l'un et l'autre. Il semble néanmoins

que le premier soit jeune, entreprenant, d'une haute valeur, ferme dans les périls, intrépide ; que l'autre excelle par un grand sens, par une vaste prévoyance, par une haute capacité, et par une longue expérience. Peut-être qu'Alexandre n'étoit qu'un héros, et que César étoit un grand homme.

32. Æmile [1] étoit né ce que les plus grands hommes ne deviennent qu'à force de règles, de méditation, et d'exercice. Il n'a eu dans ses premières années qu'à remplir des talents qui étoient naturels, et qu'à se livrer à son génie. Il a fait, il a agi, avant que de savoir, ou plutôt il a su ce qu'il n'avoit jamais appris. Dirai-je que les jeux de son enfance ont été plusieurs victoires? Une vie accompagnée d'un extrême bonheur joint à une longue expérience seroit illustre par les seules actions qu'il avoit achevées dès sa jeunesse. Toutes les occasions de vaincre qui se sont depuis offertes, il les a embrassées; et celles qui n'étoient pas, sa vertu et son étoile les ont fait naître : admirable même et par les choses qu'il a faites, et par celles qu'il auroit pu faire. On l'a regardé comme un homme

---

[1] La plupart des traits rassemblés dans ce portrait semblent appartenir au grand Condé. On conçoit que La Bruyère, employé à l'éducation du petit-fils de ce héros, se soit plu à tracer l'image du prince qui avoit jeté tant d'éclat sur l'auguste famille à laquelle lui-même étoit attaché.

incapable de céder à l'ennemi, de plier sous le nombre ou sous les obstacles; comme une ame du premier ordre, pleine de ressources et de lumières, qui voyoit encore où personne ne voyoit plus; comme celui qui, à la tête des légions, étoit pour elles un présage de la victoire, et qui valoit seul plusieurs légions; qui étoit grand dans la prospérité, plus grand quand la fortune lui a été contraire (la levée d'un siége, une retraite, l'ont plus ennobli que ses triomphes; l'on ne met qu'après, les batailles gagnées et les villes prises); qui étoit rempli de gloire et de modestie; on lui a entendu dire : *Je fuyois*, avec la même grace qu'il disoit : *Nous les battîmes;* un homme dévoué à l'État, à sa famille, au chef de sa famille : sincère pour Dieu et pour les hommes, autant admirateur du mérite que s'il lui eût été moins propre et moins familier : un homme vrai, simple, magnanime, à qui il n'a manqué que les moindres vertus.

33. Les enfants des dieux[1], pour ainsi dire, se tirent des règles de la nature, et en sont comme l'exception : ils n'attendent presque rien du temps et des années. Le mérite chez eux devance l'âge. Ils naissent instruits, et ils sont plus tôt des hommes parfaits que le commun des hommes ne sort de l'enfance.

---

[1] Fils, Petits-fils : Issus de rois. (*Note de La Bruyère.*)

34. Les vues courtes, je veux dire les esprits bornés et resserrés dans leur petite sphère, ne peuvent comprendre cette universalité de talents que l'on remarque quelquefois dans un même sujet : où ils voient l'agréable, ils en excluent le solide; où ils croient découvrir les graces du corps, l'agilité, la souplesse, la dextérité, ils ne veulent plus y admettre les dons de l'ame, la profondeur, la réflexion, la sagesse : ils ôtent de l'histoire de SOCRATE qu'il ait dansé.

35. Il n'y a guère d'homme si accompli et si nécessaire aux siens qu'il n'ait de quoi se faire moins regretter.

36. Un homme d'esprit et d'un caractère simple et droit peut tomber dans quelque piège; il ne pense pas que personne veuille lui en dresser, et le choisir pour être sa dupe : cette confiance le rend moins précautionné, et les mauvais plaisants l'entament par cet endroit. Il n'y a qu'à perdre pour ceux qui en viendroient à une seconde charge : il n'est trompé qu'une fois.

J'éviterai avec soin d'offenser personne, si je suis équitable; mais sur toutes choses un homme d'esprit, si j'aime le moins du monde mes intérêts.

37. Il n'y a rien de si délié, de si simple, et de si imperceptible, où il n'entre des manières qui nous décèlent. Un sot ni n'entre, ni ne sort, ni ne s'assied,

ni ne se lève, ni ne se tait, ni n'est sur ses jambes, comme un homme d'esprit.

38. Je connois *Mopse* d'une visite qu'il m'a rendue sans me connoître. Il prie des gens qu'il ne connoît point de le mener chez d'autres dont il n'est pas connu ; il écrit à des femmes qu'il connoît de vue. Il s'insinue dans un cercle de personnes respectables, et qui ne savent quel il est ; et là, sans attendre qu'on l'interroge, ni sans sentir qu'il interrompt, il parle, et souvent, et ridiculement. Il entre une autre fois dans une assemblée, se place où il se trouve, sans nulle attention aux autres, ni à soi-même : on l'ôte d'une place destinée à un ministre, il s'assied à celle du duc et pair ; il est là précisément celui dont la multitude rit, et qui seul est grave et ne rit point. Chassez un chien du fauteuil du roi, il grimpe à la chaire du prédicateur ; il regarde le monde indifféremment sans embarras, sans pudeur : il n'a pas, non plus que le sot, de quoi rougir.

39. *Celse* est d'un rang médiocre ; mais des grands le souffrent : il n'est pas savant, il a relation avec des savants : il a peu de mérite, mais il connoît des gens qui en ont beaucoup : il n'est pas habile, mais il a une langue qui peut servir de truchement, et des pieds qui peuvent le porter d'un lieu à un autre. C'est un homme né pour des allées et venues, pour écouter des propositions et les rap-

porter, pour en faire d'office, pour aller plus loin
que sa commission et en être désavoué; pour
réconcilier des gens qui se querellent à leur première entrevue; pour réussir dans une affaire et
en manquer mille; pour se donner toute la gloire
de la réussite, et pour détourner sur les autres la haine
d'un mauvais succès. Il sait les bruits communs,
les historiettes de la ville : il ne fait rien; il dit ou
il écoute ce que les autres font; il est nouvelliste;
il sait même le secret des familles : il entre dans
de plus hauts mystères; il vous dit pourquoi celui-
ci est exilé, et pourquoi on rappelle cet autre : il
connoît le fond et les causes de la brouillerie des
deux frères[1], et de la rupture des deux ministres[2].
N'a-t-il pas prédit aux premiers les tristes suites
de leur mésintelligence? N'a-t-il pas dit de ceux-ci
que leur union ne seroit pas longue? N'étoit-il
pas présent à de certaines paroles qui furent dites?
N'entra-t-il pas dans une espèce de négociation?
Le voulut-on croire? fut-il écouté? A qui parlez-vous
de ces choses? Qui a eu plus de part que Celse à
toutes ces intrigues de cour? Et si cela n'étoit ainsi,
s'il ne l'avoit du moins ou rêvé ou imaginé, son-
geroit-il à vous le faire croire? auroit-il l'air important et mystérieux d'un homme revenu d'une
ambassade?

---

[1] Le Pelletier. — [2] Louvois et Seignelay.

40. *Ménippe* est l'oiseau paré de divers plumages
qui ne sont pas à lui : il ne parle pas, il ne sent
pas ; il répète des sentiments et des discours, se
sert même si naturellement de l'esprit des autres
qu'il y est le premier trompé, et qu'il croit souvent
dire son goût ou expliquer sa pensée, lorsqu'il
n'est que l'écho de quelqu'un qu'il vient de quitter.
C'est un homme qui est de mise un quart d'heure
de suite, qui le moment d'après baisse, dégénère,
perd le peu de lustre qu'un peu de mémoire lui
donnoit, et montre la corde. Lui seul ignore combien
il est au-dessous du sublime et de l'héroïque ; et,
incapable de savoir jusqu'où l'on peut avoir de
l'esprit, il croit naïvement que ce qu'il en a est tout
ce que les hommes en sauroient avoir : aussi a-t-il
l'air et le maintien de celui qui n'a rien à desirer
sur ce chapitre, et qui ne porte envie à personne.
Il se parle souvent à soi-même, et il ne s'en cache
pas ; ceux qui passent le voient, et qu'il semble toujours prendre un parti, ou décider qu'une telle chose
est sans réplique. Si vous le saluez quelquefois, c'est
le jeter dans l'embarras de savoir s'il doit rendre le
salut, ou non ; et, pendant qu'il délibère, vous êtes
déjà hors de portée. Sa vanité l'a fait honnête homme,
l'a mis au-dessus de lui-même, l'a fait devenir ce
qu'il n'étoit pas. L'on juge en le voyant qu'il n'est
occupé que de sa personne ; qu'il sait que tout lui
sied bien, et que sa parure est assortie ; qu'il croit

que tous les yeux sont ouverts sur lui, et que les
hommes se relayent pour le contempler.

41. Celui qui, logé chez soi dans un palais avec
deux appartements pour les deux saisons, vient
coucher au Louvre dans un entre-sol, n'en use pas
ainsi par modestie. Cet autre, qui pour conserver
une taille fine s'abstient du vin, et ne fait qu'un
seul repas, n'est ni sobre ni tempérant; et d'un
troisième qui, importuné d'un ami pauvre, lui donne
enfin quelque secours, l'on dit qu'il achète son
repos, et nullement qu'il est libéral. Le motif seul
fait le mérite des actions des hommes, et le désintéressement y met la perfection.

42. La fausse grandeur est farouche et inaccessible : comme elle sent son foible, elle se cache,
ou du moins ne se montre pas de front, et ne se
fait voir qu'autant qu'il faut pour imposer et ne
paroître point ce qu'elle est, je veux dire une vraie
petitesse. La véritable grandeur est libre, douce,
familière, populaire. Elle se laisse toucher et manier; elle ne perd rien à être vue de près : plus on
la connoît, plus on l'admire. Elle se courbe par
bonté vers ses inférieurs, et revient sans effort dans
son naturel. Elle s'abandonne quelquefois, se néglige, se relâche de ses avantages, toujours en
pouvoir de les reprendre et de les faire valoir :
elle rit, joue, et badine, mais avec dignité. On l'approche tout ensemble avec liberté et avec retenue.

Son caractère est noble et facile, inspire le respect
et la confiance, et fait que les princes nous paroissent
grands et très-grands, sans nous faire sentir que nous
sommes petits.

43. Le sage guérit de l'ambition par l'ambition
même ; il tend à de si grandes choses qu'il ne peut
se borner à ce qu'on appelle des trésors , des postes ,
la fortune, et la faveur. Il ne voit rien dans de si
foibles avantages qui soit assez bon et assez solide
pour remplir son cœur, et pour mériter ses soins et
ses desirs ; il a même besoin d'efforts pour ne les
pas trop dédaigner. Le seul bien capable de le tenter
est cette sorte de gloire qui devroit naître de la
vertu toute pure et toute simple : mais les hommes
ne l'accordent guère ; et il s'en passe.

44. Celui-là est bon qui fait du bien aux autres :
s'il souffre pour le bien qu'il fait, il est très-bon ;
s'il souffre de ceux à qui il a fait ce bien, il a une
si grande bonté qu'elle ne peut être augmentée que
dans le cas où ses souffrances viendroient à croître ;
et, s'il en meurt, sa vertu ne sauroit aller plus
loin : elle est héroïque, elle est parfaite.

CHAPITRE III.

DES FEMMES.

1. Les hommes et les femmes conviennent rarement sur le mérite d'une femme : leurs intérêts sont trop différents. Les femmes ne se plaisent point les unes aux autres par les mêmes agréments qu'elles plaisent aux hommes : mille manières, qui allument dans ceux-ci les grandes passions, forment entre elles l'aversion et l'antipathie.

2. Il y a dans quelques femmes une grandeur artificielle attachée au mouvement des yeux, à un air de tête, aux façons de marcher, et qui ne va pas plus loin ; un esprit éblouissant qui impose, et que l'on n'estime que parce qu'il n'est pas approfondi. Il y a dans quelques autres une grandeur simple, naturelle, indépendante du geste et de la démarche, qui a sa source dans le cœur, et qui est comme une suite de leur haute naissance ; un mérite paisible, mais solide, accompagné de mille vertus qu'elles ne peuvent couvrir de toute leur modestie, qui échappent, et qui se montrent à ceux qui ont des yeux.

3. J'ai vu souhaiter d'être fille, et une belle fille,

depuis treize ans jusques à vingt-deux, et après cet âge, de devenir un homme.

4. Quelques jeunes personnes ne connoissent point assez les avantages d'une heureuse nature, et combien il leur seroit utile de s'y abandonner : elles affoiblissent ces dons du ciel, si rares et si fragiles, par des manières affectées et par une mauvaise imitation : leur son de voix et leur démarche sont empruntés ; elles se composent, elles se recherchent, regardent dans un miroir si elles s'éloignent assez de leur naturel. Ce n'est pas sans peine qu'elles plaisent moins.

5. Chez les femmes, se parer et se farder n'est pas, je l'avoue, parler contre sa pensée ; c'est plus aussi que le travestissement et la mascarade, où l'on ne se donne point pour ce que l'on paroît être, mais où l'on pense seulement à se cacher et à se faire ignorer ; c'est chercher à imposer aux yeux, et vouloir paroître selon l'extérieur contre la vérité ; c'est une espèce de menterie.

Il faut juger des femmes depuis la chaussure jusqu'à la coiffure exclusivement, à peu près comme on mesure le poisson entre queue et tête.

6. Si les femmes veulent seulement être belles à leurs propres yeux et se plaire à elles-mêmes, elles peuvent sans doute, dans la manière de s'embellir, dans le choix des ajustements et de la parure, suivre leur goût et leur caprice ; mais si c'est aux hommes

qu'elles desirent de plaire, si c'est pour eux qu'elles
se fardent ou qu'elles s'enluminent, j'ai recueilli
les voix, et je leur prononce, de la part de tous les
hommes ou de la plus grande partie, que le blanc
et le rouge les rendent affreuses et dégoûtantes; que
le rouge seul les vieillit et les déguise; qu'ils
baïssent autant à les voir avec de la céruse sur le
visage qu'avec de fausses dents en la bouche, et des
boules de cire dans les mâchoires; qu'ils protestent
sérieusement contre tout l'artifice dont elles usent
pour se rendre laides; et que, bien loin d'en répondre
devant Dieu, il semble au contraire qu'il leur ait
réservé ce dernier et infaillible moyen de guérir
des femmes.

Si les femmes étoient telles naturellement qu'elles
le deviennent par artifice, qu'elles perdissent en un
moment toute la fraîcheur de leur teint, qu'elles
eussent le visage aussi allumé et aussi plombé
qu'elles se le font par le rouge et par la peinture
dont elles se fardent, elles seroient inconsolables.

7. Une femme coquette ne se rend point sur la
passion de plaire, et sur l'opinion qu'elle a de sa
beauté; elle regarde le temps et les années comme
quelque chose seulement qui ride et qui enlaidit
les autres femmes; elle oublie du moins que l'âge
est écrit sur le visage. La même parure qui a autrefois embelli sa jeunesse défigure enfin sa personne,
éclaire les défauts de sa vieillesse. La mignardise

et l'affectation l'accompagnent dans la douleur et
dans la fièvre : elle meurt parée et en rubans de
couleur.

8. *Lise* entend dire d'une autre coquette qu'elle
se moque de se piquer de jeunesse, et de vouloir
user d'ajustements qui ne conviennent plus à une
femme de quarante ans. Lise les a accomplis ; mais
les années pour elle ont moins de douze mois, et ne
la vieillissent point. Elle le croit ainsi ; et, pendant
qu'elle se regarde au miroir, qu'elle met du rouge
sur son visage et qu'elle place des mouches, elle
convient qu'il n'est pas permis à un certain âge de
faire la jeune, et que *Clarice,* en effet, avec ses
mouches et son rouge, est ridicule.

9. Les femmes se préparent pour leurs amants, si
elles les attendent : mais, si elles en sont surprises,
elles oublient à leur arrivée l'état où elles se
trouvent ; elles ne se voient plus. Elles ont plus
de loisir avec les indifférents ; elles sentent le désordre où elles sont, s'ajustent en leur présence,
ou disparoissent un moment, et reviennent parées.

10. Un beau visage est le plus beau de tous les
spectacles ; et l'harmonie la plus douce est le son
de la voix de celle que l'on aime.

11. L'agrément est arbitraire : la beauté est quelque chose de plus réel et de plus indépendant du
goût et de l'opinion.

12. L'on peut être touché de certaines beautés si

parfaites, et d'un mérite si éclatant, que l'on se
borne à les voir et à leur parler.

13. Une belle femme qui a les qualités d'un honnête homme est ce qu'il y a au monde d'un commerce plus délicieux : l'on trouve en elle tout le
mérite des deux sexes.

14. Il échappe à une jeune personne de petites
choses qui persuadent beaucoup, et qui flattent
sensiblement celui pour qui elles sont faites. Il
n'échappe presque rien aux hommes; leurs caresses sont volontaires : ils parlent, ils agissent, ils
sont empressés, et persuadent moins.

15. Le caprice est dans les femmes tout proche
de la beauté, pour être son contre-poison, et afin
qu'elle nuise moins aux hommes, qui n'en guéri-
roient pas sans ce remède.

16. Les femmes s'attachent aux hommes par les
faveurs qu'elles leur accordent : les hommes guérissent par ces mêmes faveurs.

17. Une femme oublie d'un homme qu'elle n'aime
plus jusqu'aux faveurs qu'il a reçues d'elle.

18. Une femme qui n'a qu'un galant croit n'être
point coquette : celle qui a plusieurs galants croit
n'être que coquette.

Telle femme évite d'être coquette par un ferme
attachement à un seul, qui passe pour folle par son
mauvais choix.

19. Un ancien galant tient à si peu de chose qu'il

cède à un nouveau mari ; et celui-ci dure si peu ,
qu'un nouveau galant qui survient lui rend le change.

Un ancien galant craint ou méprise un nouveau rival, selon le caractère de la personne qu'il
sert.

Il ne manque souvent à un ancien galant, auprès
d'une femme qui l'attache, que le nom de mari :
c'est beaucoup ; et il seroit mille fois perdu sans
cette circonstance.

20. Il semble que la galanterie dans une femme
ajoute à la coquetterie. Un homme coquet, au contraire, est quelque chose de pire qu'un homme
galant. L'homme coquet et la femme galante vont
assez de pair.

21. Il y a peu de galanteries secrètes : bien des
femmes ne sont pas mieux désignées par le nom de
leurs maris que par celui de leurs amants.

22. Une femme galante veut qu'on l'aime : il
suffit à une coquette d'être trouvée aimable, et de
passer pour belle. Celle-là cherche à engager ;
celle-ci se contente de plaire. La première passe
successivement d'un engagement à un autre ; la seconde a plusieurs amusements tout à la fois. Ce
qui domine dans l'une, c'est la passion et le plaisir ;
et dans l'autre, c'est la vanité et la légèreté. La
galanterie est un foible du cœur, ou peut-être un
vice de la complexion : la coquetterie est un déré-
glement de l'esprit. La femme galante se fait

craindre, et la coquette se fait haïr. L'on peut tirer
de ces deux caractères de quoi en faire un troisième,
le pire de tous.

23. Une femme foible est celle à qui l'on reproche
une faute, qui se la reproche à elle-même, dont le
cœur combat la raison ; qui veut guérir, qui ne gué-
rira point, ou bien tard.

24. Une femme inconstante est celle qui n'aime
plus ; une légère, celle qui déja en aime un autre ;
une volage, celle qui ne sait si elle aime et ce
qu'elle aime ; une indifférente, celle qui n'aime
rien.

25. La perfidie, si je l'ose dire, est un mensonge
de toute la personne : c'est dans une femme l'art
de placer un mot ou une action qui donne le change,
et quelquefois de mettre en œuvre des serments et
des promesses qui ne lui coûtent pas plus à faire
qu'à violer.

Une femme infidèle, si elle est connue pour telle
de la personne intéressée, n'est qu'infidèle : s'il la
croit fidèle, elle est perfide.

On tire ce bien de la perfidie des femmes, qu'elle
guérit de la jalousie.

26. Quelques femmes ont, dans le cours de leur
vie, un double engagement à soutenir, également
difficile à rompre et à dissimuler : il ne manque à
l'un que le contrat, et à l'autre que le cœur.

27. A juger de cette femme par sa beauté, sa jeu-

nesse, sa fierté, ses dédains, il n'y a personne qui doute que ce ne soit un héros qui doive un jour la charmer : son choix est fait, c'est un petit monstre qui manque d'esprit.

28. Il y a des femmes déja flétries, qui, par leur complexion ou par leur mauvais caractère, sont naturellement la ressource des jeunes gens qui n'ont pas assez de bien. Je ne sais qui est plus à plaindre, ou d'une femme avancée en âge qui a besoin d'un cavalier, ou d'un cavalier qui a besoin d'une vieille.

29. Le rebut de la cour est reçu à la ville dans une ruelle, où il défait le magistrat même en cravate et en habit gris, ainsi que le bourgeois en baudrier, les écarte, et devient maître de la place : il est écouté, il est aimé; on ne tient guère plus d'un moment contre une écharpe d'or et une plume blanche, contre un homme qui *parle au Roi et voit les ministres.* Il fait des jaloux et des jalousés; on l'admire, il fait envie : à quatre lieues de là, il fait pitié.

30. Un homme de la ville est pour une femme de province ce qu'est pour une femme de la ville un homme de la cour.

31. A un homme vain, indiscret, qui est grand parleur et mauvais plaisant, qui parle de soi avec confiance, et des autres avec mépris; impétueux, altier, entreprenant, sans mœurs ni probité, de nul

jugement et d'une imagination très-libre, il ne lui
manque plus, pour être adoré de bien des femmes,
que de beaux traits et la taille belle.

32. Est-ce en vue du secret, ou par un goût hy-
pocondre, que cette femme aime un valet; cette
autre, un moine; et *Dorinne,* son médecin?

33. *Roscius*[1] entre sur la scène de bonne grace :
oui, *Lélie;* et j'ajoute encore qu'il a les jambes
bien tournées, qu'il joue bien, et de longs rôles;
et pour déclamer parfaitement il ne lui manque,
comme on le dit, que de parler avec la bouche :
mais est-il le seul qui ait de l'agrément dans ce
qu'il fait? et ce qu'il fait, est-ce la chose la plus
noble et la plus honnête que l'on puisse faire?
Roscius d'ailleurs ne peut être à vous; il est à une
autre; et, quand cela ne seroit pas ainsi, il est
retenu : *Claudie* attend, pour l'avoir, qu'il se soit
dégoûté de *Messaline.* Prenez *Bathylle,* Lélie : où
trouverez-vous, je ne dis pas dans l'ordre des
chevaliers que vous dédaignez, mais même parmi
les farceurs, un jeune homme qui s'élève si haut

[1] Sans traduire les noms antiques par des noms modernes, comme l'ont fait hardiment des fabricateurs de
clefs, on peut croire que, dans tout ce paragraphe, La
Bruyère dirige les traits de son ironie amère contre quelques
grandes dames de ce temps, qui se disputoient scandaleu-
sement la possession de certains comédiens, danseurs ou
musiciens, tels que Baron, Pécourt, Beauchamp, et autres.

en dansant, et qui passe[1] mieux la capriole?
Voudriez-vous le sauteur *Cobus*, qui, jetant ses
pieds en avant, tourne une fois en l'air avant que
de tomber à terre? Ignorez-vous qu'il n'est plus
jeune? Pour Bathylle, dites-vous, la presse y est
trop grande; et il refuse plus de femmes qu'il n'en
agrée. Mais vous avez *Dracon* le joueur de flûte :
nul autre de son métier n'enfle plus décemment ses
oues en soufflant dans le hautbois ou le flageolet;
car c'est une chose infinie que le nombre des instruments qu'il fait parler : plaisant d'ailleurs, il
fait rire jusqu'aux enfants et aux femmelettes. Qui
mange et qui boit mieux que Dracon en un seul
repas? Il enivre toute une compagnie, et il se rend
le dernier. Vous soupirez, Lélie : est-ce que Dracon
auroit fait un choix, ou que malheureusement on
vous auroit prévenue? Se seroit-il enfin engagé à
Césonie, qui l'a tant couru, qui lui a sacrifié une
grande foule d'amants, je dirai même toute la fleur
des Romains? à Césonie, qui est d'une famille pa-
tricienne, qui est si jeune, si belle, et si sérieuse?
Je vous plains, Lélie, si vous avez pris par con-
tagion ce nouveau goût qu'ont tant de femmes
romaines pour ce qu'on appelle des hommes publics, et exposés par leur condition à la vue des

---

[1] *Qui fasse,* leçon fautive de la plupart des éditions
modernes.

autres. Que ferez-vous, lorsque le meilleur en ce genre vous est enlevé? Il reste encore *Bronte* le questionnaire [1] : le peuple ne parle que de sa force et de son adresse; c'est un jeune homme qui a les épaules larges et la taille ramassée, un nègre d'ailleurs, un homme noir.

34. Pour les femmes du monde, un jardinier est un jardinier, et un maçon est un maçon : pour quelques autres plus retirées, un maçon est un homme, un jardinier est un homme. Tout est tentation à qui la craint.

35. Quelques femmes donnent aux convents [2] et à leurs amants : galantes et bienfactrices [3], elles ont jusque dans l'enceinte de l'autel des tribunes et des oratoires où elles lisent des billets tendres, et où personne ne voit qu'elles ne prient point Dieu.

36. Qu'est-ce qu'une femme que l'on dirige? est-ce une femme plus complaisante pour son mari, plus douce pour ses domestiques, plus appliquée à sa famille et à ses affaires, plus ardente et plus sincère pour ses amis; qui soit moins esclave de son humeur, moins attachée à ses intérêts; qui aime moins les commodités de la vie; je ne dis pas qui fasse des largesses à ses enfants, qui sont déja riches,

[1] Le bourreau.
[2] *Convents*, pour couvents, orthographe du XVIIᵉ siècle.
[3] *Bienfaitrices*, dans les éditions modernes.

mais qui, opulente elle-même et accablée du superflu, leur fournisse le nécessaire, et leur rende
au moins la justice qu'elle leur doit; qui soit plus
exempte d'amour de soi-même et d'éloignement
pour les autres; qui soit plus libre de tous atta-
chements humains?«Non, dites-vous, ce n'est rien
de toutes ces choses. » J'insiste, et je vous demande :
« Qu'est-ce donc qu'une femme que l'on dirige?» Je
vous entends, c'est une femme qui a un directeur.

37. Si le confesseur et le directeur ne conviennent point sur une règle de conduite, qui sera le
tiers qu'une femme prendra pour surarbitre?

38. Le capital pour une femme n'est pas d'avoir
un directeur, mais de vivre si uniment qu'elle s'en
puisse passer.

39. Si une femme pouvoit dire à son confesseur,
avec ses autres foiblesses, celle qu'elle a pour son
directeur, et le temps qu'elle perd dans son entretien, peut-être lui seroit-il donné pour pénitence
d'y renoncer.

40. Je voudrois qu'il me fût permis de crier de
toute ma force à ces hommes saints qui ont été autrefois blessés des femmes : « Fuyez les femmes, ne les
dirigez point; laissez à d'autres le soin de leur salut. »

41. C'est trop contre un mari d'être coquette et
dévote : une femme devroit opter.

42. J'ai différé à le dire, et j'en ai souffert; mais
enfin il m'échappe, et j'espère même que ma

franchise sera utile à celles qui, n'ayant pas assez d'un confesseur pour leur conduite, n'usent d'aucun discernement dans le choix de leurs directeurs. Je ne sors pas d'admiration et d'étonnement à la vue de certains personnages que je ne nomme point. J'ouvre de fort grands yeux sur eux ; je les contemple : ils parlent, je prête l'oreille ; je m'informe ; on me dit des faits, je les recueille ; et je ne comprends pas comment des gens en qui je crois voir toutes choses diamétralement opposées au bon esprit, au sens droit, à l'expérience des affaires du monde, à la connoissance de l'homme, à la science de la religion et des mœurs, présument que Dieu doive renouveler en nos jours la merveille de l'apostolat, et faire un miracle en leurs personnes, en les rendant capables, tout simples et petits esprits qu'ils sont, du ministère des ames, celui de tous le plus délicat et le plus sublime : et si au contraire ils se croient nés pour un emploi si relevé, si difficile, accordé à si peu de personnes, et qu'ils se persuadent de ne faire en cela qu'exercer leurs talents naturels et suivre une vocation ordinaire, je le comprends encore moins.

Je vois bien que le goût qu'il y a à devenir le dépositaire du secret des familles, à se rendre nécessaire pour les réconciliations, à procurer des commissions ou à placer des domestiques, à trouver toutes les portes ouvertes dans les maisons des grands,

à manger souvent à de bonnes tables, à se promener
en carrosse dans une grande ville, et à faire de
délicieuses retraites à la campagne, à voir plusieurs
personnes de nom et de distinction s'intéresser à
sa vie et sa santé, et à ménager pour les autres et
pour soi-même tous les intérêts humains; je vois
bien, encore une fois, que cela seul a fait imaginer
le spécieux et irrépréhensible prétexte du soin des
ames, et semé dans le monde cette pépinière in-
tarissable de directeurs.

43. La dévotion [1] vient à quelques-uns, et surtout
aux femmes, comme une passion, ou comme le
foible d'un certain âge, ou comme une mode qu'il
faut suivre : elles comptoient autrefois une semaine
par les jours de jeu, de spectacle, de concert, de
mascarade, ou d'un joli sermon. Elles alloient le
lundi perdre leur argent chez *Ismène,* le mardi
leur temps chez *Climène,* et le mercredi leur réputation chez *Célimène :* elles savoient dès la veille
toute la joie qu'elles devoient avoir le jour d'après
et le lendemain : elles jouissoient tout à la fois du
plaisir présent et de celui qui ne leur pouvoit
manquer; elles auroient souhaité de les pouvoir
rassembler tous en un seul jour : c'étoit alors leur
unique inquiétude, et tout le sujet de leurs distractions; et si elles se trouvoient quelquefois à l'*Opéra,*

---

[1] La fausse dévotion. (*Note de La Bruyère,* 6ᵉ édition.

elles y regrettoient la comédie. Autre temps, autres
mœurs : elles outrent l'austérité et la retraite ; elles
n'ouvrent plus les yeux, qui leur sont donnés pour
voir ; elles ne mettent plus leurs sens à aucun usage
et, chose incroyable ! elles parlent peu : elles pensent encore et assez bien d'elles-mêmes, comme
assez mal des autres. Il y a chez elles une émulation
de vertu et de réforme, qui tient quelque chose de la
jalousie ; elles ne haïssent pas de primer dans ce nou
veau genre de vie, comme elles faisoient dans celu
qu'elles viennent de quitter par politique ou par dégoût. Elles se perdoient gaiement par la galanterie,
par la bonne chère et par l'oisiveté ; et elles se perdent tristement par la présomption et par l'envie.

44. Si j'épouse, *Hermas,* une femme avare, elle
ne me ruinera point ; si une joueuse, elle pourra
s'enrichir ; si une savante, elle saura m'instruire ;
si une prude, elle ne sera point emportée ; si une
emportée, elle exercera ma patience ; si une coquette,
elle voudra me plaire ; si une galante, elle le sera
peut-être jusqu'à m'aimer ; si une dévote[1], répondez,
Hermas, que dois-je attendre de celle qui veut
tromper Dieu, et qui se trompe elle-même ?

45. Une femme est aisée à gouverner, pourvu
que ce soit un homme qui s'en donne la peine. Un
seul même en gouverne plusieurs : il cultive leur

---

[1] Fausse dévote. (*Note de La Bruyère.*)

esprit et leur mémoire, fixe et détermine leur religion ; il entreprend même de régler leur cœur.
Elles n'approuvent et ne désapprouvent, ne louent
et ne condamnent qu'après avoir consulté ses yeux
et son visage. Il est le dépositaire de leurs joies et
de leurs chagrins, de leurs desirs, de leurs jalousies,
de leurs haines et de leurs amours ; il les fait
rompre avec leurs galants ; il les brouille et les
réconcilie avec leurs maris, et il profite des in-
terrègnes. Il prend soin de leurs affaires, sollicite
leurs procès, et voit leurs juges ; il leur donne son
médecin, son marchand, ses ouvriers ; il s'ingère
de les loger, de les meubler ; et il ordonne de leur
équipage. On le voit avec elles dans leurs carrosses,
dans les rues d'une ville, et aux promenades, ainsi
que dans leur banc à un sermon, et dans leur loge
à la comédie ; il fait avec elles les mêmes visites ; il
les accompagne au bain, aux eaux, dans les voyages ;
il a le plus commode appartement chez elles à la
campagne. Il vieillit sans déchoir de son autorité :
un peu d'esprit et beaucoup de temps à perdre lui
suffit pour la conserver : les enfants, les héritiers,
la bru, la nièce, les domestiques, tout en dépend. Il
a commencé par se faire estimer ; il finit par se faire
craindre. Cet ami si ancien, si nécessaire, meurt
sans qu'on le pleure ; et dix femmes dont il étoit le
tyran héritent, par sa mort, de la liberté.

46. Quelques femmes ont voulu cacher leur

conduite sous les dehors de la modestie ; et tout ce
que chacune a pu gagner par une continuelle affectation, et qui ne s'est jamais démentie, a été de faire
dire de soi : *On l'auroit prise pour une vestale.*

47. C'est dans les femmes une violente preuve
d'une réputation bien nette et bien établie, qu'elle
ne soit pas même effleurée par la familiarité de
quelques-unes qui ne leur ressemblent point, et
qu'avec toute la pente qu'on a aux malignes explications, on ait recours à une tout autre raison de ce
commerce qu'à celle de la convenance des mœurs.

48. Un comique outre sur la scène ses personnages ; un poëte charge ses descriptions ; un peintre
qui fait d'après nature force et exagère une passion,
un contraste, des attitudes ; et celui qui copie, s'il
ne mesure au compas les grandeurs et les propor-
tions, grossit ses figures, donne à toutes les pièces
qui entrent dans l'ordonnance de son tableau plus
de volume que n'en ont celles de l'original : de
même la pruderie est une imitation de la sagesse.

Il y a une fausse modestie qui est vanité ; une
fausse gloire qui est légèreté ; une fausse grandeur
qui est petitesse ; une fausse vertu qui est hypocrisie ;
une fausse sagesse qui est pruderie.

Une femme prude paye de maintien et de paroles, une femme sage paye de conduite. Celle-là
suit son humeur et sa complexion, celle-ci sa raison
et son cœur. L'une est sérieuse et austère ; l'autre

est, dans les diverses rencontres, précisément ce qu'il faut qu'elle soit. La première cache des foibles sous de plausibles dehors; la seconde couvre un riche fonds sous un air libre et naturel. La pruderie contraint l'esprit, ne cache ni l'âge ni la laideur; souvent elle les suppose : la sagesse, au contraire, pallie les défauts du corps, ennoblit l'esprit, ne rend la jeunesse que plus piquante, et la beauté que plus périlleuse.

49. Pourquoi s'en prendre aux hommes de ce que les femmes ne sont pas savantes? Par quelles lois, par quels édits, par quels rescrits leur a-t-on défendu d'ouvrir les yeux et de lire, de retenir ce qu'elles ont lu, et d'en rendre compte ou dans leur conversation ou par leurs ouvrages? Ne se sont-elles pas au contraire établies elles-mêmes dans cet usage de ne rien savoir, ou par la foiblesse de leur complexion, ou par la paresse de leur esprit, ou par le soin de leur beauté, ou par une certaine légèreté qui les empêche de suivre une longue étude, ou par le talent et le génie qu'elles ont seulement pour les ouvrages de la main, ou par les distractions que donnent les détails d'un domestique, ou par un éloignement naturel des choses pénibles et sérieuses, ou par une curiosité toute différente de celle qui contente l'esprit, ou par un tout autre goût que celui d'exercer leur mémoire? Mais, à quelque cause que les hommes puissent devoir cette

ignorance des femmes, ils sont heureux que les femmes, qui les dominent d'ailleurs par tant d'endroits, aient sur eux cet avantage de moins.

On regarde une femme savante comme on fait une belle arme : elle est ciselée artistement, d'une polissure admirable, et d'un travail fort recherché; c'est une pièce de cabinet, que l'on montre aux curieux, qui n'est pas d'usage, qui ne sert ni à la guerre ni à la chasse, non plus qu'un cheval de manége, quoique le mieux instruit du monde.

Si la science et la sagesse se trouvent unies en un même sujet, je ne m'informe plus du sexe, j'admire; et, si vous me dites qu'une femme sage ne songe guère à être savante, ou qu'une femme savante n'est guère sage, vous avez déja oublié ce que vous venez de lire, que les femmes ne sont détournées des sciences que par de certains défauts : concluez donc vous-même que moins elles auroient de ces défauts, plus elles seroient sages, et qu'ainsi une femme sage n'en seroit que plus propre à devenir savante, ou qu'une femme savante, n'étant telle que parce qu'elle auroit pu vaincre beaucoup de défauts, n'en est que plus sage.

50. La neutralité entre des femmes qui nous sont également amies, quoiqu'elles aient rompu pour des intérêts où nous n'avons nulle part, est un point difficile : il faut choisir souvent entre elles, ou les perdre toutes deux.

51. Il y a telle femme qui aime mieux son argent que ses amis, et ses amants que son argent.

52. Il est étonnant de voir dans le cœur de certaines femmes quelque chose de plus vif et de plus fort que l'amour pour les hommes, je veux dire l'ambition et le jeu : de telles femmes rendent les hommes chastes; elles n'ont de leur sexe que les habits.

53. Les femmes sont extrêmes; elles sont meilleures ou pires que les hommes.

54. La plupart des femmes n'ont guère de principes; elles se conduisent par le cœur, et dépendent pour leurs mœurs de ceux qu'elles aiment.

55. Les femmes vont plus loin en amour que la plupart des hommes ; mais les hommes l'emportent sur elles en amitié.

Les hommes sont cause que les femmes ne s'aiment point.

56. Il y a du péril à contrefaire. *Lise,* déja vieille, veut rendre une jeune femme ridicule, et elle-même devient difforme; elle me fait peur. Elle use, pour l'imiter, de grimaces et de contorsions : la voilà aussi laide qu'il faut pour embellir celle dont elle se moque.

57. On veut à la ville que bien des idiots et des idiotes aient de l'esprit. On veut à la cour que bien des gens manquent d'esprit, qui en ont beaucoup ; et, entre les personnes de ce dernier genre,

une belle femme ne se sauve qu'à peine avec d'autres femmes.

58. Un homme est plus fidèle au secret d'autrui qu'au sien propre : une femme, au contraire, garde mieux son secret que celui d'autrui.

59. Il n'y a point dans le cœur d'une jeune personne un si violent amour auquel l'intérêt ou l'ambition n'ajoute quelque chose.

60. Il y a un temps où les filles les plus riches doivent prendre parti; elles n'en laissent guère échapper les premières occasions sans se préparer un long repentir : il semble que la réputation des biens diminue en elles avec celle de leur beauté. Tout favorise au contraire une jeune personne, jusques à l'opinion des hommes, qui aiment à lui accorder tous les avantages qui peuvent la rendre plus souhaitable.

61. Combien de filles à qui une grande beauté n'a jamais servi qu'à leur faire espérer une grande fortune!

62. Les belles filles sont sujettes à venger ceux de leurs amants qu'elles ont maltraités, ou par de laids, ou par de vieux, ou par d'indignes maris.

63. La plupart des femmes jugent du mérite et de la bonne mine d'un homme par l'impression qu'ils font sur elles, et n'accordent presque ni l'un ni l'autre à celui pour qui elles ne sentent rien.

64. Un homme qui seroit en peine de connoître

s'il change, s'il commence à vieillir, peut consulter les yeux d'une jeune femme qu'il aborde, et le ton dont elle lui parle : il apprendra ce qu'il craint de savoir. Rude école!

65. Une femme qui n'a jamais les yeux que sur une même personne, ou qui les en détourne toujours, fait penser d'elle la même chose.

66. Il coûte peu aux femmes de dire ce qu'elles ne sentent point : il coûte encore moins aux hommes de dire ce qu'ils sentent.

67. Il arrive quelquefois qu'une femme cache à un homme toute la passion qu'elle sent pour lui, pendant que de son côté il feint pour elle toute celle qu'il ne sent pas.

68. L'on suppose un homme indifférent, mais qui voudroit persuader à une femme une passion qu'il ne sent pas ; et l'on demande s'il ne lui seroit pas plus aisé d'imposer à celle dont il est aimé qu'à celle qui ne l'aime point.

69. Un homme peut tromper une femme par un feint attachement, pourvu qu'il n'en ait pas ailleurs un véritable.

70. Un homme éclate contre une femme qui ne l'aime plus, et se console : une femme fait moins de bruit quand elle est quittée, et demeure longtemps inconsolable.

71. Les femmes guérissent de leur paresse par la vanité ou par l'amour.

La paresse, au contraire, dans les femmes vives, est le présage de l'amour.

72. Il est fort sûr qu'une femme qui écrit avec emportement est emportée; il est moins clair qu'elle soit touchée. Il semble qu'une passion vive et tendre est morne et silencieuse ; et que le plus pressant intérêt d'une femme qui n'est plus libre, celui qui l'agite davantage, est moins de persuader qu'elle aime que de s'assurer si elle est aimée.

73. *Glycère* n'aime pas les femmes; elle hait leur commerce et leurs visites, se fait celer pour elles, et souvent pour ses amis, dont le nombre est petit, à qui elle est sévère, qu'elle resserre dans leur ordre, sans leur permettre rien de ce qui passe l'amitié : elle est distraite avec eux, leur répond par des monosyllabes, et semble chercher à s'en défaire. Elle est solitaire et farouche dans sa maison; sa porte est mieux gardée, et sa chambre plus inaccessible que celles de *Monthoron*[1] et d'*Hémery*[2]. Une seule, *Corinne*, y est attendue, y est

---

[1] Pierre du Puget, sieur de Monthoron ou Montauron, trésorier de l'épargne, le même à qui Corneille dédia sa tragédie de Cinna, en le comparant à Auguste.

[2] Michel Particelly, sieur d'Hémery, ou plutôt Émeri, fils d'un paysan de Sienne, et protégé du cardinal Mazarin, fut d'abord contrôleur général sous le surintendant des finances Nicolas Bailleul, et devint lui-même surintendant après la démission du maréchal de la Meilleraye.

reçue, et à toutes les heures : on l'embrasse à
plusieurs reprises, on croit l'aimer ; on lui parle à
l'oreille dans un cabinet où elles sont seules; on a
soi-même plus de deux oreilles pour l'écouter ; on
se plaint à elle de tout autre que d'elle ; on
lui dit toutes choses, et on ne lui apprend rien :
elle a la confiance de tous les deux. L'on voit Glycère en partie carrée au bal, au théâtre, dans les
jardins publics, sur le chemin de *Venouze*[1], où
l'on mange les premiers fruits; quelquefois seule
en litière sur la route du grand faubourg où elle a
un verger délicieux, ou à la porte de *Canidie*[2], qui
a de si beaux secrets, qui promet aux jeunes femmes
de secondes noces, et qui en dit le temps et les circonstances. Elle paroît ordinairement avec une
coiffure plate et négligée, en simple déshabillé,
sans corps, et avec des mules; elle est belle en
cet équipage; et il ne lui manque que de la fraîcheur. On remarque néanmoins sur elle une riche
attache, qu'elle dérobe avec soin aux yeux de son
mari. Elle le flatte, elle le caresse ; elle invente
tous les jours pour lui de nouveaux noms; elle n'a
pas d'autre lit que celui de ce cher époux, et elle

---

[1] *Venouze*, Vincennes.

[2] Sorcière romaine. Sous ce nom, La Bruyère désigne
évidemment ici la Voisin, tireuse de cartes, qui fut
brûlée en place de Grève en 1680.

ne veut pas découcher. Le matin, elle se partage
entre sa toilette et quelques billets qu'il faut écrire.
Un affranchi vient lui parler en secret; c'est *Parmenon*, qui est favori, qu'elle soutient contre l'antipathie du maître et la jalousie des domestiques.
Qui, à la vérité, fait mieux connoître des intentions,
et rapporte mieux une réponse, que Parmenon?
qui parle moins de ce qu'il faut taire? qui sait ouvrir
une porte secrète avec moins de bruit? qui conduit
plus adroitement par le petit escalier? qui fait mieux
sortir par où l'on est entré?

74. Je ne comprends pas comment un mari qui
s'abandonne à son humeur et à sa complexion,
qui ne cache aucun de ses défauts, et se montre au
contraire par ses mauvais endroits, qui est avare,
qui est trop négligé dans son ajustement, brusque
dans ses réponses, incivil, froid et taciturne, peut
espérer de défendre le cœur d'une jeune femme contre les entreprises de son galant, qui emploie la
parure et la magnificence, la complaisance, les
soins, l'empressement, les dons, la flatterie.

75. Un mari n'a guère un rival qui ne soit de sa
main, comme un présent qu'il a autrefois fait à sa
femme. Il le loue devant elle de ses belles dents
et de sa belle tête; il agrée ses soins; il reçoit ses
visites; et, après ce qui lui vient de son crû, rien
ne lui paroît de meilleur goût que le gibier et les
truffes que cet ami lui envoie. Il donne à souper,

et il dit aux conviés : «Goûtez bien cela; il est de
Léandre, et il ne me coûte qu'un *grand merci*.»

76. Il y a telle femme qui anéantit ou qui enterre
son mari, au point qu'il n'en est fait dans le monde
aucune mention : vit-il encore? ne vit-il plus? on
en doute. Il ne sert dans sa famille qu'à montrer
l'exemple d'un silence timide et d'une parfaite
soumission. Il ne lui est dû ni douaire ni conventions; mais à cela près, et qu'il n'accouche pas, il
est la femme, et elle le mari. Ils passent les mois
entiers dans une même maison sans le moindre
danger de se rencontrer; il est vrai seulement qu'ils
sont voisins. Monsieur paye le rôtisseur et le cuisinier; et c'est toujours chez Madame qu'on a soupé.
Ils n'ont souvent rien de commun, ni le lit, ni
la table, pas même le nom : ils vivent à la romaine
ou à la grecque; chacun a le sien; et ce n'est qu'avec
le temps, et après qu'on est initié au jargon d'une
ville, qu'on sait enfin que M. B.... est publiquement,
depuis vingt années, le mari de madame L...[1].

77. Telle autre femme, à qui le désordre manque
pour mortifier son mari, y revient par sa noblesse
et ses alliances, par la riche dot qu'elle a apportée,

[1] B. et L. sont encore de ces lettres initiales d'une *signification vaine et incertaine,* que La Bruyère employoit
pour *dépayser ses lecteurs, et les dégoûter des applications.*

par les charmes de sa beauté, par son mérite, par
ce que quelques-uns appellent vertu.

78. Il y a peu de femmes si parfaites qu'elles
empêchent un mari de se repentir, du moins une
fois le jour, d'avoir une femme, ou de trouver heureux celui qui n'en a point[1].

79. Les douleurs muettes et stupides sont hors
d'usage : on pleure, on récite, on répète, on est si
touchée de la mort de son mari, qu'on n'en oublie
pas la moindre circonstance.

80. Ne pourroit-on point découvrir l'art de se
faire aimer de sa femme?

81. Une femme insensible est celle qui n'a pas
encore vu celui qu'elle doit aimer.

Il y avoit à *Smyrne* une très-belle fille qu'on
appeloit *Émire*, et qui étoit moins connue dans toute
la ville par sa beauté que par la sévérité de ses
mœurs, et surtout par l'indifférence qu'elle con-
servoit pour tous les hommes, qu'elle voyoit, disoit-
elle, sans aucun péril, et sans d'autres dispositions
que celles où elle se trouvoit pour ses amies ou pour
ses frères. Elle ne croyoit pas la moindre partie de
toutes les folies qu'on disoit que l'amour avoit
fait faire dans tous les temps; et celles qu'elle avoit
vues elle-même, elle ne les pouvoit comprendre :

---

[1] « Il y a de bons mariages ; mais il n'y en a point de
délicieux. » (LA ROCHEFOUCAULD, *Maxime* 113.)

elle ne connoissoit que l'amitié. Une jeune et charmante personne, à qui elle devoit cette expérience, la lui avoit rendue si douce, qu'elle ne pensoit qu'à la faire durer, et n'imaginoit pas par quel autre sentiment elle pourroit jamais se refroidir sur celui de l'estime et de la confiance, dont elle étoit si contente. Elle ne parloit que d'*Euphrosine* (c'étoit le nom de cette fidèle amie), et tout Smyrne ne parloit que d'elle et d'Euphrosine : leur amitié passoit en proverbe. Émire avoit deux frères qui étoient jeunes, d'une excellente beauté, et dont toutes les femmes de la ville étoient éprises : et il est vrai qu'elle les aima toujours comme une sœur aime ses frères. Il y eut un prêtre de *Jupiter*, qui avoit accès dans la maison de son père, à qui elle plut, qui osa le lui déclarer, et ne s'attira que du mépris. Un vieillard, qui, se confiant en sa naissance et en ses grands biens, avoit eu la même audace, eut aussi la même aventure. Elle triomphoit cependant; et c'étoit jusqu'alors au milieu de ses frères, d'un prêtre, et d'un vieillard, qu'elle se disoit insensible. Il sembla que le ciel voulût l'exposer à de plus fortes épreuves, qui ne servirent néanmoins qu'à la rendre plus vaine, et qu'à l'affermir dans la réputation d'une fille que l'amour ne pouvoit toucher. De trois amants que ses charmes lui acquirent successivement, et dont elle ne craignit pas de voir toute la passion, le premier, dans un transport

amoureux, se perça le sein à ses pieds; le second,
plein de désespoir de n'être pas écouté, alla se
faire tuer à la guerre de *Crète ;* et le troisième mourut de langueur et d'insomnie. Celui qui les devoit
venger n'avoit pas encore paru. Ce vieillard qui
avoit été si malheureux dans ses amours s'en étoit
guéri par des réflexions sur son âge et sur le
caractère de la personne à qui il vouloit plaire : il
desira de continuer de la voir; et elle le souffrit.
Il lui amena un jour son fils, qui étoit jeune, d'une
physionomie agréable, et qui avoit une taille fort
noble. Elle le vit avec intérêt, et comme il se tut
beaucoup en la présence de son père, elle trouva
qu'il n'avoit pas assez d'esprit, et desira qu'il en
eût eu davantage. Il la vit seul, parla assez, et avec
esprit; et comme il la regarda peu, et qu'il parla
encore moins d'elle et de sa beauté, elle fut surprise
et comme indignée qu'un homme si bien fait et si
spirituel ne fût pas galant. Elle s'entretint de lui
avec son amie, qui voulut le voir. Il n'eut des yeux
que pour Euphrosine : il lui dit qu'elle étoit belle;
et Émire, si indifférente, devenue jalouse, comprit
que *Ctésiphon* étoit persuadé de ce qu'il disoit, et
que non-seulement il étoit galant, mais même qu'il
étoit tendre. Elle se trouva depuis ce temps moins
libre avec son amie. Elle desira de les voir ensemble
une seconde fois, pour être plus éclaircie; et une
seconde entrevue lui fit voir encore plus qu'elle ne

craignoit de voir, et changea ses soupçons en certitude. Elle s'éloigne d'Euphrosine, ne lui connoît
plus le mérite qui l'avoit charmée, perd le goût de
sa conversation; elle ne l'aime plus; et ce changement lui fait sentir que l'amour dans son cœur a
pris la place de l'amitié. Ctésiphon et Euphrosine
se voient tous les jours, s'aiment, songent à s'é-
pouser, s'épousent. La nouvelle s'en répand par
toute la ville; et l'on publie que deux personnes
enfin ont eu cette joie si rare de se marier à ce
qu'ils aimoient. Émire l'apprend, et s'en désespère.
Elle ressent tout son amour; elle recherche Euphrosine pour le seul plaisir de revoir Ctésiphon : mais
ce jeune mari est encore l'amant de sa femme, et
trouve une maîtresse dans une nouvelle épouse; il
ne voit dans Émire que l'amie d'une personne qui
lui est chère. Cette fille infortunée perd le sommeil,
et ne veut plus manger; elle s'affoiblit; son esprit
s'égare; elle prend son frère pour Ctésiphon, et elle
lui parle comme à un amant. Elle se détrompe,
rougit de son égarement, elle retombe bientôt dans
de plus grands, et n'en rougit plus; elle ne les
connoît plus. Alors elle craint les hommes, mais
trop tard; c'est sa folie. Elle a des intervalles où
sa raison lui revient, et où elle gémit de la retrouver.
La jeunesse de Smyrne, qui l'a vue si fière et si
insensible, trouve que les dieux l'ont trop punie.

CHAPITRE IV.

DU COEUR.

1. Il y a un goût dans la pure amitié où ne peuvent atteindre ceux qui sont nés médiocres.

2. L'amitié peut subsister entre des gens de différents sexes, exempte même de grossièreté. Une femme cependant regarde toujours un homme comme un homme; et réciproquement, un homme regarde une femme comme une femme. Cette liaison n'est ni passion ni amitié pure; elle fait une classe à part.

3. L'amour naît brusquement sans autre réflexion, par tempérament, ou par foiblesse : un trait de beauté nous fixe, nous détermine. L'amitié, au contraire, se forme peu à peu; avec le temps, par la pratique, par un long commerce. Combien d'esprit, de bonté de cœur, d'attachement, de services et de complaisance dans les amis, pour faire en plusieurs années bien moins que ne fait quelquefois en un moment un beau visage ou une belle main!

4. Le temps, qui fortifie les amitiés, affoiblit l'amour.

5. Tant que l'amour dure, il subsiste de soi-même,

et quelquefois par les choses qui semblent le devoir
éteindre, par les caprices, par les rigueurs, par
l'éloignement, par la jalousie. L'amitié, au contraire,
a besoin de secours ; elle périt faute de soins, de
confiance et de complaisance.

6. Il est plus ordinaire de voir un amour extrême
qu'une parfaite amitié[1].

7. L'amour et l'amitié s'excluent l'un l'autre.

8. Celui qui a eu l'expérience d'un grand amour
néglige l'amitié[2] ; et celui qui est épuisé sur l'amitié n'a encore rien fait pour l'amour.

9. L'amour commence par l'amour ; et l'on ne
sauroit passer de la plus forte amitié qu'à un amour
foible.

10. Rien ne ressemble mieux à une vive amitié
que ces liaisons que l'intérêt de notre amour nous
fait cultiver.

11. L'on n'aime bien qu'une seule fois, c'est la
première. Les amours qui suivent sont moins invo-
lontaires.

12. L'amour qui naît subitement est le plus long
à guérir.

---

[1] « Quelque rare que soit le véritable amour, il l'est
encore moins que la véritable amitié. » (LA ROCHEFOUCAULD,
Maxime 473.)

[2] « Ce qui fait que la plupart des femmes sont peu
touchées de l'amitié, c'est qu'elle est fade quand on a senti
de l'amour. » (LA ROCHEFOUCAULD, *Maxime* 440.)

13. L'amour qui croît peu à peu, et par degrés, ressemble trop à l'amitié pour être une passion violente.

14. Celui qui aime assez pour vouloir aimer un million de fois plus qu'il ne fait, ne cède en amour qu'à celui qui aime plus qu'il ne voudroit.

15. Si j'accorde que dans la violence d'une grande passion on peut aimer quelqu'un plus que soi-même, à qui ferai-je plus de plaisir, ou à ceux qui aiment, ou à ceux qui sont aimés?

16. Les hommes souvent veulent aimer, et ne sauroient y réussir : ils cherchent leur défaite sans pouvoir la rencontrer; et, si j'ose ainsi parler, ils sont contraints de demeurer libres.

17. Ceux qui s'aiment d'abord avec la plus violente passion contribuent bientôt chacun de leur part à s'aimer moins, et ensuite à ne s'aimer plus. Qui d'un homme ou d'une femme met davantage du sien dans cette rupture? il n'est pas aisé de le décider. Les femmes accusent les hommes d'être volages; et les hommes disent qu'elles sont légères.

18. Quelque délicat que l'on soit en amour, on pardonne plus de fautes que dans l'amitié.

19. C'est une vengeance douce à celui qui aime beaucoup, de faire, par tout son procédé, d'une personne ingrate une très-ingrate.

20. Il est triste d'aimer sans une grande fortune, et qui nous donne les moyens de combler ce que

l'on aime, et le rendre si heureux qu'il n'ait plus
de souhaits à faire.

21. S'il se trouve une femme pour qui l'on ait
eu une grande passion, et qui ait été indifférente,
quelque important service qu'elle nous rende dans
la suite de notre vie, l'on court un grand risque
d'être ingrat.

22. Une grande reconnoissance emporte avec soi
beaucoup de goût et d'amitié pour la personne qui
nous oblige.

23. Être avec les gens qu'on aime, cela suffit :
rêver, leur parler, ne leur parler point, penser à
eux, penser à des choses plus indifférentes, mais
auprès d'eux, tout est égal.

24. Il n'y a pas si loin de la haine à l'amitié que
de l'antipathie.

25. Il semble qu'il est moins rare de passer de
l'antipathie à l'amour qu'à l'amitié.

26. L'on confie son secret dans l'amitié ; mais il
échappe dans l'amour.

L'on peut avoir la confiance de quelqu'un sans
en avoir le cœur : celui qui a le cœur n'a pas besoin de révélation ou de confiance ; tout lui est
ouvert.

27. L'on ne voit dans l'amitié que les défauts qui
peuvent nuire à nos amis ; l'on ne voit en amour
de défauts dans ce qu'on aime que ceux dont on
souffre soi-même.

28. Il n'y a qu'un premier dépit en amour, comme la première faute dans l'amitié, dont on puisse faire un bon usage.

29. Il semble que, s'il y a un soupçon injuste, bizarre, et sans fondement, qu'on ait une fois appelé jalousie, cette autre jalousie qui est un sentiment juste, naturel, fondé en raison et sur l'expérience, mériteroit un autre nom.

Le tempérament a beaucoup de part à la jalousie, et elle ne suppose pas toujours une grande passion ; c'est cependant un paradoxe qu'un violent amour sans délicatesse [1].

Il arrive souvent que l'on souffre tout seul de la délicatesse : l'on souffre de la jalousie, et l'on fait souffrir les autres.

Celles qui ne nous ménagent sur rien, et ne nous épargnent nulles occasions de jalousie, ne mériteroient de nous aucune jalousie, si l'on se régloit plus par leurs sentiments et leur conduite que par son cœur [2].

30. Les froideurs et les relâchements dans l'a-

---

[1] « Il y a une certaine sorte d'amour dont l'excès empêche la jalousie. » (LA ROCHEFOUCAULD, *Maxime* 336.)

[2] « Les infidélités devroient éteindre l'amour, et il ne faudroit pas être jaloux quand on a sujet de l'être. Il n'y a que les personnes qui évitent de donner de la jalousie, qui soient dignes qu'on en ait pour elles. » (LA ROCHEFOUCAULD, *Maxime* 359.)

mitié ont leurs causes : en amour, il n'y a guère d'autre raison de ne s'aimer plus que de s'être trop aimés.

31. L'on n'est pas plus maître de toujours aimer qu'on ne l'a été de ne pas aimer.

32. Les amours meurent par le dégoût, et l'oubli les enterre.

33. Le commencement et le déclin de l'amour se font sentir par l'embarras où l'on est de se trouver seuls.

34. Cesser d'aimer, preuve sensible que l'homme est borné, et que le cœur a ses limites.

C'est foiblesse que d'aimer; c'est souvent une autre foiblesse que de guérir.

On guérit comme on se console; on n'a pas dans le cœur de quoi toujours pleurer, et toujours aimer.

35. Il devroit y avoir dans le cœur des sources inépuisables de douleur pour de certaines pertes. Ce n'est guère par vertu ou par force d'esprit que l'on sort d'une grande affliction : l'on pleure amèrement, et l'on est sensiblement touché : mais l'on est ensuite si foible, ou si léger, que l'on se console [1].

36. Si une laide se fait aimer, ce ne peut être

---

[1] « Nous nous consolons souvent par foiblesse des maux dont la raison n'a pas la force de nous consoler. » (LA ROCHEFOUCAULD, *Maxime* 325.)

qu'éperdument; car il faut que ce soit ou par une
étrange foiblesse de son amant, ou par de plus
secrets et de plus invincibles charmes que ceux de
la beauté.

37. L'on est encore longtemps à se voir par habitude, et à se dire de bouche que l'on s'aime,
après que les manières disent qu'on ne s'aime
plus [1].

38. Vouloir oublier quelqu'un, c'est y penser
L'amour a cela de commun avec les scrupules, qu'il
s'aigrit par les réflexions et les retours que l'on fait
pour s'en délivrer. Il faut, s'il se peut, ne point
songer à sa passion, pour l'affoiblir.

39. L'on veut faire tout le bonheur, ou, si cela
ne se peut ainsi, tout le malheur de ce qu'on aime.

40. Regretter ce que l'on aime est un bien, en
comparaison de vivre avec ce que l'on hait.

41. Quelque désintéressement qu'on ait à l'égard
de ceux qu'on aime, il faut quelquefois se contraindre pour eux, et avoir la générosité de recevoir.

Celui-là peut prendre qui goûte un plaisir aussi
délicat à recevoir que son ami en sent à lui donner.

42. Donner, c'est agir; ce n'est pas souffrir de
ses bienfaits, ni céder à l'importunité ou à la nécessité de ceux qui nous demandent.

---

[1] « On a bien de là peine à rompre quand on ne s'aime
plus. » (LA ROCHEFOUCAULD, *Maxime* 351.)

43. Si l'on a donné à ceux que l'on aimoit, quelque chose qu'il arrive, il n'y a plus d'occasions où l'on doive songer à ses bienfaits.

44. On a dit en latin qu'il coûte moins cher de haïr que d'aimer; ou, si l'on veut, que l'amitié est plus à charge que la haine. Il est vrai qu'on est dispensé de donner à ses ennemis; mais ne coûte-t-il rien de s'en venger? ou, s'il est doux et naturel de faire du mal à ce que l'on hait, l'est-il moins de faire du bien à ce qu'on aime? ne seroit-il pas dur et pénible de ne leur en point faire?

45. Il y a du plaisir à rencontrer les yeux de celui à qui l'on vient de donner.

46. Je ne sais si un bienfait qui tombe sur un ingrat, et ainsi sur un indigne, ne change pas de nom, et s'il méritoit plus de reconnoissance.

47. La libéralité consiste moins à donner beaucoup qu'à donner à propos [1].

48. S'il est vrai que la pitié ou la compassion soit un retour vers nous-mêmes, qui nous met en la place des malheureux, pourquoi tirent-ils de nous si peu de soulagement dans leurs misères?

Il vaut mieux s'exposer à l'ingratitude que de manquer aux misérables.

49. L'expérience confirme que la mollesse ou l'in-

---

[1] « Assez de gens méprisent le bien ; mais peu savent le donner. » (LA ROCHEFOUCAULD, *Maxime* 301.)

dulgence pour soi et la dureté pour les autres n'est qu'un seul et même vice.

50. Un homme dur au travail et à la peine, inexorable à soi-même, n'est indulgent aux autres que par un excès de raison.

51. Quelque désagrément qu'on ait à se trouver chargé d'un indigent, l'on goûte à peine les nouveaux avantages qui le tirent enfin de notre sujétion : de même, la joie que l'on reçoit de l'élévation de son ami est un peu balancée par la petite peine qu'on a de le voir au-dessus de nous, ou s'égaler à nous. Ainsi l'on s'accorde mal avec soi-même ; car l'on veut des dépendants, et qu'il n'en coûte rien : l'on veut aussi le bien de ses amis ; et, s'il arrive, ce n'est pas toujours par s'en réjouir que l'on commence.

52. On convie ; on invite ; on offre sa maison, sa table, son bien, et ses services : rien ne coûte qu'à tenir parole.

53. C'est assez pour soi d'un fidèle ami ; c'est même beaucoup de l'avoir rencontré : on ne peut en avoir trop pour le service des autres.

54. Quand on a assez fait auprès de certaines personnes pour avoir dû se les acquérir, si cela ne réussit point, il y a encore une ressource, qui est de ne plus rien faire.

55. Vivre avec ses ennemis comme s'ils devoient un jour être nos amis, et vivre avec nos amis comme

s'ils pouvoient devenir nos ennemis, n'est ni selon
la nature de la haine, ni selon les règles de l'a-
mitié : ce n'est point une maxime morale, mais
politique.

56. On ne doit pas se faire des ennemis de ceux
qui, mieux connus, pourroient avoir rang entre nos
amis. On doit faire choix d'amis si sûrs et d'une si
exacte probité, que, venant à cesser de l'être, ils ne
veuillent pas abuser de notre confiance, ni se faire
craindre comme nos ennemis.

57. Il est doux de voir ses amis par goût et par
estime; il est pénible de les cultiver par intérêt :
c'est *solliciter*.

58. Il faut briguer la faveur de ceux à qui l'on
veut du bien, plutôt que de ceux de qui l'on espère
du bien.

59. On ne vole point des mêmes ailes pour sa
fortune que l'on fait pour des choses frivoles et de
fantaisie. Il y a un sentiment de liberté à suivre
ses caprices, et tout au contraire de servitude à
courir pour son établissement : il est naturel de le
souhaiter beaucoup et d'y travailler peu, de se
croire digne de le trouver sans l'avoir cherché.

60. Celui qui sait attendre le bien qu'il souhaite,
ne prend pas le chemin de se désespérer s'il ne lui
arrive pas; et celui au contraire qui desire une
chose avec une grande impatience, y met trop du
sien pour en être assez récompensé par le succès.

6I. Il y a de certaines gens qui veulent si ardemment et si déterminément une certaine chose, que, de peur de la manquer, ils n'oublient rien de ce qu'il faut faire pour la manquer.

62. Les choses les plus souhaitées n'arrivent point; ou, si elles arrivent, ce n'est ni dans le temps ni dans les circonstances où elles auroient fait un extrême plaisir.

63. Il faut rire avant que d'être heureux, de peur de mourir sans avoir ri.

64. La vie est courte, si elle ne mérite ce nom que lorsqu'elle est agréable; puisque, si l'on cousoit ensemble toutes les heures que l'on passe avec ce qui plaît, l'on feroit à peine d'un grand nombre d'années une vie de quelques mois.

65. Qu'il est difficile d'être content de quelqu'un !

66. On ne pourroit se défendre de quelque joie à voir périr un méchant homme; l'on jouiroit alors du fruit de sa haine, et l'on tireroit de lui tout ce qu'on en peut espérer, qui est le plaisir de sa perte. Sa mort enfin arrive, mais dans une conjoncture où nos intérêts ne nous permettent pas de nous en réjouir : il meurt trop tôt ou trop tard.

67. Il est pénible à un homme fier de pardonner à celui qui le surprend en faute, et qui se plaint de lui avec raison : sa fierté ne s'adoucit que lorsqu'il reprend ses avantages, et qu'il met l'autre dans son tort.

68. Comme nous nous affectionnons de plus en plus aux personnes à qui nous faisons du bien, de même nous haïssons violemment ceux que nous avons beaucoup offensés.

69. Il est également difficile d'étouffer dans les commencements le sentiment des injures, et de le conserver après un certain nombre d'années.

70. C'est par foiblesse que l'on hait un ennemi, et que l'on songe à s'en venger; et c'est par paresse que l'on s'apaise, et qu'on ne se venge point [1].

71. Il y a bien autant de paresse que de foiblesse à se laisser gouverner.

Il ne faut pas penser à gouverner un homme tout d'un coup, et sans autre préparation, dans une affaire importante, et qui seroit capitale à lui ou aux siens : il sentiroit d'abord l'empire et l'ascendant qu'on veut prendre sur son esprit, et il secoueroit le joug par honte ou par caprice : il faut tenter auprès de lui les petites choses; et de là le progrès jusqu'aux plus grandes est immanquable. Tel ne pouvoit au plus, dans les commencements, qu'entreprendre de le faire partir pour la campagne ou retourner à la ville, qui finit

---

[1] « La réconciliation avec nos ennemis n'est qu'un desir de rendre notre condition meilleure, une lassitude de la guerre, et une crainte de quelque mauvais événement. » (LA ROCHEFOUCAULD, *Maxime* 82.)

par lui dicter un testament où il réduit son fils à
la légitime.

Pour gouverner quelqu'un longtemps et absolument, il faut avoir la main légère, et ne lui faire
sentir que le moins qu'il se peut sa dépendance.

Tels se laissent gouverner jusqu'à un certain
point, qui au delà sont intraitables, et ne se gouvernent plus : on perd tout à coup la route de leur
cœur et de leur esprit; ni hauteur, ni souplesse, ni
force, ni industrie, ne les peuvent dompter : avec
cette différence que quelques-uns sont ainsi faits
par raison et avec fondement, et quelques autres
par tempérament et par humeur.

Il se trouve des hommes qui n'écoutent ni la
raison ni les bons conseils, et qui s'égarent volon-
tairement par la crainte qu'ils ont d'être gouvernés.

D'autres consentent d'être gouvernés par leurs
amis en des choses presque indifférentes, et s'en
font un droit de les gouverner à leur tour en des
choses graves et de conséquence.

Drance veut passer pour gouverner son maître,
qui n'en croit rien, non plus que le public : parler
sans cesse à un grand que l'on sert, en des lieux et
en des temps où il convient le moins, lui parler à
l'oreille ou en des termes mystérieux, rire jusqu'à
éclater en sa présence, lui couper la parole, se
mettre entre lui et ceux qui lui parlent, dédaigner
ceux qui viennent faire leur cour, ou attendre im-

patiemment qu'ils se retirent, se mettre proche de
lui en une posture trop libre, figurer avec lui le dos
appuyé à une cheminée, le tirer par son habit, lui
marcher sur les talons, faire le familier, prendre
des libertés, marquent mieux un fat qu'un favori.

Un homme sage ni ne se laisse gouverner, ni ne
cherche à gouverner les autres ; il veut que la raison
gouverne seule, et toujours.

Je ne haïrois pas d'être livré par la confiance à
une personne raisonnable, et d'en être gouverné
en toutes choses, et absolument, et toujours : je
serois sûr de bien faire, sans avoir le soin de délibérer ; je jouirois de la tranquillité de celui qui
est gouverné par la raison.

72. Toutes les passions sont menteuses, elles se
déguisent autant qu'elles le peuvent aux yeux des
autres ; elles se cachent à elles-mêmes ; il n'y a
point de vice qui n'ait une fausse ressemblance avec
quelque vertu, et qui ne s'en aide.

73. On ouvre un livre de dévotion, et il touche ;
on en ouvre un autre qui est galant, et il fait son
impression. Oserai-je dire que le cœur seul concilie
les choses contraires, et admet les incompatibles ?

74. Les hommes rougissent moins de leurs crimes
que de leurs foiblesses et de leur vanité. Tel est
ouvertement injuste, violent, perfide, calomniateur,
qui cache son amour ou son ambition, sans autre
vue que de la cacher.

75. Le cas n'arrive guère où l'on puisse dire : « J'étois ambitieux ; » ou on ne l'est point, ou on l'est toujours : mais le temps vient où l'on avoue que l'on a aimé.

76. Les hommes commencent par l'amour, finissent par l'ambition, et ne se trouvent dans une assiette plus tranquille que lorsqu'ils meurent.

77. Rien ne coûte moins à la passion que de se mettre au-dessus de la raison : son grand triomphe est de l'emporter sur l'intérêt.

78. L'on est plus sociable et d'un meilleur commerce par le cœur que par l'esprit [1].

79. Il y a de certains grands sentiments, de certaines actions nobles et élevées, que nous devons moins à la force de notre esprit qu'à la bonté de notre naturel.

80. Il n'y a guère au monde de plus bel excès que celui de la reconnoissance.

81. Il faut être bien dénué d'esprit, si l'amour, la malignité, la nécessité, n'en font pas trouver.

82. Il y a des lieux que l'on admire ; il y en a d'autres qui touchent, et où l'on aimeroit à vivre.

Il me semble que l'on dépend des lieux pour l'esprit, l'humeur, la passion, le goût et les sentiments.

---

[1] « La confiance fournit plus à la conversation que l'esprit. » (LA ROCHEFOUCAULD, *Maxime* 421.)

83. Ceux qui font bien mériteroient seuls d'être enviés, s'il n'y avoit encore un meilleur parti à prendre, qui est de faire mieux : c'est une douce vengeance contre ceux qui nous donnent cette jalousie.

84. Quelques-uns se défendent d'aimer et de faire des vers, comme de deux foibles qu'ils n'osent avouer, l'un du cœur, l'autre de l'esprit.

85. Il y a quelquefois dans le cours de la vie de si chers plaisirs et de si tendres engagements que l'on nous défend, qu'il est naturel de desirer du moins qu'ils fussent permis : de si grands charmes ne peuvent être surpassés que par celui de savoir y renoncer par vertu.

CHAPITRE V.

1. Un caractère bien fade est celui de n'en avoir aucun.

2. C'est le rôle d'un sot d'être importun : un homme habile sent s'il convient ou s'il ennuie; il sait disparoître le moment qui précède celui où il seroit de trop quelque part.

3. L'on marche sur les mauvais plaisants, et il pleut par tout pays de cette sorte d'insectes. Un bon plaisant est une pièce rare : à un homme qui est né tel, il est encore fort délicat d'en soutenir longtemps le personnage; il n'est pas ordinaire que celui qui fait rire se fasse estimer.

4. Il y a beaucoup d'esprits obscènes, encore plus de médisants ou de satiriques, peu de délicats. Pour badiner avec grâce, et rencontrer heureusement sur les plus petits sujets, il faut trop de manières, trop de politesse, et même trop de fécondité : c'est créer que de railler ainsi, et faire quelque chose de rien.

5. Si l'on faisoit une sérieuse attention à tout ce qui se dit de froid, de vain et de puéril dans les

entretiens ordinaires, l'on auroit honte de parler ou
d'écouter; et l'on se condamneroit peut-être à un
silence perpétuel, qui seroit une chose pire dans le
commerce que les discours inutiles. Il faut donc
s'accommoder à tous les esprits; permettre comme
un mal nécessaire le récit des fausses nouvelles,
les vagues réflexions sur le gouvernement présent
ou sur l'intérêt des princes, le débit des beaux sentiments, et qui reviennent toujours les mêmes : il
faut laisser *Aronce* parler proverbe, et *Mélinde* parler
de soi, de ses vapeurs, de ses migraines, et de ses
insomnies.

6. L'on voit des gens qui, dans les conversations
ou dans le peu de commerce que l'on a avec eux,
vous dégoûtent par leurs ridicules expressions, par
la nouveauté, et j'ose dire par l'impropriété des
termes dont ils se servent, comme par l'alliance
de certains mots qui ne se rencontrent ensemble que
dans leur bouche, et à qui ils font signifier des
choses que leurs premiers inventeurs n'ont jamais
eu intention de leur faire dire. Ils ne suivent en
parlant ni la raison ni l'usage, mais leur bizarre
génie, que l'envie de toujours plaisanter, et peut-
être de briller, tourne insensiblement à un jargon
qui leur est propre, et qui devient enfin leur idiome
naturel; ils accompagnent un langage si extravagant
d'un geste affecté et d'une prononciation qui est
contrefaite. Tous sont contents d'eux-mêmes et de

l'agrément de leur esprit ; et l'on ne peut pas dire
qu'ils en soient entièrement dénués : mais on les
plaint de ce peu qu'ils en ont ; et, ce qui est pire,
on en souffre.

7. Que dites-vous ? Comment ? Je n'y suis pas :
vous plairoit-il de recommencer ? J'y suis encore
moins. Je devine enfin : vous voulez, *Acis,* me dire
qu'il fait froid ; que ne disiez-vous : « Il fait froid : »
vous voulez m'apprendre qu'il pleut ou qu'il neige ;
dites : « Il pleut, il neige : » vous me trouvez bon
visage, et vous desirez de m'en féliciter ; dites : « Je
vous trouve bon visage. » — Mais, répondez-vous,
cela est bien uni et bien clair ; et d'ailleurs, qui ne
pourroit pas en dire autant ? — Qu'importe, Acis ?
Est-ce un si grand mal d'être entendu quand on
parle, et de parler comme tout le monde ? Une
chose vous manque, Acis, à vous et à vos semblab-
bles les diseurs de *phœbus ;* vous ne vous en défiez
point, et je vais vous jeter dans l'étonnement : une
chose vous manque, c'est l'esprit. Ce n'est pas tout :
il y a en vous une chose de trop, qui est l'opinion
d'en avoir plus que les autres ; voilà la source de
votre pompeux galimatias, de vos phrases em-
brouillées, et de vos grands mots qui ne signifient
rien. Vous abordez cet homme, ou vous entrez dans
cette chambre, je vous tire par votre habit, et vous
dis à l'oreille : « Ne songez point à avoir de l'esprit,
n'en ayez point ; c'est votre rôle : ayez, si vous

pouvez, un langage simple, et tel que l'ont ceux en
qui vous ne trouvez aucun esprit; peut-être alors
croira-t-on que vous en avez. »

8. Qui peut se promettre d'éviter dans la société
des hommes la rencontre de certains esprits vains,
légers, familiers, délibérés, qui sont toujours dans
une compagnie ceux qui parlent, et qu'il faut que
les autres écoutent? On les entend de l'antichambre ;
on entre impunément et sans crainte de les interrompre : ils continuent leur récit sans la moindre
attention pour ceux qui entrent ou qui sortent,
comme pour le rang ou le mérite des personnes
qui composent le cercle : ils font taire celui qui
commence à conter une nouvelle, pour la dire de
leur façon, qui est la meilleure; ils la tiennent de
Zamet, de *Ruccelay,* ou de *Conchini*[1], qu'ils ne connoissent point, à qui ils n'ont jamais parlé, et qu'ils
traiteroient de *Monseigneur* s'ils leur parloient; ils
s'approchent quelquefois de l'oreille du plus qualifié
de l'assemblée pour le gratifier d'une circonstance
que personne ne sait, et dont ils ne veulent pas que
les autres soient instruits; ils suppriment quelques

---

[1] Sans dire *Monsieur.* (*Note de La Bruyère.*) — La
Bruyère transporte ici la scène sous le règne de Henri IV.
Zamet, Ruccelaï et Conchini étoient trois Italiens amenés
en France par la reine Marie de Médicis, et comblés de ses
faveurs. On sait l'horrible fin du dernier, qui étoit devenu
le maréchal d'Ancre.

noms pour déguiser l'histoire qu'ils racontent, et
pour détourner les applications : vous les priez,
vous les pressez inutilement; il y a des choses
qu'ils ne diront pas; il y a des gens qu'ils ne sauroient
nommer, leur parole y est engagée, c'est le dernier
secret, c'est un mystère, outre que vous leur demandez l'impossible, car sur ce que vous voulez
apprendre d'eux, ils ignorent le fait et les personnes.

9. *Arrias* a tout lu, a tout vu; il veut le persuader
ainsi : c'est un homme universel, et il se donne
pour tel; il aime mieux mentir que de se taire ou
de paroître ignorer quelque chose. On parle à la
table d'un grand d'une cour du Nord; il prend la
parole, et l'ôte à ceux qui alloient dire ce qu'ils en
savent : il s'oriente dans cette région lointaine
comme s'il en étoit originaire; il discourt des mœurs
de cette cour, des femmes du pays, de ses lois et
de ses coutumes; il récite des historiettes qui y sont
arrivées; il les trouve plaisantes; il en rit le premier jusqu'à éclater. Quelqu'un se hasarde de le
contredire, et lui prouve nettement qu'il dit des
choses qui ne sont pas vraies. Arrias ne se trouble
point, prend feu au contraire contre l'interrupteur.
« Je n'avance, lui dit-il, je ne raconte rien que je ne
sache d'original; je. l'ai appris de *Sethon,* ambas-
sadeur de France dans cette cour, revenu à Paris
depuis quelques jours, que je connois familièrement,

que j'ai fort interrogé, et qui ne m'a caché aucune circonstance. » Il reprenoit le fil de sa narration avec plus de confiance qu'il ne l'avoit commencée, lorsque l'un des conviés lui dit : « C'est Scthon à qui vous parlez, lui-même, et qui arrive fraîchement de son ambassade. »

10. Il y a un parti à prendre dans les entretiens entre une certaine paresse qu'on a de parler, ou quelquefois un esprit abstrait, qui, nous jetant loin du sujet de la conversation, nous fait faire ou de mauvaises demandes ou de sottes réponses, et une attention importune qu'on a au moindre mot qui échappe pour le relever, badiner autour, y trouver un mystère que les autres n'y voient pas, y chercher de la finesse et de la subtilité, seulement pour avoir occasion d'y placer la sienne.

11. Être infatué de soi, et s'être fortement persuadé qu'on a beaucoup d'esprit, est un accident qui n'arrive guère qu'à celui qui n'en a point, ou qui en a peu. Malheur pour lors à qui est exposé à l'entretien d'un tel personnage! Combien de jolies phrases lui faudra-t-il essuyer! combien de ces mots aventuriers qui paroissent subitement, durant un temps, et que bientôt on ne revoit plus! S'il conte une nouvelle, c'est moins pour l'apprendre à ceux qui l'écoutent, que pour avoir le mérite de la dire, et de la dire bien; elle devient un roman entre ses mains; il fait penser les gens à sa ma-

nière, leur met en la bouche ses petites façons de parler, et les fait toujours parler longtemps; il tombe ensuite en des parenthèses, qui peuvent passer pour épisodes, mais qui font oublier le gros de l'histoire, et à lui qui vous parle, et à vous qui le supportez. Que seroit-ce de vous et de lui, si quelqu'un ne survenoit heureusement pour déranger le cercle, et faire oublier la narration?

12. J'entends *Théodecte* de l'antichambre : il grossit sa voix à mesure qu'il s'approche; le voilà entré : il rit, il crie, il éclate : on bouche ses oreilles; c'est un tonnerre. Il n'est pas moins redoutable par les choses qu'il dit que par le ton dont il parle. Il ne s'apaise, et il ne revient de ce grand fracas que pour bredouiller des vanités et des sottises. Il a si peu d'égard au temps, aux personnes, aux bienséances, que chacun a son fait sans qu'il ait eu intention de le lui donner; il n'est pas encore assis, qu'il a, à son insu, désobligé toute l'assemblée. A-t-on servi, il se met le premier à table, et dans la première place; les femmes sont à sa droite et à sa gauche. Il mange, il boit, il conte, il plaisante, il interrompt tout à la fois. Il n'a nul discernement des personnes, ni du maître, ni des conviés; il abuse de la folle déférence qu'on a pour lui. Est-ce lui, est-ce *Eutidème* qui donne le repas? Il rappelle à soi toute l'autorité de la table; et il y a un moindre inconvénient à la lui laisser entière

qu'à la lui disputer. Le vin et les viandes n'ajoutent
rien à son caractère. Si l'on joue, il gagne au jeu;
il veut railler celui qui perd, et il l'offense : les
rieurs sont pour lui; il n'y a sorte de fatuités qu'on
ne lui passe. Je cède enfin et je disparois, incapable
de souffrir plus longtemps Théodecte, et ceux qui
le souffrent.

13. *Troïle* est utile à ceux qui ont trop de biens;
il leur ôte l'embarras du superflu; il leur sauve la
peine d'amasser de l'argent, de faire des contrats,
de fermer des coffres, de porter des clefs sur soi,
et de craindre un vol domestique. Il les aide dans
leurs plaisirs, et il devient capable ensuite de les
servir dans leurs passions; bientôt il les règle et
les maîtrise dans leur conduite. Il est l'oracle d'une
maison, celui dont on attend, que dis-je? dont on
prévient, dont on devine les décisions. Il dit de
cet esclave : « Il faut le punir, » et on le fouette; et
de cet autre : « Il faut l'affranchir, » et on l'affranchit.
L'on voit qu'un parasite ne le fait pas rire; il peut
lui déplaire, il est congédié. Le maître est heureux,
si Troïle lui laisse sa femme et ses enfants. Si celui-
ci est à table, et qu'il prononce d'un mets qu'il est
friand, le maître et les conviés, qui en mangeoient
sans réflexion, le trouvent friand, et ne s'en peuvent
rassasier; s'il dit au contraire d'un autre mets qu'il
est insipide, ceux qui commençoient à le goûter
n'osant avaler le morceau qu'ils ont à la bouche,

ils le jettent à terre : tous ont les yeux sur lui,
observent son maintien et son visage avant de prononcer sur le vin ou sur les viandes qui sont servies.
Ne le cherchez pas ailleurs que dans la maison de
ce riche qu'il gouverne : c'est là qu'il mange, qu'il
dort, et qu'il fait digestion, qu'il querelle son valet,
qu'il reçoit ses ouvriers, et qu'il remet ses créanciers. Il régente, il domine dans une salle ; il y
reçoit la cour et les hommages de ceux qui, plus
fins que les autres, ne veulent aller au maître que
par Troïle. Si l'on entre par malheur sans avoir
une physionomie qui lui agrée, il ride son front, et
il détourne sa vue ; si on l'aborde, il ne se lève pas ;
si l'on s'assied auprès de lui, il s'éloigne ; si on lui
parle, il ne répond point ; si l'on continue de parler,
il passe dans une autre chambre ; si on le suit, il
gagne l'escalier : il franchiroit tous les étages, ou
il se lanceroit par une fenêtre, plutôt que de se
laisser joindre par quelqu'un qui a un visage ou un
son de voix qu'il désapprouve. L'un et l'autre sont
agréables en Troïle, et il s'en est servi heureusement pour s'insinuer ou pour conquérir. Tout devient, avec le temps, au-dessous de ses soins, comme
il est au-dessus de vouloir se soutenir ou continuer
de plaire par le moindre des talents qui ont commencé à le faire valoir. C'est beaucoup qu'il sorte
quelquefois de ses méditations et de sa taciturnité
pour contredire, et que même pour critiquer il

daigne une fois le jour avoir de l'esprit. Bien loin
d'attendre de lui qu'il défère à vos sentiments, qu'il
soit complaisant, qu'il vous loue, vous n'êtes pas
sûr qu'il aime toujours votre approbation, ou qu'il
souffre votre complaisance.

14. Il faut laisser parler cet inconnu que le hasard a placé auprès de vous dans une voiture publique, à une fête, ou à un spectacle ; et il ne vous
coûtera bientôt pour le connoître que de l'avoir
écouté : vous saurez son nom, sa demeure, son pays,
l'état de son bien, son emploi, celui de son père,
la famille dont est sa mère, sa parenté, ses alliances,
les armes de sa maison ; vous comprendrez qu'il est
noble, qu'il a un château, de beaux meubles, des
valets, et un carrosse.

15. Il y a des gens qui parlent un moment avant
que d'avoir pensé. Il y en a d'autres qui ont une
fade attention à ce qu'ils disent, et avec qui l'on
souffre dans la conversation de tout le travail de
leur esprit : ils sont comme pétris de phrases et de
petits tours d'expression, concertés dans leur geste
et dans tout leur maintien ; ils sont *puristes* [1], et ne
hasardent pas le moindre mot, quand il devroit
faire le plus bel effet du monde : rien d'heureux
ne leur échappe ; rien ne coule de source et avec

---

[1] Gens qui affectent une grande pureté de langage.
(*Note de La Bruyère.*)

liberté : ils parlent proprement et ennuyeusement.

16. L'esprit de la conversation consiste bien moins à en montrer beaucoup qu'à en faire trouver aux autres : celui qui sort de votre entretien content de soi et de son esprit, l'est de vous parfaitement. Les hommes n'aiment point à vous admirer ; ils veulent plaire ; ils cherchent moins à être instruits, et même réjouis, qu'à être goûtés et applaudis ; et le plaisir le plus délicat est de faire celui d'autrui.

17. Il ne faut pas qu'il y ait trop d'imagination dans nos conversations ni dans nos écrits ; elle ne produit souvent que des idées vaines et puériles, qui ne servent point à perfectionner le goût, et à nous rendre meilleurs : nos pensées doivent être prises dans le bon sens et la droite raison, et doivent être un effet de notre jugement.

18. C'est une grande misère que de n'avoir pas assez d'esprit pour bien parler, ni assez de jugement pour se taire. Voilà le principe de toute impertinence.

19. Dire d'une chose modestement ou qu'elle est bonne ou qu'elle est mauvaise, et les raisons pourquoi elle est telle, demande du bon sens et de l'expression ; c'est une affaire. Il est plus court de prononcer d'un ton décisif, et qui emporte la preuve de ce qu'on avance, ou qu'elle est exécrable, ou qu'elle est miraculeuse.

20. Rien n'est moins selon Dieu et selon le monde

que d'appuyer tout ce que l'on dit dans la conversation, jusques aux choses les plus indifférentes,
par de longs et de fastidieux serments. Un honnête
homme qui dit oui et non mérite d'être cru : son
caractère jure pour lui, donne créance à ses paroles,
et lui attire toute sorte de confiance.

21. Celui qui dit incessamment qu'il a de l'honneur et de la probité, qu'il ne nuit à personne,
qu'il consent que le mal qu'il fait aux autres lui
arrive, et qui jure pour le faire croire, ne sait pas
même contrefaire l'homme de bien.

Un homme de bien ne sauroit empêcher, par
toute sa modestie, qu'on ne dise de lui ce qu'un
malhonnête homme sait dire de soi.

22. *Cléon* parle peu obligeamment ou peu juste,
l'un ou l'autre ; mais il ajoute qu'il est fait ainsi, et
qu'il dit ce qu'il pense.

23. Il y a parler bien, parler aisément, parler
juste, parler à propos. C'est pécher contre ce dernier
genre que de s'étendre sur un repas magnifique que
l'on vient de faire, devant des gens qui sont réduits
à épargner leur pain ; de dire merveilles de sa santé
devant des infirmes ; d'entretenir de ses richesses,
de ses revenus, et de ses ameublements, un homme
qui n'a ni rentes ni domicile ; en un mot, de parler
de son bonheur devant des misérables. Cette conversation est trop forte pour eux ; et la comparaison
qu'ils font alors de leur état au vôtre est odieuse.

24. « Pour vous, dit *Eutiphron*, vous êtes riche,
ou vous devez l'être : dix mille livres de rente, et en
fonds de terre, cela est beau, cela est doux, et l'on
est heureux à moins; » pendant que lui qui parle
ainsi a cinquante mille livres de revenu, et qu'il
croit n'avoir que la moitié de ce qu'il mérite. Il
vous taxe, il vous apprécie, il fixe votre dépense;
et, s'il vous jugeoit digne d'une meilleure fortune, et
de celle même où il aspire, il ne manqueroit pas
de vous la souhaiter. Il n'est pas le seul qui fasse
de si mauvaises estimations ou des comparaisons si
désobligeantes; le monde est plein d'Eutiphrons.

25. Quelqu'un, suivant la pente de la coutume
qui veut qu'on loue, et par l'habitude qu'il a à la
flatterie et à l'exagération, congratule *Théodème*
sur un discours qu'il n'a point entendu, et dont
personne n'a pu encore lui rendre compte : il ne
laisse pas de lui parler de son génie, de son geste,
et surtout de la fidélité de sa mémoire; et il est
vrai que Théodème est demeuré court.

26. L'on voit des gens brusques, inquiets, *suffisants*, qui, bien qu'oisifs et sans aucune affaire qui
les appelle ailleurs, vous expédient, pour ainsi dire,
en peu de paroles, et ne songent qu'à se dégager
de vous; on leur parle encore qu'ils sont partis,
et ont disparu. Ils ne sont pas moins impertinents
que ceux qui vous arrêtent seulement pour vous
ennuyer; ils sont peut-être moins incommodes.

27. Parler et offenser pour de certaines gens est précisément la même chose. Ils sont piquants et amers; leur style est mêlé de fiel et d'absinthe : la raillerie, l'injure, l'insulte, leur découlent des lèvres comme leur salive. Il leur seroit utile d'être nés muets ou stupides : ce qu'ils ont de vivacité et d'esprit leur nuit davantage que ne fait à quelques autres leur sottise. Ils ne se contentent pas toujours de répliquer avec aigreur, ils attaquent souvent avec insolence : ils frappent sur tout ce qui se trouve sous leur langue, sur les présents, sur les absents; ils heurtent de front et de côté, comme des béliers : demande-t-on à des béliers qu'ils n'aient pas de cornes? De même n'espère-t-on pas de réformer par cette peinture des naturels si durs, si farouches, si indociles. Ce que l'on peut faire de mieux, d'aussi loin qu'on les découvre, est de les fuir de toute sa force et sans regarder derrière soi.

28. Il y a des gens d'une certaine étoffe ou d'un certain caractère avec qui il ne faut jamais se commettre, de qui l'on ne doit se plaindre que le moins qu'il est possible, et contre qui il n'est pas même permis d'avoir raison.

29. Entre deux personnes qui ont eu ensemble une violente querelle, dont l'un a raison et l'autre ne l'a pas, ce que la plupart de ceux qui y ont assisté ne manquent jamais de faire, ou pour se dispenser de juger, ou par un tempérament qui m'a

toujours paru hors de sa place, c'est de condamner tous les deux : leçon importante, motif pressant et indispensable de fuir à l'orient quand le fat est à l'occident, pour éviter de partager avec lui le même tort.

30. Je n'aime pas un homme que je ne puis aborder le premier, ni saluer avant qu'il me salue, sans m'avilir à ses yeux, et sans tremper dans la bonne opinion qu'il a de lui-même. MONTAIGNE diroit [1] : *Je veux avoir mes coudées franches, et estre courtois et affablé à mon point, sans remords ne consequence. Je ne puis du tout estriver contre mon penchant, et aller au rebours de mon naturel, qui m'emmeine vers celuy que je trouve à ma rencontre. Quand il m'est égal, et qu'il ne m'est point ennemy, j'anticipe son bon accueil, je le questionne sur sa disposition et santé; je luy fais offre de mes offices sans tant marchander sur le plus ou sur le moins, ne estre, comme disent aucuns, sur le qui-vive : celuy-là me deplaist, qui, par la connoissance que j'ay de ses coustumes et façons d'agir, me tire de cette liberté et franchise. Comment me ressouvenir tout à propos, et d'aussi loin que je vois cet homme, d'emprunter une contenance grave et importante, et qui l'avertisse que je crois le valoir bien et au delà? pour cela de me ramentevoir de mes bonnes qualitez et*

---

[1] Imité de Montaigne. (*Note de La Bruyère.*)

conditions, et des siennes mauvaises, puis en faire la comparaison? C'est trop de travail pour moy, et ne suis du tout capable de si roide et si subite attention; et, quand bien elle m'auroit succédé une première fois, je ne laisserois de flechir et me dementir à une seconde tâche : je ne puis me forcer et contraindre pour quelconque à estre fier.

31. Avec de la vertu, de la capacité, et une bonne conduite, on peut être insupportable. Les manières, que l'on néglige comme de petites choses, sont souvent ce qui fait que les hommes décident de vous en bien ou en mal : une légère attention à les avoir douces et polies prévient leurs mauvais jugements. Il ne faut presque rien pour être cru fier, incivil, méprisant, désobligeant : il faut encore moins pour être estimé tout le contraire.

32. La politesse n'inspire pas toujours la bonté, l'équité, la complaisance, la gratitude; elle en donne du moins les apparences, et fait paroître l'homme au dehors comme il devroit être intérieurement.

L'on peut définir l'esprit de politesse; l'on ne peut en fixer la pratique : elle suit l'usage et les coutumes reçues; elle est attachée aux temps, aux lieux, aux personnes, et n'est point la même dans les deux sexes, ni dans les différentes conditions : l'esprit tout seul ne la fait pas deviner; il fait qu'on la suit par imitation, et que l'on s'y perfectionne.

Il y a des tempéraments qui ne sont susceptibles que de la politesse; et il y en a d'autres qui ne servent qu'aux grands talents, ou à une vertu solide. Il est vrai que les manières polies donnent cours au mérite, et le rendent agréable; et qu'il faut avoir de bien éminentes qualités pour se soutenir sans la politesse.

Il me semble que l'esprit de politesse est une certaine attention à faire que, par nos paroles et par nos manières, les autres soient contents de nous et d'eux-mêmes [1].

33. C'est une faute contre la politesse que de louer immodérément, en présence de ceux que vous faites chanter ou toucher un instrument, quelque autre personne qui a ces mêmes talents; comme devant ceux qui vous lisent leurs vers, un autre poëte.

34. Dans les repas ou les fêtes que l'on donne aux autres, dans les présents qu'on leur fait, et dans tous les plaisirs qu'on leur procure, il y a faire bien, et faire selon leur goût : le dernier est préférable.

35. Il y auroit une espèce de férocité à rejeter indifféremment toute sorte de louanges : l'on doit

---

[1] « La politesse de l'esprit consiste à penser des choses honnêtes et délicates. » — La galanterie de l'esprit est de dire des choses flatteuses d'une manière agréable. » (LA ROCHEFOUCAULD, *Maximes* 99 et 100.)

être sensible à celles qui nous viennent des gens de bien, qui louent en nous sincèrement des choses louables.

36. Un homme d'esprit, et qui est né fier, ne perd rien de sa fierté et de sa roideur pour se trouver pauvre; si quelque chose au contraire doit amollir son humeur, le rendre plus doux et plus sociable, c'est un peu de prospérité.

37. Ne pouvoir supporter tous les mauvais caractères dont le monde est plein, n'est pas un fort bon caractère : il faut, dans le commerce, des pièces d'or et de la monnoie.

38. Vivre avec des gens qui sont brouillés, et dont il faut écouter de part et d'autre les plaintes réciproques, c'est, pour ainsi dire, ne pas sortir de l'audience, et entendre du matin au soir plaider et parler procès.

39. L'on sait des gens qui avoient coulé leurs jours dans une union étroite : leurs biens étoient en commun; ils n'avoient qu'une même demeure; ils ne se perdoient pas de vue. Ils se sont aperçus à plus de quatre-vingts ans qu'ils devoient se quitter l'un l'autre, et finir leur société; ils n'avoient plus qu'un jour à vivre, et ils n'ont osé entreprendre de le passer ensemble; ils se sont dépêchés de rompre avant que de mourir; ils n'avoient de fonds pour la complaisance que jusque-là. Ils ont trop vécu pour le bon exemple; un moment plus tôt ils mouroient

sociables, et laissoient après eux un rare modèle de la persévérance dans l'amitié.

40. L'intérieur des familles est souvent troublé par les défiances, par les jalousies, et par l'antipathie, pendant que des dehors contents, paisibles, et enjoués, nous trompent, et nous y font supposer une paix qui n'y est point : il y en a peu qui gagnent à être approfondies. Cette visite que vous rendez vient de suspendre une querelle domestique qui n'attend que votre retraite pour recommencer.

41. Dans la société, c'est la raison qui plie la première. Les plus sages sont souvent menés par le plus fou et le plus bizarre : l'on étudie son foible, son humeur, ses caprices, l'on s'y accommode : l'on évite de le heurter, tout le monde lui cède : la moindre sérénité qui paroît sur son visage lui attire des éloges : on lui tient compte de n'être pas toujours insupportable. Il est craint, ménagé, obéi, quelquefois aimé.

42. Il n'y a que ceux qui ont eu de vieux collatéraux, ou qui en ont encore, et dont il s'agit d'hériter, qui puissent dire ce qu'il en coûte.

43. *Cléante*[1] est un très-honnête homme; il s'est

---

[1] Ce passage en rappelle un de Plutarque, que nous allons rapporter ici : « Il y a quelquefois de petites hargnes et riottes souvent répétées, procédantes de quelques

choisi une femme qui est la meilleure personne du
monde, et la plus raisonnable : chacun, de sa part,
fait tout le plaisir et tout l'agrément des sociétés
où il se trouve ; l'on ne peut voir ailleurs plus de
probité, plus de politesse. Ils se quittent demain ;
et l'acte de leur séparation est tout dressé chez le
notaire. Il y a, sans mentir, de certains mérites qui
ne sont point faits pour être ensemble, de certaines
vertus incompatibles.

44. L'on peut compter sûrement sur la dot, le
douaire, et les conventions, mais foiblement sur
les nourritures : elles dépendent d'une union fra-
gile de la belle-mère et de la bru, et qui périt
souvent dans l'année du mariage.

45. Un beau-père aime son gendre, aime sa bru.
Une belle-mère aime son gendre, n'aime point sa
bru. Tout est réciproque.

46. Ce qu'une marâtre aime le moins de tout ce
qui est au monde, ce sont les enfants de son mari :
plus elle est folle de son mari, plus elle est marâtre.

« fascheuses conditions, ou de quelque dissimilitude ou in-
« compatibilité de nature, que les estrangers ne cognoissent
« pas, lesquelles par succession de temps engendrent de si
« grandes alienations de voluntez entre des personnes,
« qu'elles ne peuvent plus vivre ny habiter ensemble. »
(*Vie de Paulus Æmilius,* ch. III de la version d'Amyot.)

Les marâtres font déserter les villes et les bourgades, et ne peuplent pas moins la terre de men-
diants, de vagabonds, de domestiques et d'esclaves,
que la pauvreté.

47. G** et H**[1] sont voisins de campagne, et
leurs terres sont contiguës ; ils habitent une contrée
déserte et solitaire. Éloignés des villes et de tout
commerce, il sembloit que la fuite d'une entière
solitude, ou l'amour de la société, eût dû les assujettir à une liaison réciproque ; il est cependant
difficile d'exprimer la bagatelle qui les a fait rompre,
qui les rend implacables l'un pour l'autre, et qui
perpétuera leurs haines dans leurs descendants.
Jamais des parents, et même des frères, ne se sont
brouillés pour une moindre chose.

[1] Ici, les auteurs de clefs donnent des noms qui se rapportent aux initiales du texte, ce qui pourroit faire croire
qu'ils ont rencontré juste. Voici comme ils racontent l'a-
venture : « Vedeau de Grammont, conseiller de la cour en
« la seconde des enquêtes, eut un très-grand procès avec
« M. Hervé, doyen du parlement, au sujet d'une bêche.
« Ce procès, commencé pour une bagatelle, donna lieu à
« une inscription en faux de titre de noblesse dudit Vedeau ;
« et cette affaire alla si loin, qu'il fut dégradé publique-
« ment, sa robe déchirée sur lui ; outre cela, condamné à
« un bannissement perpétuel, depuis converti en une prison
« à Pierre-Ancise : ce qui le ruina absolument. Il avoit
« épousé la fille de M. Genou, conseiller en la grand'-
« chambre. »

Je suppose qu'il n'y ait que deux hommes sur la terre qui la possèdent seuls, et qui la partagent toute entre eux deux : je suis persuadé qu'il leur naîtra bientôt quelque sujet de rupture, quand ce ne seroit que pour les limites.

48. Il est souvent plus court et plus utile de cadrer aux autres, que de faire que les autres s'ajustent à nous [1].

49. J'approche d'une petite ville, et je suis déja sur une hauteur d'où je la découvre. Elle est située à mi-côte; une rivière baigne ses murs, et coule ensuite dans une belle prairie; elle a une forêt épaisse qui la couvre des vents froids et de l'aquilon. Je la vois dans un jour si favorable que je compte ses tours et ses clochers : elle me paroît peinte sur le penchant de la colline. Je me récrie, et je dis : « Quel plaisir de vivre sous un si beau ciel et dans ce séjour si délicieux! » Je descends dans la ville, où je n'ai pas couché deux nuits, que je ressemble à ceux qui l'habitent : j'en veux sortir.

50. Il y a une chose que l'on n'a point vue sous le ciel, et que selon toutes les apparences on ne verra jamais : c'est une petite ville qui n'est divisée en aucuns partis; où les familles sont unies, et où les

---

[1] « Un esprit droit a moins de peine de se soumettre aux esprits de travers, que de les conduire. » (LA ROCHEFOUCAULD, *Maxime* 448.)

cousins se voient avec confiance ; où un mariage n'engendre point une guerre civile ; où la querelle des rangs ne se réveille pas à tous moments par l'offrande, l'encens et le pain bénit, par les processions, et par les obsèques ; d'où l'on a banni les *caquets,* le mensonge, et la médisance ; où l'on voit parler ensemble le bailli et le président, les élus et les assesseurs ; où le doyen vit bien avec ses chanoines, où les chanoines ne dédaignent pas les chapelains, et où ceux-ci souffrent les chantres.

51. Les provinciaux et les sots sont toujours prêts à se fâcher, et à croire qu'on se moque d'eux, ou qu'on les méprise : il ne faut jamais hasarder la plaisanterie, même la plus douce et la plus permise, qu'avec des gens polis, ou qui ont de l'esprit.

52. On ne prime point avec les grands, ils se défendent par leur grandeur ; ni avec les petits, ils vous repoussent par le *qui-vive.*

53. Tout ce qui est mérite se sent, se discerne, se devine réciproquement : si l'on vouloit être estimé, il faudroit vivre avec des personnes estimables.

54. Celui qui est d'une éminence au-dessus des autres qui le met à couvert de la repartie, ne doit jamais faire une raillerie piquante.

55. Il y a de petits défauts que l'on abandonne volontiers à la censure, et dont nous ne haïssons pas à être raillés ; ce sont de pareils défauts que nous devons choisir pour railler les autres.

56. Rire des gens d'esprit, c'est le privilége des sots : ils sont dans le monde ce que les fous sont à la cour, je veux dire sans conséquence.

57. La moquerie est souvent indigence d'esprit.

58. Vous le croyez votre dupe : s'il feint de l'être, qui est plus dupe de lui ou de vous[1]?

59. Si vous observez avec soin qui sont les gens qui ne peuvent louer, qui blâment toujours, qui ne sont contents de personne, vous reconnoîtrez que ce sont ceux mêmes dont personne n'est content.

60. Le dédain et le rengorgement dans la société attirent précisément le contraire de ce que l'on cherche, si c'est à se faire estimer.

61. Le plaisir de la société entre les amis se cultive par une ressemblance de goût sur ce qui regarde les mœurs, et par quelque différence d'opinions sur les sciences : par là, ou l'on s'affermit dans ses sentiments, ou l'on s'exerce et l'on s'instruit par la dispute.

62. L'on ne peut aller loin dans l'amitié, si l'on n'est pas disposé à se pardonner les uns aux autres les petits défauts.

---

[1] « La plus subtile de toutes les finesses est de savoir bien feindre de tomber dans les pièges que l'on nous tend; et on n'est jamais si aisément trompé que quand on songe à tromper les autres. » (LA ROCHEFOUCAULD, *Maxime* 117.)

·63· Combien de belles et inutiles raisons à étaler
à celui qui est dans une grande adversité, pour
essayer de le rendre tranquille! Les choses de
dehors, qu'on appelle les événements, sont quelquefois plus fortes que la raison et que la nature.
Mangez, dormez, ne vous laissez point mourir de
chagrin, songez à vivre : « harangues froides, et
qui réduisent à l'impossible ». « Êtes-vous raisonnable de vous tant inquiéter? » n'est-ce pas dire :
« Êtes-vous fou d'être malheureux? »

64. Le conseil, si nécessaire pour les affaires, est
quelquefois, dans la société, nuisible à qui le
donne, et inutile à celui à qui il est donné : sur
les mœurs, vous faites remarquer des défauts ou
que l'on n'avoue pas, ou que l'on estime des vertus ;
sur les ouvrages, vous rayez les endroits qui paroissent admirables à leur auteur, où il se complaît
davantage, où il croit s'être surpassé lui-même.
Vous perdez ainsi la confiance de vos amis, sans
les avoir rendus ni meilleurs ni plus habiles.

65. L'on a vu, il n'y a pas longtemps, un cercle
de personnes [1] des deux sexes, liées ensemble par
la conversation et par un commerce d'esprit. Ils
laissoient au vulgaire l'art de parler d'une manière
intelligible; une chose dite entre eux peu clairement en entraînoit une autre encore plus obscure,

---

[1] Les précieuses et leurs *alcovistes.*

sur laquelle on enchérissoit par de vraies énigmes, toujours suivies de longs applaudissements : par tout ce qu'ils appeloient délicatesse, sentiments, tour, et finesse d'expression, ils étoient enfin parvenus à n'être plus entendus, et à ne s'entendre pas eux-mêmes. Il ne falloit, pour fournir à ces entretiens, ni bon sens, ni jugement, ni mémoire, ni la moindre capacité : il falloit de l'esprit, non pas du meilleur, mais de celui qui est faux, et où l'imagination a trop de part.

66. Je le sais, *Théobalde,* vous êtes vieilli ; mais voudriez-vous que je crusse que vous êtes baissé, que vous n'êtes plus poëte ni bel esprit, que vous êtes présentement aussi mauvais juge de tout genre d'ouvrage que méchant auteur, que vous n'avez plus rien de naïf et de délicat dans la conversation ? Votre air libre et présomptueux me rassure et me persuade tout le contraire. Vous êtes donc aujourd'hui tout ce que vous fûtes jamais, et peut-être meilleur ; car, si à votre âge vous êtes si vif et si impétueux, quel nom, Théobalde, falloit-il vous donner dans votre jeunesse, et lorsque vous étiez la *coqueluche* ou l'entêtement de certaines femmes qui ne juroient que par vous et sur votre parole, qui disoient : *Cela est délicieux; qu'a-t-il dit?*

67. L'on parle impétueusement dans les entretiens, souvent par vanité ou par humeur, rarement avec assez d'attention : tout occupé du désir de

répondre à ce qu'on n'écoute point, l'on suit ses idées, et on les explique sans le moindre égard pour les raisonnements d'autrui; l'on est bien éloigné de trouver ensemble la vérité, l'on n'est pas encore convenu de celle que l'on cherche. Qui pourroit écouter ces sortes de conversations, et les écrire, feroit voir quelquefois de bonnes choses qui n'ont nulle suite.

68. Il a régné pendant quelque temps une sorte de conversation fade et puérile, qui rouloit toute sur des questions frivoles qui avoient relation au cœur, et à ce qu'on appelle passion ou tendresse. La lecture de quelques romans les avoit introduites parmi les plus honnêtes gens de la ville et de la cour; ils s'en sont défaits, et la bourgeoisie les a reçues avec les pointes et les équivoques.

69. Quelques femmes de la ville ont la délicatesse de ne pas savoir ou de n'oser dire le nom des rues, des places, et de quelques endroits publics, qu'elles ne croient pas assez nobles pour être connus. Elles disent *le Louvre*, *la place Royale :* mais elles usent de tours et de phrases plutôt que de prononcer de certains noms; et, s'ils leur échappent, c'est du moins avec altération du mot, et après quelques façons qui les rassurent : en cela moins naturelles que les femmes de la cour, qui ayant besoin dans le discours des *Halles*, du *Châtelet*, ou de choses semblables, disent *les Halles*, *le Châtelet*.

70. Si l'on feint quelquefois de ne se pas souvenir de certains noms que l'on croit obscurs, et si l'on affecte de les corrompre en les prononçant, c'est par la bonne opinion qu'on a du sien[1].

71. L'on dit par belle humeur, et dans la liberté de la conversation, de ces choses froides, qu'à la vérité l'on donne pour telles, et que l'on ne trouve bonnes que parce qu'elles sont extrêmement mauvaises. Cette manière basse de plaisanter a passé du peuple, à qui elle appartient, jusque dans une grande partie de la jeunesse de la cour, qu'elle a déja infectée. Il est vrai qu'il y entre trop de fadeur et de grossièreté pour devoir craindre qu'elle s'étende plus loin, et qu'elle fasse de plus grands progrès dans un pays qui est le centre du bon goût et de la politesse. L'on doit cependant en inspirer le dégoût à ceux qui la pratiquent; car, bien que ce ne soit jamais sérieusement, elle ne laisse pas de tenir la place, dans leur esprit et dans le commerce ordinaire, de quelque chose de meilleur.

72. Entre dire de mauvaises choses, ou en dire de bonnes que tout le monde sait et les donner pour nouvelles, je n'ai pas à choisir.

---

[1] C'est ce que faisoit, dit-on, le maréchal de Richelieu, qui estropioit impitoyablement les noms de tous les roturiers de sa connoissance, même de ses confrères à l'Académie françoise.

73. « *Lucain a dit une jolie chose*..... *Il y a un beau mot de Claudien*..... *Il y a cet endroit de Sénèque :* » et là-dessus une longue suite de latin que l'on cite souvent devant des gens qui ne l'entendent pas, et qui feignent de l'entendre. Le secret seroit d'avoir un grand sens et bien de l'esprit; car ou l'on se passeroit des anciens, ou, après les avoir lus avec soin, l'on sauroit encore choisir les meilleurs, et les citer à propos.

74. *Hermagoras* ne sait pas qui est roi de Hongrie; il s'étonne de n'entendre faire aucune mention du roi de Bohême : ne lui parlez pas des guerres de Flandre et de Hollande, dispensez-le du moins de vous répondre : il confond les temps, il ignore quand elles ont commencé, quand elles ont fini : combats, sièges, tout lui est nouveau; mais il est instruit de la guerre des géants, il en raconte le progrès et les moindres détails, rien ne lui est échappé : il débrouille de même l'horrible chaos des deux empires, le Babylonien et l'Assyrien; il connoît à fond les Égyptiens et leurs dynasties. Il n'a jamais vu Versailles, il ne le verra point : il a presque vu la tour de Babel, il en compte les degrés, il sait combien d'architectes ont présidé à cet ouvrage, il sait le nom des architectes. Dirai-je qu'il croit Henri IV [1] fils de Henri III? Il néglige

---

[1] Henri le Grand. (*Note de La Bruyère.*)

du moins de rien connoître aux maisons de France, d'Autriche, de Bavière : «Quelles minuties!» dit-il, pendant qu'il récite de mémoire toute une liste des rois des Mèdes ou de Babylone, et que les noms d'Apronal, d'Hérigebal, de Noesnemordach, de Mardokempad, lui sont aussi familiers qu'à nous ceux de VALOIS et de BOURBON. Il demande si l'Empereur a jamais été marié; mais personne ne lui apprendra que Ninus a eu deux femmes. On lui dit que le Roi jouit d'une santé parfaite; et il se souvient que Thetmosis, un roi d'Égypte, étoit valétudinaire, et qu'il tenoit cette complexion de son aïeul Alipharmutosis. Que ne sait-il point? Quelle chose lui est cachée de la vénérable antiquité? Il vous dira que Sémiramis, ou, selon quelques-uns, Sérimaris, parloit comme son fils Ninyas, qu'on ne les distinguoit pas à la parole : si c'étoit parce que la mère avoit une voix mâle comme son fils, ou le fils une voix efféminée comme sa mère, qu'il n'ose pas le décider. Il vous révélera que Nembrot étoit gaucher, et Sésostris ambidextre; que c'est une erreur de s'imaginer qu'un Artaxerxe ait été appelé Longuemain, parce que les bras lui tomboient jusqu'aux genoux, et non à cause qu'il avoit une main plus longue que l'autre; et il ajoute qu'il y a des auteurs graves qui affirment que c'étoit la droite, qu'il croit néanmoins être bien fondé à soutenir que c'est la gauche.

. 75. Ascagne est statuaire, Hégion fondeur, Eschine foulon, et *Cydias* bel esprit; c'est sa profession. Il a une enseigne, un atelier, des ouvrages de commande, et des compagnons qui travaillent sous lui; il ne vous sauroit rendre de plus d'un mois les stances qu'il vous a promises, s'il ne manque de parole à *Dosithée* qui l'a engagé à faire une élégie : une idylle est sur le métier; c'est pour Grantor qui le presse, et qui lui laisse espérer un riche salaire. Prose, vers, que voulez-vous? il réussit également en l'un et en l'autre. Demandez-lui des lettres de consolation, ou sur une absence, il les entreprendra; prenez-les toutes faites et entrez dans son magasin, il y a à choisir. Il a un ami qui n'a point d'autre fonction sur la terre que de le promettre longtemps à un certain monde, et de le présenter enfin dans les maisons comme homme rare et d'une exquise conversation; et là, ainsi que le musicien chante et que le joueur de luth touche son luth devant les personnes à qui il a été promis, Cydias, après avoir toussé, relevé sa manchette, étendu la main et ouvert les doigts, débite gravement ses pensées quintessenciées et ses raisonnements sophistiqués Différent de ceux qui convenant de principes, et connoissant la raison ou la vérité qui est une, s'arrachent la parole l'un à l'autre pour s'accorder sur leurs sentiments, il n'ouvre la bouche que pour contredire : «*Il me semble*, dit-il gracieusement, *que c'est tout le contraire de ce que vous dites :* » ou « *Je ne saurois être de votre opinion ;* » ou bien : « *Ç'a été autrefois mon entêtement, comme il est le vôtre ; mais... il y a trois choses,* ajoute-t-il, *à considérer...* » et il en ajoute une quatrième : fade discoureur qui n'a pas mis plus tôt le pied dans une assemblée, qu'il cherche quelques femmes auprès de qui il puisse s'insinuer, se parer de son bel esprit ou de sa philosophie, et mettre en œuvre ses rares conceptions ; car, soit qu'il parle ou qu'il écrive, il ne doit pas être soupçonné d'avoir en vue ni le vrai ni le faux, ni le raisonnable ni le ridicule : il évite uniquement de donner dans le sens des autres, et d'être de l'avis de quelqu'un : aussi attend-il dans un cercle que chacun se soit expliqué sur le sujet qui s'est offert, ou souvent qu'il a amené lui même, pour dire dogmatiquement des choses toutes nouvelles, mais à son gré décisives et sans réplique. Cydias s'égale à Lucien et à Sénèque [1], se met au-dessus de Platon, de Virgile, et de Théocrite ; et son flatteur a soin de le confirmer tous les matins dans cette opinion. Uni de goût et d'intérêt avec les contempteurs d'Homère, il attend paisiblement que les hommes détrompés lui préfèrent les poëtes modernes : il se met en ce cas à la tête de ces derniers, et il sait à qui il adjuge

---

[1] Philosophe et poëte tragique. (*Note de La Bruyère.*)

la seconde place. C'est, en un mot, un composé du pédant et du précieux, fait pour être admiré de la bourgeoisie et de la province, en qui néanmoins on n'aperçoit rien de grand que l'opinion qu'il a de lui-même.

76. C'est la profonde ignorance qui inspire le ton dogmatique. Celui qui ne sait rien croit enseigner aux autres ce qu'il vient d'apprendre lui-même ; celui qui sait beaucoup pense à peine que ce qu'il dit puisse être ignoré, et parle plus indifféremment.

77. Les plus grandes choses n'ont besoin que d'être dites simplement : elles se gâtent par l'emphase. Il faut dire noblement les plus petites : elles ne se soutiennent que par l'expression, le ton, et la manière.

78. Il me semble que l'on dit les choses encore plus finement qu'on ne peut les écrire.

79. Il n'y a guère qu'une naissance honnête, ou une bonne éducation, qui rende les hommes capables de secret.

80. Toute confiance est dangereuse, si elle n'est entière : il y a peu de conjonctures où il ne faille tout dire ou tout cacher. On a déja trop dit de son secret à celui à qui on croit devoir en dérober une circonstance.

81. Des gens vous promettent le secret, et ils le révèlent eux-mêmes, et à leur insu ; ils ne remuent

pas les lèvres, et on les entend : on lit sur leur
front et dans leurs yeux ; on voit au travers de leur
poitrine ; ils sont transparents. D'autres ne disent
pas précisément une chose qui leur a été confiée ;
mais ils parlent et agissent de manière qu'on la
découvre de soi-même. Enfin quelques-uns méprisent
votre secret, de quelque conséquence qu'il puisse
être : *C'est un mystère; un tel m'en a fait part, et m'a
défendu de le dire;* et ils le disent.

Toute révélation d'un secret est la faute de celui
qui l'a confié[1].

82. *Nicandre* s'entretient avec *Élise* de la manière
douce et complaisante dont il a vécu avec sa femme,
depuis le jour qu'il en fit le choix jusques à sa mort ;
il a déja dit qu'il regrette qu'elle ne lui ait pas
laissé des enfants, et il le répète ; il parle des maisons
qu'il a à la ville, et bientôt d'une terre qu'il a à la
campagne : il calcule le revenu qu'elle lui rapporte,
il fait le plan des bâtiments, en décrit la situation,
exagère la commodité des appartements, ainsi que
la richesse et la propreté des meubles. Il assure
qu'il aime la bonne chère, les équipages : il se plaint
que sa femme n'aimoit point assez le jeu et la société.

---

1 « Celui qui révèle son secret à un ami indiscret est
plus indiscret que l'indiscret même. » (Mlle DE SCUDÉRY,
Nouvelles conversations de morale, tome II, p. 750,
édit. de 1688.)

« Vous êtes si riche, lui disoit un de ses amis, que n'achetez-vous cette charge? pourquoi ne pas faire cette acquisition qui étendroit votre domaine? On me croit, ajoute-t-il, plus de bien que je n'en possède. » Il n'oublie pas son extraction et ses alliances : *M. le Surintendant, qui est mon cousin; madame la Chancelière, qui est ma parente :* voilà son style. Il raconte un fait qui prouve le mécontentement qu'il doit avoir de ses plus proches, et de ceux même qui sont ses héritiers : « Ai-je tort? dit-il à Élise; ai-je grand sujet de leur vouloir du bien? » et il l'en fait juge. Il insinue ensuite qu'il a une santé foible et languissante; et il parle de la cave où il doit être enterré. Il est insinuant, flatteur, officieux, à l'égard de tous ceux qu'il trouve auprès de la personne à qui il aspire. Mais Élise n'a pas le courage d'être riche en l'épousant. On annonce, au moment qu'il parle, un cavalier, qui de sa seule présence démonte la batterie de l'homme de ville : il se lève déconcerté et chagrin, et va dire ailleurs qu'il veut se remarier.

83. Le sage quelquefois évite le monde, de peur d'être ennuyé.

———   ———

CHAPITRE VI.

DES BIENS DE FORTUNE.

1. Un homme fort riche peut manger des entremets, faire peindre ses lambris et ses alcôves, jouir d'un palais à la campagne, et d'un autre à la ville, avoir un grand équipage, mettre un duc dans sa famille, et faire de son fils un grand seigneur : cela est juste et de son ressort; mais il appartient peut-être à d'autres de vivre contents.

2. Une grande naissance ou une grande fortune annonce le mérite, et le fait plus tôt remarquer.

3. Ce qui disculpe le fat ambitieux de son ambition est le soin que l'on prend, s'il a fait une grande fortune, de lui trouver un mérite qu'il n'a jamais eu, et aussi grand qu'il croit l'avoir.

4. A mesure que la faveur et les grands biens se retirent d'un homme, ils laissent voir en lui le ridicule qu'ils couvroient, et qui y étoit sans que personne s'en aperçût.

5. Si l'on ne le voyoit de ses yeux, pourroit-on jamais s'imaginer l'étrange disproportion que le plus ou le moins de pièces de monnoie met entre les hommes?

Ce plus ou ce moins détermine à l'épée, à la robe, ou à l'Église : il n'y a presque point d'autre vocation.

6. Deux marchands étoient voisins, et faisoient le même commerce, qui ont eu dans la suite une fortune toute différente. Ils avoient chacun une fille unique ; elles ont été nourries ensemble, et ont vécu dans cette familiarité que donnent un même âge et une même condition : l'une des deux, pour se tirer d'une extrême misère, cherche à se placer ; elle entre au service d'une fort grande dame et l'une des premières de la cour, chez sa compagne.

7. Si le financier manque son coup, les courtisans disent de lui : « C'est un bourgeois, un homme de rien, un malotru : » s'il réussit, ils lui demandent sa fille.

8. Quelques-uns [1] ont fait dans leur jeunesse l'apprentissage d'un certain métier, pour en exercer un autre, et fort différent, le reste de leur vie.

9. Un homme est laid, de petite taille, et a peu d'esprit. L'on me dit à l'oreille : « Il a cinquante mille livres de rente. » Cela le concerne tout seul, et il ne m'en sera jamais ni pis ni mieux ; si je commence à le regarder avec d'autres yeux, et si je ne suis pas maître de faire autrement, quelle sottise !

10. Un projet assez vain seroit de vouloir tourner

[1] Les partisans, qui avoient souvent commencé par être laquais.

un homme fort sot et fort riche en ridicule : les rieurs sont de son côté.

11. N** avec un portier rustre, farouche, tirant sur le Suisse, avec un vestibule et une antichambre, pour peu qu'il y fasse languir quelqu'un et se morfondre, qu'il paroisse enfin avec une mine grave et une démarche mesurée, qu'il écoute un peu et ne reconduise point ; quelque subalterne qu'il soit d'ailleurs, il fera sentir de lui-même quelque chose qui approche de la considération.

12. Je vais, *Clitiphon*, à votre porte ; le besoin que j'ai de vous me chasse de mon lit et de ma chambre : plût aux dieux que je ne fusse ni votre client ni votre fâcheux ! Vos esclaves me disent que vous êtes enfermé, et que vous ne pouvez m'écouter que d'une heure entière. Je reviens avant le temps qu'ils m'ont marqué, et ils me disent que vous êtes sorti. Que faites-vous, Clitiphon, dans cet endroit le plus reculé de votre appartement, de si laborieux qui vous empêche de m'entendre ? Vous enfilez quelques mémoires ; vous collationnez un registre, vous signez, vous paraphez. Je n'avois qu'une chose à vous demander, et vous n'aviez qu'un mot à me répondre, oui, ou non. Voulez-vous être rare ? Rendez service à ceux qui dépendent de vous : vous le serez davantage par cette conduite que par ne vous pas laisser voir. O homme important et chargé d'affaires, qui, à votre tour, avez

besoin de mes offices, venez dans la solitude de
mon cabinet : le philosophe est accessible; je ne
vous remettrai point à un autre jour. Vous me
trouverez sur les livres de Platon qui traitent de la
spiritualité de l'ame et de sa distinction d'avec le
corps, ou la plume à la main pour calculer les
distances de Saturne et de Jupiter : j'admire Dieu
dans ses ouvrages, et je cherche, par la connoissance
de la vérité, à régler mon esprit et devenir meilleur.
Entrez, toutes les portes vous sont ouvertes : mon
antichambre n'est pas faite pour s'y ennuyer en
m'attendant; passez jusqu'à moi sans me faire avertir. Vous m'apportez quelque chose de plus précieux que l'argent et l'or, si c'est une occasion de
vous obliger. Parlez, que voulez-vous que je fasse
pour vous? Faut-il quitter mes livres, mes études,
mon ouvrage, cette ligne qui est commencée? Quelle
interruption heureuse pour moi que celle qui vous
est utile! Le manieur d'argent, l'homme d'affaires,
est un ours qu'on ne sauroit apprivoiser; on ne le
voit dans sa loge qu'avec peine : que dis-je? on ne
le voit point; car d'abord on ne le voit pas encore,
et bientôt on ne le voit plus. L'homme de lettres,
au contraire, est trivial comme une borne au coin
des places; il est vu de tous, et à toute heure, et
en tous états, à table, au lit, nu, habillé, sain, ou
malade : il ne peut être important, et il ne le veut
point être.

13. N'envions point à une sorte de gens leurs grandes richesses : ils les ont à titre onéreux, et qui ne nous accommoderoit point. Ils ont mis leur repos, leur santé, leur honneur, et leur conscience, pour les avoir : cela est trop cher, et il n'y a rien à gagner à un tel marché.

14. Les P. T. S. [1] nous font sentir toutes les passions l'une après l'autre : l'on commence par le mépris, à cause de leur obscurité; on les envie ensuite, on les hait, on les craint; on les estime quelquefois, et on les respecte; l'on vit assez pour finir à leur égard par la compassion.

15. *Sosie*, de la livrée, a passé, par une petite recette, à une sous-ferme ; et, par les concussions, la violence, et l'abus qu'il a fait de ses *pouvoirs*, il s'est enfin, sur les ruines de plusieurs familles, élevé à quelque grade. Devenu noble par une charge, il ne lui manquoit que d'être homme de bien : une place de marguillier a fait ce prodige.

16. *Arfure* cheminoit seule et à pied vers le grand

---

[1] C'est sous le voile assez transparent de ces trois lettres que La Bruyère avoit jugé à propos de cacher le nom de *partisans*, que les éditeurs venus après lui ont écrit en entier. On ne peut pas croire que ce fût de sa part un ménagement pour les partisans de son temps, puisque ailleurs il les nomme en toutes lettres. Il ne vouloit peut-être que procurer à ses lecteurs le petit plaisir de deviner cette espèce d'énigme.

portique de Saint**, entendoit de loin le sermon
d'un carme ou d'un docteur qu'elle ne voyoit
qu'obliquement, et dont elle perdoit bien des paroles. Sa vertu étoit obscure, et sa dévotion connue
comme sa personne. Son mari est entré dans le
huitième denier [1] : quelle monstrueuse fortune en
moins de six années! Elle n'arrive à l'église que
dans un char; on lui porte une lourde queue; l'o-
rateur s'interrompt pendant qu'elle se place; elle
le voit de front, n'en perd pas une seule parole ni
le moindre geste : il y a une brigue entre les prêtres
pour la confesser, tous veulent l'absoudre, et le
curé l'emporte.

17. L'on porte *Crésus* au cimetière : de toutes
ses immenses richesses, que le vol et la concussion
lui avoient acquises, et qu'il a épuisées par le luxe
et par la bonne chère, il ne lui est pas demeuré de
quoi se faire enterrer; il est mort insolvable, sans
biens, et ainsi privé de tous les secours : l'on n'a
vu chez lui ni julep, ni cordiaux, ni médecins, ni
le moindre docteur qui l'ait assuré de son salut.

18. *Champagne,* au sortir d'un long dîner qui lui
enfle l'estomac, et dans les douces fumées d'un vin
d'Avenay ou de Sillery, signe un ordre qu'on lui
présente, qui ôteroit le pain à toute une province

---

[1] Charge de finance, établie en 1672, pendant la
guerre de Hollande.

si l'on n'y remédioit. Il est excusable ; quel moyen
de comprendre dans la première heure de la digestion qu'on puisse quelque part mourir de faim?

19. *Sylvain* de ses deniers a acquis de la naissance et un autre nom. Il est seigneur de la paroisse
où ses aïeux payoient la taille : il n'auroit pu autrefois entrer page chez *Cléobule;* et il est son
gendre.

20. *Dorus* passe en litière par la voie *Appienne,*
précédé de ses affranchis et de ses esclaves, qui
détournent le peuple et font faire place : il ne lui
manque que des licteurs; il entre à *Rome* avec ce
cortège, où il semble triompher de la bassesse et
de la pauvreté de son père *Sanga.*

21. On ne peut mieux user de sa fortune que fait
Périandre : elle lui donne du rang, du crédit, de
l'autorité; déja on ne le prie plus d'accorder son
amitié, on implore sa protection. Il a commencé
par dire de soi-même : *un homme de ma sorte;* il
passe à dire : *un homme de ma qualité :* il se donne
pour tel ; et il n'y a personne de ceux à qui il prête
de l'argent, ou qu'il reçoit à sa table, qui est
délicate, qui veuille s'y opposer. Sa demeure est
superbe, un dorique règne dans tous ses dehors ;
ce n'est pas une porte, c'est un portique : est-ce la
maison d'un particulier, est-ce un temple? le peuple
s'y trompe. Il est le seigneur dominant de tout le
quartier. C'est lui que l'on envie, et dont on vou-

droit voir la chute ; c'est lui dont la femme, par son
collier de perles, s'est fait des ennemies de toutes
les dames du voisinage. Tout se soutient dans cet
homme ; rien encore ne se dément dans cette grandeur qu'il a acquise, dont il ne doit rien, qu'il a
payée. Que son père, si vieux et si caduc, n'est-il
mort il y a vingt ans et avant qu'il se fît dans le
monde aucune mention de Périandre ! Comment
pourra-t-il soutenir ces odieuses pancartes [1] qui dé-
chiffrent les conditions, et qui souvent font rougir
la veuve et les héritiers? Les supprimera-t-il aux yeux
de toute une ville jalouse, maligne, clairvoyante, et
aux dépens de mille gens qui veulent absolument
aller tenir leur rang à des obsèques? Veut-on d'ailleurs qu'il fasse de son père un *Noble homme,* et
peut-être un *Honorable homme,* lui qui est *Messire?*

22. Combien d'hommes ressemblent à ces arbres
déja forts et avancés que l'on transplante dans les
jardins, où ils surprennent les yeux de ceux qui
les voient placés dans de beaux endroits où ils ne
les ont point vus croître, et qui ne connoissent ni
leurs commencements ni leurs progrès !

23. Si certains morts revenoient au monde, et
s'ils voyoient leurs grands noms portés, et leurs
terres les mieux titrées, avec leurs châteaux et
leurs maisons antiques, possédées par des gens

---

[1] Billets d'enterrement (*Note de La Bruyère.*)

dont les pères étoient peut-être leurs métayers,
quelle opinion pourroient-ils avoir de notre siècle?

24. Rien ne fait mieux comprendre le peu de chose
que Dieu croit donner aux hommes, en leur abandonnant les richesses, l'argent, les grands établissements, et les autres biens, que la dispensation
qu'il en fait, et le genre d'hommes qui en sont le
mieux pourvus.

25. Si vous entrez dans les cuisines, où l'on voit
réduit en art et en méthode le secret de flatter
votre goût et de vous faire manger au delà du
nécessaire; si vous examinez en détail tous les
apprêts des viandes qui doivent composer le festin
que l'on vous prépare; si vous regardez par quelles
mains elles passent, et toutes les formes différentes
qu'elles prennent avant de devenir un mets exquis,
et d'arriver à cette propreté et à cette élégance qui
charment vos yeux, vous font hésiter sur le choix,
et prendre le parti d'essayer de tout; si vous voyez
tout le repas ailleurs que sur une table bien servie,
quelles saletés! quel dégoût! Si vous allez derrière
un théâtre, et si vous nombrez les poids, les roues,
les cordages, qui font les vols et les machines; si
vous considérez combien de gens entrent dans
l'exécution de ces mouvements, quelle force de
bras, et quelle extension de nerfs ils y emploient,
vous direz : « Sont-ce là les principes et les ressorts
de ce spectacle si beau, si naturel, qui paroît animé

et agir de soi-même? » Vous vous récrierez : «Quels efforts! quelle violence! » De même, n'approfondissez pas la fortune des partisans.

26. Ce garçon si frais, si fleuri, et d'une si belle santé, est seigneur d'une abbaye et de dix autres bénéfices : tous ensemble lui rapportent six-vingt mille livres de revenu, dont il n'est payé qu'en médailles d'or[1]. Il y a ailleurs six-vingts familles indigentes qui ne se chauffent point pendant l'hiver, qui n'ont point d'habits pour se couvrir, et qui souvent manquent de pain; leur pauvreté est extrême et honteuse. Quel partage ! Et cela ne prouve-t-il pas clairement un avenir?

27. *Chrysippe,* homme nouveau, et le premier noble de sa race, aspiroit, il y a trente années, à se voir un jour deux mille livres de rente pour tout bien : c'étoit là le comble de ses souhaits et sa plus haute ambition ; il l'a dit ainsi, et on s'en souvient. Il arrive, je ne sais par quels chemins, jusqu'à donner en revenu à l'une de ses filles, pour sa dot, ce qu'il desiroit lui-même d'avoir en fonds pour toute fortune pendant sa vie. Une pareille somme est comptée dans ses coffres pour chacun de ses autres enfants qu'il doit pourvoir, et il a un grand nombre d'enfants ; ce n'est qu'en avancement d'hoirie : il y a d'autres biens à espérer après sa

---

[1] Louis d'or. (*Note de La Bruyère.*)

mort. Il vit encore, quoique assez avancé en âge,
et il use le reste de ses jours à travailler pour s'enrichir.

28. Laissez faire *Ergaste,* et il exigera un droit
de tous ceux qui boivent de l'eau de la rivière, ou
qui marchent sur la terre ferme : il sait convertir
en or jusqu'aux roseaux, aux joncs, et à l'ortie. Il
écoute tous les avis, et propose tous ceux qu'il a
écoutés. Le prince ne donne aux autres qu'aux dépens
d'Ergaste, et ne leur fait de graces que celles qui
lui étoient dues. C'est une faim insatiable d'avoir et
de posséder. Il trafiqueroit des arts et des sciences, et
mettroit en parti jusques à l'harmonie; il faudroit,
s'il en étoit cru, que le peuple, pour avoir le plaisir
de le voir riche, de lui voir une meute et une
écurie, pût perdre le souvenir de la musique d'*Orphée,* et se contenter de la sienne.

29. Ne traitez pas avec *Criton,* il n'est touché
que de ses seuls avantages. Le piège est tout dressé
à ceux à qui sa charge, sa terre, ou ce qu'il possède feront envie : il vous imposera des conditions extravagantes. Il n'y a nul ménagement et
nulle composition à attendre d'un homme si plein
de ses intérêts et si ennemi des vôtres : il lui faut
une dupe.

30. *Brontin,* dit le peuple, fait des retraites, et
s'enferme huit jours avec des saints : ils ont leurs
méditations, et il a les siennes.

31. Le peuple souvent a le plaisir de la tragédie ; il voit périr sur le théâtre du monde les personnages les plus odieux, qui ont fait le plus de mal dans diverses scènes, et qu'il a le plus haïs.

32. Si l'on partage la vie des P. T. S. en deux portions égales, la première, vive et agissante, est tout occupée à vouloir affliger le peuple ; et la seconde, voisine de la mort, à se déceler et à se ruiner les uns les autres.

33. Cet homme qui a fait la fortune de plusieurs, qui a fait la vôtre, n'a pu soutenir la sienne, ni assurer avant sa mort celle de sa femme et de ses enfants : ils vivent cachés et malheureux. Quelque bien instruit que vous soyez de la misère de leur condition, vous ne pensez pas à l'adoucir ; vous ne le pouvez pas en effet, vous tenez table, vous bâtissez : mais vous conservez par reconnoissance le portrait de votre bienfaiteur, qui a passé, à la vérité, du cabinet à l'antichambre ; quels égards ! il pouvoit aller au garde-meuble.

34. Il y a une dureté de complexion ; il y en a une autre de condition et d'état. L'on tire de celle-ci, comme de la première, de quoi s'endurcir sur la misère des autres, dirai-je même, de quoi ne pas plaindre les malheurs de sa famille ? Un bon financier ne pleure ni ses amis, ni sa femme, ni ses enfants.

35. Fuyez, retirez-vous ; vous n'êtes pas assez loin.

— Je suis, dites-vous, sous l'autre tropique. — Passez sous le pôle et dans l'autre hémisphère, montez aux étoiles, si vous le pouvez. — M'y voilà. — Fort bien : vous êtes en sûreté. Je découvre sur la terre un homme avide, insatiable, inexorable, qui veut, aux dépens de tout ce qui se trouvera sur son chemin et à sa rencontre, et quoi qu'il en puisse coûter aux autres, pourvoir à lui seul, grossir sa fortune, et regorger de bien.

36. Faire fortune est une si belle phrase, et qu dit une si bonne chose, qu'elle est d'un usage universel : on la reconnoît dans toutes les langues : elle plaît aux étrangers et aux barbares; elle règne à la cour et à la ville; elle a percé les cloîtres et franchi les murs des abbayes de l'un et de l'autre sexe : il n'y a point de lieux sacrés où elle n'ait pénétré, point de désert ni de solitude où elle soit inconnue.

37. A force de faire de nouveaux contrats, ou de sentir son argent grossir dans ses coffres, on se croit enfin une bonne tête, et presque capable de gouverner.

38. Il faut une sorte d'esprit pour faire fortune, et surtout une grande fortune. Ce n'est ni le bon, ni le bel esprit, ni le grand, ni le sublime, ni le fort, ni le délicat : je ne sais précisément lequel c'est, et j'attends que quelqu'un veuille m'en instruire.

Il faut moins d'esprit que d'habitude ou d'expérience pour faire sa fortune : l'on y songe trop tard, et, quand enfin l'on s'en avise, l'on commence par des fautes que l'on n'a pas toujours le loisir de réparer : de là vient peut-être que les fortunes sont si rares.

Un homme d'un petit génie peut vouloir s'avancer; il néglige tout, il ne pense du matin au soir, il ne rêve la nuit, qu'à une seule chose, qui est de s'avancer. Il a commencé de bonne heure, et dès son adolescence, à se mettre dans les voies de la fortune : s'il trouve une barrière de front qui ferme son passage, il biaise naturellement, et va à droite ou à gauche, selon qu'il y voit de jour et d'apparence; et, si de nouveaux obstacles l'arrêtent, il rentre dans le sentier qu'il avoit quitté. Il est déterminé par la nature des difficultés, tantôt à les surmonter, tantôt à les éviter, ou à prendre d'autres mesures : son intérêt, l'usage, les conjonctures, le dirigent. Faut-il de si grands talents et une si bonne tête à un voyageur pour suivre d'abord le grand chemin, et, s'il est plein et embarrassé, prendre la terre, et aller à travers champs, puis regagner sa première route, la continuer, arriver à son terme? Faut-il tant d'esprit pour aller à ses fins? Est-ce donc un prodige qu'un sot riche et accrédité?

Il y a même des stupides, et j'ose dire des im-

béciles, qui se placent en de beaux postes, et qui
savent mourir dans l'opulence, sans qu'on les
doive soupçonner en nulle manière d'y avoir con-
tribué de leur travail ou de la moindre industrie :
quelqu'un les a conduits à la source d'un fleuve,
ou bien le hasard seul les y a fait rencontrer; on
leur a dit : « Voulez-vous de l'eau? puisez; » et ils
ont puisé.

39. Quand on est jeune, souvent on est pauvre :
ou l'on n'a pas encore fait d'acquisitions, ou les successions ne sont pas échues. L'on devient riche et
vieux en même temps; tant il est rare que les hommes puissent réunir tous leurs avantages; et, si cela
arrive à quelques-uns, il n'y a pas de quoi leur
porter envie : ils ont assez à perdre par la mort
pour mériter d'être plaints.

40. Il faut avoir trente ans pour songer à sa fortune; elle n'est pas faite à cinquante : l'on bâtit
dans sa vieillesse, et l'on meurt quand on en est
aux peintres et aux vitriers.

41. Quel est le fruit d'une grande fortune, si ce
n'est de jouir de la vanité, de l'industrie, du
travail, et de la dépense de ceux qui sont venus
avant nous, et de travailler nous-mêmes, de planter,
de bâtir, d'acquérir pour la postérité?

42. L'on ouvre, et l'on étale tous les matins pour
tromper son monde; et l'on ferme le soir après
avoir trompé tout le jour.

43. Le marchand fait des montres[1] pour donner
de sa marchandise ce qu'il y a de pire : il a le cati[2]
et les faux·jours afin d'en cacher les défauts, et
qu'elle paroisse bonne ; il la surfait, pour la vendre
plus cher qu'elle ne vaut ; il a des marques fausses
et mystérieuses, afin qu'on croie n'en donner que
son prix ; un mauvais aunage, pour en livrer le moins
qu'il se peut ; et il a un trébuchet, afin que celui
à qui il l'a livrée la lui paye en or qui soit de
poids.

44. Dans toutes les conditions, le pauvre est bien
proche de l'homme de bien ; et l'opulent n'est
guère éloigné de la friponnerie. Le savoir-faire
et l'habileté ne mènent pas jusqu'aux énormes richesses. ,

L'on peut s'enrichir dans quelque art, ou dans
quelque commerce que ce soit, par l'ostentation.
d'une certaine probité.

45. De tous les moyens de faire sa fortune, le
plus court et le meilleur est de mettre les gens à
voir clairement leurs intérêts à vous faire du bien.

46. Les hommes, pressés par les besoins de la
vie, et quelquefois par le desir du gain ou de la
gloire, cultivent des talents profanes, ou s'engagent
dans des professions équivoques, et dont ils se

[1] *Montres.* Expositions, étalages.
[2] *Cati.* Apprêt qui fait valoir les étoffes.

cachent longtemps à eux-mêmes le péril et les conséquences; ils les quittent ensuite par une dévotion discrète, qui ne leur vient jamais qu'après qu'ils ont fait leur récolte, et qu'ils jouissent d'une fortune bien établie.

47. Il y a des misères sur la terre qui saisissent le cœur : il manque à quelques-uns jusqu'aux aliments; ils redoutent l'hiver, ils appréhendent de vivre. L'on mange ailleurs des fruits précoces, l'on force la terre et les saisons pour fournir à sa délicatesse : de simples bourgeois, seulement à cause qu'ils étoient riches, ont eu l'audace d'avaler en un seul morceau la nourriture de cent familles. Tienne qui voudra contre de si grandes extrémités; je ne veux être, si je le puis, ni malheureux ni heureux : je me jette et me réfugie dans la médiocrité.

48. On sait que les pauvres sont chagrins de ce que tout leur manque, et que personne ne les soulage : mais, s'il est vrai que les riches soient colères, c'est de ce que la moindre chose puisse leur manquer, ou que quelqu'un veuille leur résister.

49. Celui-là est riche, qui reçoit plus qu'il ne consume; celui-là est pauvre, dont la dépense excède la recette.

Tel, avec deux millions de rente, peut être pauvre chaque année de cinq cent mille livres.

Il n'y a rien qui se soutienne plus longtemps

qu'une médiocre fortune : il n'y a rien dont on voie mieux la fin que d'une grande fortune.

L'occasion prochaine de la pauvreté, c'est de grandes richesses.

S'il est vrai que l'on soit riche de tout ce dont on n'a pas besoin, un homme fort riche, c'est un homme qui est sage [1].

S'il est vrai que l'on soit pauvre par toutes les choses que l'on desire, l'ambitieux et l'avare languissent dans une extrême pauvreté.

50. Les passions tyrannisent l'homme; et l'ambition suspend en lui les autres passions, et lui donne pour un temps les apparences de toutes les vertus. Ce *Triphon* qui a tous les vices, je l'ai cru sobre, chaste, libéral, humble, et même dévot : je le croirois encore, s'il n'eût enfin fait sa fortune.

51. L'on ne se rend point sur le desir de posséder et de s'agrandir : la bile gagne, et la mort approche, qu'avec un visage flétri, et des jambes déja foibles, l'on dit : *Ma fortune, mon établissement.*

52. Il n'y a au monde que deux manières de s'élever, ou par sa propre industrie, ou par l'imbécillité des autres.

---

[1] Boileau a heureusement exprimé la même pensée dans ce vers de sa cinquième Épître :

Qui vit content de rien possède toute chose.

53. Les traits découvrent la complexion et les mœurs; mais la mine désigne les biens de fortune : le plus ou le moins de mille livres de rente se trouve écrit sur les visages.

54. *Chrysante*, homme opulent et impertinent, ne veut pas être vu avec *Eugène,* qui est homme de mérite. mais pauvre : il croiroit en être déshonoré. Eugène est pour Chrysante dans les mêmes dispositions : ils ne courent pas risque de se heurter.

55. Quand je vois de certaines gens, qui me prévenoient autrefois par leurs civilités, attendre au contraire que je les salue, et en être avec moi sur le plus ou le moins, je dis en moi-même : « Fort bien, j'en suis ravi; tant mieux pour eux : vous verrez que cet homme-ci est mieux logé, mieux meublé, et mieux nourri qu'à l'ordinaire; qu'il sera entré depuis quelques mois dans quelque affaire, où il aura déja fait un gain raisonnable. Dieu veuille qu'il en vienne dans peu de temps jusqu'à me mépriser! »

56. Si les pensées, les livres et leurs auteurs, dépendoient des riches et de ceux qui ont fait une belle fortune, quelle proscription! Il n'y auroit plus de rappel. Quel ton, quel ascendant ne prennent-ils pas sur les savants! Quelle majesté n'observent-ils pas à l'égard de ces hommes *chétifs* que leur mérite n'a ni placés ni enrichis, et qui en sont encore à penser et à écrire judicieusement!

Il faut l'avouer, le présent est pour les riches, et
l'avenir pour les vertueux et les habiles. HOMÈRE
est encore, et sera toujours ; les receveurs de droits,
les publicains, ne sont plus ; ont-ils été ? leur patrie,
leurs noms, sont-ils connus ? y a-t-il eu dans la
Grèce des partisans ? Que sont devenus ces importants personnages qui méprisoient Homère, qui ne
songeoient dans la place qu'à l'éviter, qui ne lui
rendoient pas le salut, ou qui le saluoient par son
nom, qui ne daignoient pas l'associer à leur table,
qui le regardoient comme un homme qui n'étoit
pas riche, et qui faisoit un livre ? Que deviendront
les *Fauconnets*[1] ? iront-ils aussi loin dans la postérité que Descartes, né François et *mort en Suède*[2] ?

57. Du même fond d'orgueil dont l'on s'élève
fièrement au-dessus de ses inférieurs, l'on rampe
vilement devant ceux qui sont au-dessus de soi.
C'est le propre de ce vice, qui n'est fondé ni sur

---

[1] De 1680 à 1687, la ferme des domaines de France
fut concédée à *Jean Fauconnet*, qui prit le titre de fermier
général, et partagea son bail avec des sous-traitants.

[2] On connoissoit déjà du temps de La Bruyère ce qu'on
a appelé depuis l'éloquence des italiques. En imprimant
ainsi les mots *mort en Suède*, il a certainement voulu
insister sur cette circonstance, et rappeler à ses lecteurs
les déplorables cabales qui ont éloigné Descartes de son
pays, et l'ont envoyé mourir dans un royaume voisin du
pôle. Ses restes ont été rapportés en France en 1667,
dix-sept ans après sa mort.

le mérite personnel ni sur la vertu, mais sur les
richesses, les postes, le crédit, et sur de vaines
sciences, de nous porter également à mépriser
ceux qui ont moins que nous de cette espèce de
biens, et à estimer trop ceux qui en ont une mesure
qui excède la nôtre.

58. Il y a des ames sales, pétries de boue et
d'ordure, éprises du gain et de l'intérêt, comme les
belles ames le sont de la gloire et de la vertu; capables d'une seule volupté, qui est celle d'acquérir
ou de ne point perdre; curieuses et avides du denier dix; uniquement occupées de leurs débiteurs ;
toujours inquiètes sur le rabais ou sur le décri des
monnoies; enfoncées et comme abîmées dans les
contrats, les titres et les parchemins. De telles gens
ne sont ni parents, ni amis, ni citoyens, ni chrétiens,
ni peut-être des hommes : ils ont de l'argent.

59. Commençons par excepter ces ames nobles et
courageuses, s'il en reste encore sur la terre, se-
courables, ingénieuses à faire du bien, que nuls
besoins, nulle disproportion, nuls artifices, ne
peuvent séparer de ceux qu'ils se sont une fois
choisis pour amis; et, après cette précaution, disons hardiment une chose triste et douloureuse à
imaginer : il n'y a personne au monde si bien liée [1]

---

[1] *Liée*, au féminin. Tel est le texte de toutes les éditions originales.

avec nous de société et de bienveillance, qui nous aime, qui nous goûte, qui nous fait mille offres de services, et qui nous sert quelquefois, qui n'ait en soi, par l'attachement à son intérêt, des dispositions très-proches à rompre avec nous, et à devenir notre ennemi.

60. Pendant qu'*Oronte* augmente, avec ses années, son fonds et ses revenus, une fille naît dans quelque famille, s'élève, croît, s'embellit, et entre dans sa seizième année. Il se fait prier à cinquante ans pour l'épouser, jeune, belle, spirituelle : cet homme, sans naissance, sans esprit, et sans le moindre mérite, est préféré à tous ses rivaux.

61. Le mariage, qui devroit être à l'homme une source de tous les biens, lui est souvent, par la disposition de sa fortune, un lourd fardeau sous lequel il succombe : c'est alors qu'une femme et des enfants sont une violente tentation à la fraude, au mensonge, et aux gains illicites ; il se trouve entre la friponnerie et l'indigence : étrange situation !

Épouser une veuve, en bon françois, signifie faire sa fortune ; il n'opère pas toujours ce qu'il signifie.

62. Celui qui n'a de partage avec ses frères que pour vivre à l'aise bon praticien, veut être officier ; le simple officier se fait magistrat ; et le magistrat veut présider ; et ainsi de toutes les conditions où les hommes languissent serrés et in-

digents après avoir tenté au delà de leur fortune , et forcé, pour ainsi dire, leur destinée : incapables tout à la fois de ne pas vouloir être riches et de demeurer riches.

63. Dîne bien, *Cléarque*, soupe le soir, mets du bois au feu, achète un manteau, tapisse ta chambre : tu n'aimes point ton héritier; tu ne le connois point, tu n'en as point.

64. Jeune, on conserve pour sa vieillesse ; vieux, on épargne pour la mort. L'héritier prodigue paye de superbes funérailles, et dévore le reste.

65. L'avare dépense plus mort, en un seul jour, qu'il ne faisoit vivant en dix années; et son héritier plus en dix mois, qu'il n'a su faire lui-même en toute sa vie.

66. Ce que l'on prodigue, on l'ôte à son héritier : ce que l'on épargne sordidement, on se l'ôte à soi-même. Le milieu est justice pour soi et pour les autres.

67. Les enfants peut-être seroient plus chers à leurs pères, et réciproquement les pères à leurs enfants, sans le titre d'héritiers.

68. Triste condition de l'homme, et qui dégoûte de la vie! il faut suer, veiller, fléchir, dépendre, pour avoir un peu de fortune, ou la devoir à l'agonie de nos proches. Celui qui s'empêche de souhaiter que son père y passe bientôt, est homme de bien.

69. Le caractère de celui qui veut hériter de quelqu'un rentre dans celui du complaisant : nous ne sommes point mieux flattés, mieux obéis, plus suivis, plus entourés, plus cultivés, plus ménagés, plus caressés de personne pendant notre vie, que de celui qui croit gagner à notre mort, et qui desire qu'elle arrive.

70. Tous les hommes, par les postes différents, par les titres et par les successions, se regardent comme héritiers les uns des autres, et cultivent par cet intérêt, pendant tout le cours de leur vie, un desir secret et enveloppé de la mort d'autrui : le plus heureux dans chaque condition est celui qui a plus de choses à perdre par sa mort, et à laisser à son successeur.

71. L'on dit du jeu qu'il égale les conditions ; mais elles se trouvent quelquefois si étrangement disproportionnées, et il y a entre telle et telle condition un abîme d'intervalle si immense et si profond, que les yeux souffrent de voir de telles extrémités se rapprocher : c'est comme une musique qui détonne ; ce sont comme des couleurs mal assorties, comme des paroles qui jurent et qui offensent l'oreille, comme de ces bruits ou de ces sons qui font frémir ; c'est en un mot un renversement de toutes les bienséances. Si l'on m'oppose que c'est la pratique de tout l'Occident, je réponds que c'est peut-être aussi l'une de ces choses qui

nous rendent barbares à l'autre partie du monde,
et que les Orientaux qui viennent jusqu'à nous rem-
portent sur leurs tablettes : je ne doute pas même
que cet excès de familiarité ne les rebute davantage
que nous ne sommes blessés de leur *zombaye* [1] et
de leurs autres prosternations.

72. Une tenue d'États, ou les chambres assemblées
pour une affaire très-capitale, n'offrent point aux
yeux rien de si grave et de si sérieux qu'une table
de gens qui jouent un grand jeu : une triste sévérité
règne sur leurs visages ; implacables l'un pour
l'autre, et irréconciliables ennemis pendant que la
séance dure, ils ne reconnoissent plus ni liaisons,
ni alliance, ni naissance, ni distinctions : le hasard
seul, aveugle et farouche divinité, préside au cercle, et y décide souverainement : ils l'honorent tous
par un silence profond, et par une attention dont
ils sont partout ailleurs fort incapables ; toutes les
passions, comme suspendues, cèdent à une seule :
le courtisan alors n'est ni doux, ni flatteur, ni
complaisant, ni même dévot.

73. L'on ne reconnoît plus en ceux que le jeu et
le gain ont illustrés, la moindre trace de leur
première condition : ils perdent de vue leurs égaux,
et atteignent les plus grands seigneurs. Il est vrai

---

[1] Voyez les relations du royaume de Siam. (*Note de La Bruyère*.)

que la fortune du dé ou du lansquenet les remet souvent où elle les a pris.

74. Je ne m'étonne pas qu'il y ait des brelans publics, comme autant de piéges tendus à l'avarice des hommes, comme des gouffres où l'argent des particuliers tombe et se précipite sans retour, comme d'affreux écueils où les joueurs viennent se briser et se perdre; qu'il parte de ces lieux des émissaires pour savoir à heure marquée qui a descendu à terre avec un argent frais d'une nouvelle prise, qui a gagné un procès d'où on lui a compté une grosse somme, qui a reçu un don, qui a fait au jeu un gain considérable, quel fils de famille vient de recueillir une riche succession, ou quel commis imprudent veut hasarder sur une carte les deniers de sa caisse. C'est un sale et indigne métier, il est vrai, que de tromper; mais c'est un métier qui est ancien, connu, pratiqué de tout temps par ce genre d'hommes que j'appelle des brelandiers. L'enseigne est à leur porte, on y liroit presque : *Ici l'on trompe de bonne foi*; car se voudroient-ils donner pour irréprochables? Qui ne sait pas qu'entrer et perdre dans ces maisons est une même chose? Qu'ils trouvent donc sous leur main autant de dupes qu'il en faut pour leur subsistance, c'est ce qui me passe.

75. Mille gens se ruinent au jeu, et vous disent froidement qu'ils ne sauroient se passer de jouer :

quelle excuse! Y a-t-il une passion, quelque violente ou honteuse qu'elle soit, qui ne pût tenir ce même langage? Seroit-on reçu à dire qu'on ne peut se passer de voler, d'assassiner, de se précipiter? Un jeu effroyable, continuel, sans retenue, sans bornes, où l'on n'a en vue que la ruine totale de son adversaire, où l'on est transporté du desir du gain, désespéré sur la perte, consumé par l'avarice, où l'on expose sur une carte ou à la fortune du dé la sienne propre, celle de sa femme et de ses enfants, est-ce une chose qui soit permise ou dont l'on doive se passer? Ne faut-il pas quelquefois se faire une plus grande violence, lorsque, poussé par le jeu jusqu'à une déroute universelle, il faut même que l'on se passe d'habits et de nourriture, et de les fournir à sa famille?

Je ne permets à personne d'être fripon; mais je permets à un fripon de jouer un grand jeu : je le défends à un honnête homme. C'est une trop grande puérilité que de s'exposer à une grande perte.

76. Il n'y a qu'une affliction qui dure, qui est celle qui vient de la perte de biens : le temps, qui adoucit toutes les autres, aigrit celle-ci. Nous sentons à tous moments, pendant le cours de notre vie, où le bien que nous avons perdu nous manque.

77. Il fait bon avec celui qui ne se sert pas de son bien à marier ses filles, à payer ses dettes, ou

à faire des contrats, pourvu que l'on ne soit ni ses enfants ni sa femme.

78. Ni les troubles, *Zénobie*, qui agitent votre empire, ni la guerre que vous soutenez virilement contre une nation puissante depuis la mort du roi votre époux, ne diminuent rien de votre magnificence. Vous avez préféré à toute autre contrée les rives de l'Euphrate, pour y élever un superbe édifice; l'air y est sain et tempéré, la situation en est riante; un bois sacré l'ombrage du côté du couchant; les dieux de Syrie, qui habitent quelquefois la terre, n'y auroient pu choisir une plus belle demeure : la campagne autour est couverte d'hommes qui taillent et qui coupent, qui vont et qui viennent, qui roulent ou qui charrient le bois du Liban, l'airain, et le porphyre; les grues et les machines gémissent dans l'air, et font espérer à ceux qui voyagent vers l'Arabie de revoir à leur retour en leurs foyers ce palais achevé, et dans cette splendeur où vous desirez de le porter avant de l'habiter, vous et les princes vos enfants. N'y épargnez rien, grande Reine; employez-y l'or et tout l'art des plus excellents ouvriers; que les Phidias et les Zeuxis de votre siècle déploient toute leur science sur vos plafonds et sur vos lambris; tracez-y de vastes et de délicieux jardins, dont l'enchantement soit tel qu'ils ne paroissent pas faits de la main des hommes; épuisez vos trésors et votre industrie sur

cet ouvrage incomparable; et après que vous y aurez mis, Zénobie, la dernière main, quelqu'un de ces pâtres qui habitent les sables voisins de Palmyre, devenu riche par les péages de vos rivières, achètera un jour à deniers comptants cette royale maison, pour l'embellir, et la rendre plus digne de lui et de sa fortune [1].

79. Ce palais [2], ces meubles, ces jardins, ces belles eaux, vous enchantent, et vous font récrier d'une première vue sur une maison si délicieuse, et sur l'extrême bonheur du maître qui la possède. Il n'est plus; il n'en a pas joui si agréablement ni si tranquillement que vous; il n'y a jamais eu un jour serein, ni une nuit tranquille; il s'est noyé de dettes pour la porter à ce degré de beauté où elle vous ravit. Ses créanciers l'en ont chassé; il a tourné la tête, et il l'a regardée de loin une dernière fois; et il est mort de saisissement.

80. L'on ne sauroit s'empêcher de voir dans certaines familles ce qu'on appelle les caprices du

---

[1] Allusion aux embellissements que Courville, ancien valet de chambre du duc de La Rochefoucauld, devenu un puissant financier, fit au château de Saint-Maur, qu'il tenait du prince de Condé.

[2] Les clefs du dix-huitième siècle disent que La Bruyère a voulu désigner le château du Raincy, dont la construction coûta plus de quatre millions à Jacques Bordier, sieur du Raincy et de Bondy, intendant des finances, mort en 1660.

hasard ou les jeux de la fortune. Il y a cent ans
qu'on ne parloit point de ces familles, qu'elles
n'étoient point : le ciel tout d'un coup s'ouvre en
leur faveur : les biens, les honneurs, les dignités,
fondent sur elles à plusieurs reprises; elles nagent
dans la prospérité. *Eumolpe,* l'un de ces hommes
qui n'ont point de grands-pères, a eu un père du
moins qui s'étoit élevé si haut, que tout ce qu'il a
pu souhaiter pendant le cours d'une longue vie,
ç'a été de l'atteindre; et il l'a atteint. Étoit-ce dans
ces deux personnages éminence d'esprit, profonde
capacité? étoit-ce les conjonctures? La fortune enfin
ne leur rit plus; elle se joue ailleurs, et traite leur
postérité comme leurs ancêtres.

81. La cause la plus immédiate de la ruine et de
la déroute des personnes des deux conditions, de
la robe et de l'épée, est que l'état seul, et non le
bien, règle la dépense.

82. Si vous n'avez rien oublié pour votre fortune,
quel travail! Si vous avez négligé la moindre chose,
quel repentir!

83. *Giton* a le teint frais, le visage plein et les
joues pendantes, l'œil fixe et assuré, les épaules
larges, l'estomac haut, la démarche ferme et dé-
libérée. Il parle avec confiance; il fait répéter celui
qui l'entretient, et il ne goûte que médiocrement
tout ce qu'il lui dit. Il déploie un ample mouchoir,
et se mouche avec grand bruit; il crache fort

loin, et il éternue fort haut. Il dort le jour, il dort
la nuit, et profondément; il roufle en compagnie.
Il occupe à table et à la promenade plus de place
qu'un autre. Il tient le milieu en se promenant
avec ses égaux; il s'arrête, et l'on s'arrête; il continue de marcher, et l'on marche; tous se règlent
sur lui. Il interrompt, il redresse ceux qui ont la
parole; on ne l'interrompt pas, on l'écoute aussi
longtemps qu'il veut parler; on est de son avis,
on croit les nouvelles qu'il débite. S'il s'assied,
vous le voyez s'enfoncer dans un fauteuil, croiser
les jambes l'une sur l'autre, froncer le sourcil,
abaisser son chapeau sur ses yeux pour ne voir
personne, ou le relever ensuite, et découvrir son
front par fierté et par audace. Il est enjoué, grand
rieur, impatient, présomptueux, colére, libertin [1],
politique, mystérieux sur les affaires du temps; il
se croit des talents et de l'esprit. Il est riche.

Phédon a les yeux creux, le teint échauffé, le
corps sec, et le visage maigre : il dort peu, et d'un
sommeil fort léger; il est abstrait, rêveur, et il a
avec de l'esprit l'air d'un stupide : il oublie de
dire ce qu'il sait, ou de parler d'événements qui
lui sont connus; et s'il le fait quelquefois, il s'en
tire mal, il croit peser à ceux à qui il parle; il conte

---

[1] *Libertin :* au temps de La Bruyère, ce mot signifiait
irréligieux.

brièvement, mais froidement; il ne se fait pas
écouter, il ne fait point rire. Il applaudit, il sourit
à ce que les autres lui disent, il est de leur avis;
il court, il vole pour leur rendre de petits services.
Il est complaisant, flatteur, empressé; il est mystérieux sur ses affaires, quelquefois menteur; il est
superstitieux, scrupuleux, timide. Il marche doucement et légèrement; il semble craindre de fouler
la terre; il marche les yeux baissés, et il n'ose
les lever sur ceux qui passent. Il n'est jamais du
nombre de ceux qui forment un cercle pour discourir, il se met derrière celui qui parle, recueille
furtivement ce qui se dit, et il se retire si on le regarde. Il n'occupe point de lieu, il ne tient point
de place; il va les épaules serrées, le chapeau
abaissé sur ses yeux pour n'être point vu; il se
replie et se renferme dans son manteau : il n'y a
point de rues ni de galeries si embarrassées et si
remplies de monde où il ne trouve moyen de passer
sans effort, et de se couler sans être aperçu. Si on
le prie de s'asseoir, il se met à peine sur le bord
d'un siège : il parle bas dans la conversation; et il
articule mal : libre néanmoins avec ses amis sur
les affaires publiques, chagrin contre le siècle,
médiocrement prévenu des[1] ministres et du mi-

---

[1] Tel est le texte des éditions 6-9 : *Prévenu des ministres;* pour *prévenu en faveur des ministres?*

nistère. Il n'ouvre la bouche que pour répondre :
il tousse, il se mouche sous son chapeau ; il crache
presque sur soi, et il attend qu'il soit seul pour
éternuer, ou, si cela lui arrive, c'est à l'insu de la
compagnie : il n'en coûte à personne ni salut ni
compliment. Il est pauvre.

CHAPITRE VII.

DE LA VILLE.

1. L'on se donne à Paris, sans se parler, comme un rendez-vous public, mais fort exact, tous les soirs, au Cours[1] ou aux Tuileries, pour se regarder au visage et se désapprouver les uns les autres.

L'on ne peut se passer de ce même monde que l'on n'aime point, et dont on se moque.

L'on s'attend au passage réciproquement dans une promenade publique[2]; l'on y passe en revue l'un devant l'autre : carrosse, chevaux, livrées, armoiries, rien n'échappe aux yeux, tout est curieusement ou malignement observé; et, selon le plus ou le moins de l'équipage, ou l'on respecte les personnes, ou on les dédaigne.

2. Tout le monde connoît cette longue levée[3] qui borne et qui resserre le lit de la Seine du côté où elle entre à Paris avec la Marne qu'elle vient de recevoir : les hommes s'y baignent au pied pendant

---

[1] Le Cours-la-Reine, aux Champs-Élysées.
[2] Le bois de Vincennes, au mois de juin.
[3] Le quai Saint-Bernard.

les chaleurs de la canicule : on les voit de fort près
se jeter dans l'eau, on les en voit sortir : c'est un
amusement. Quand cette saison n'est pas venue,
les femmes de la ville ne s'y promènent pas encore,
et, quand elle est passée, elles ne s'y promèuent
plus [1].

3. Dans ces lieux d'un concours général, où les
femmes se rassemblent pour montrer une belle
étoffe, et pour recueillir le fruit de leur toilette,
on ne se promène pas avec une compagne par la
nécessité de la conversation ; on se joint ensemble
pour se rassurer sur le théâtre, s'apprivoiser avec
le public, et se raffermir contre la critique : c'est
là précisément qu'on se parle sans se rien dire, ou
plutôt qu'on parle pour les passants, pour ceux
même en faveur de qui l'on hausse sa voix ; l'on
gesticule et l'on badine, l'on penche négligemment
la tête, l'on passe, et l'on repasse.

4. La ville est partagée en diverses sociétés, qui
sont comme autant de petites républiques, qui out

---

[1] Dans ce temps-là, les hommes alloient se baigner dans
la Seine, au-dessus de la porte Saint-Bernard ; et, dans la
saison des bains, le bord de la rivière, à cet endroit, étoit
fréquenté par beaucoup de femmes. Plusieurs auteurs
satiriques ou comiques se sont moqués du choix peu
décent de cette promenade : LES BAINS DE LA PORTE SAINT-
BERNARD sont le titre d'une comédie jouée au Théâtre
italien, en 1696.

leurs lois, leurs usages, leur jargon et leurs mots
pour rire. Tant que cet assemblage est dans sa force,
et que l'entêtement subsiste, l'on ne trouve rien de
bien dit ou de bien fait que ce qui part des siens,
et l'on est incapable de goûter ce qui vient d'ailleurs ;
cela va jusqu'au mépris pour les gens qui ne sont
pas initiés dans leurs mystères. L'homme du monde
d'un meilleur esprit, que le hasard a porté au milieu
d'eux, leur est étranger. Il se trouve là comme
dans un pays lointain, dont il ne connoît ni les routes,
ni la langue, ni les mœurs, ni la coutume : il voit
un peuple qui cause, bourdonne, parle à l'oreille,
éclate de rire, et qui retombe ensuite dans un morne
silence ; il y perd son maintien, ne trouve pas où
placer un seul mot, et n'a pas même de quoi écouter.
Il ne manque jamais là un mauvais plaisant qui
domine, et qui est comme le héros de la société :
celui-ci s'est chargé de la joie des autres, et fait
toujours rire avant que d'avoir parlé. Si quelquefois une femme survient qui n'est point de leurs
plaisirs, la bande joyeuse ne peut comprendre
qu'elle ne sache point rire des choses qu'elle n'entend point, et paroisse insensible à des fadaises
qu'ils n'entendent eux-mêmes que parce qu'ils les
ont faites : ils ne lui pardonnent ni son ton de voix,
ni son silence, ni sa taille, ni son visage, ni son
habillement, ni son entrée, ni la manière dont elle
est sortie. Deux années cependant ne passent point

sur une même *coterie*. Il y a toujours, dès la première année, des semences de division pour rompre
dans celle qui doit suivre.. L'intérêt de la beauté,
les incidents du jeu, l'extravagance des repas, qui,
modestes au commencement, dégénèrent bientôt en
pyramides de viandes et en banquets somptueux,
dérangent la république, et lui portent enfin le
coup mortel : il n'est en fort peu de temps non
plus parlé de cette nation que des mouches de
l'année passée.

5. Il y a dans la ville la grande et la petite robe ;
et la première se venge sur l'autre des dédains de
la cour, et des petites humiliations qu'elle y essuie.
De savoir quelles sont leurs limites, où la grande
finit, et où la petite commence, ce n'est pas une
chose facile. Il se trouve même un corps considérable qui refuse d'être du second ordre, et à qui
l'on conteste le premier : il ne se rend pas néanmoins ; il cherche au contraire, par la gravité et
par la dépense, à s'égaler à la magistrature, on ne
lui cède qu'avec peine : on l'entend dire que la
noblesse de son emploi, l'indépendance de sa profession, le talent de la parole, et le mérite personnel,
balancent au moins les sacs de mille francs que le
fils du partisan ou du banquier a su payer pour
son office.

6. Vous moquez-vous de rêver en carrosse, ou
peut-être de vous y reposer? *Vite,* prenez votre

livre ou vos papiers, lisez, ne saluez qu'à peine
ces gens qui passent dans leur équipage : ils vous
en croiront plus occupé : ils diront : « Cet homme
est laborieux, infatigable; il lit, il travaille jusque
dans les rues ou sur la route. » Apprenez du moindre
avocat qu'il faut paroître accablé d'affaires, froncer
le sourcil, et rêver à rien très-profondément; savoir
à propos perdre le boire et le manger, ne faire
qu'apparoir dans sa maison, s'évanouir et se perdre
comme un fantôme dans le sombre de son cabinet;
se cacher au public, éviter le théâtre, le laisser à
ceux qui ne courent aucun risque à s'y montrer, qui
en ont à peine le loisir, aux GOMONT, aux DUHAMEL [1].

7. Il y a un certain nombre de jeunes magistrats
que les grands biens et les plaisirs ont associés à
quelques-uns de ceux qu'on nomme à la cour de
petits-maîtres : ils les imitent, ils se tiennent fort
au-dessus de la gravité de la robe, et se croient
dispensés par leur âge et par leur fortune d'être
sages et modérés. Ils prennent de la cour ce qu'elle
a de pire : ils s'approprient la vanité, la mollesse,
l'intempérance, le libertinage, comme si tous ces

---

[1] Jean de Gomont et George du Hamel, avocats distingués du dix-septième siècle, ont eu une célébrité mé-
ritée. — Du Hamel, choisi par Louis XIV pour la rédaction
des Ordonnances générales, conserva jusqu'à sa mort la
pension attachée à ces fonctions.

vices leur étoient dus; et, affectant ainsi un caractère
éloigné de celui qu'ils ont à soutenir, ils deviennent
enfin, selon leurs souhaits, des copies fidèles de
très-méchants originaux.

8. Un homme de robe à la ville, et le même à
la cour, ce sont deux hommes. Revenu chez soi, il
reprend ses mœurs, sa taille, et son visage, qu'il
y avoit laissés : il n'est plus ni si embarrassé, ni si
honnête.

9. Les *Crispins* se cotisent et rassemblent dans
leur famille jusqu'à six chevaux pour allonger un
équipage, qui, avec un essaim de gens de livrées,
où ils ont fourni chacun leur part, les fait triompher
au Cours ou à Vincennes, et aller de pair avec
les nouvelles mariées, avec *Jason* qui se ruine, et
avec *Thrason* qui veut se marier, et qui a con-
signé [1].

10. J'entends dire des *Sannions :* «Même nom,
mêmes armes; la branche aînée, la branche cadette,
les cadets de la seconde branche : ceux-là portent les
armes pleines, ceux-ci brisent d'un lambel, et les
autres d'une bordure dentelée.» Ils ont avec les
BOURBONS, sur une même couleur, un même métal;
ils portent, comme eux, deux et une : ce ne sont
pas des fleurs de lis, mais ils s'en consolent; peut-

---

[1] Déposé son argent au trésor public pour une grande
charge. (*Note de La Bruyère.*)

être dans leur cœur trouvent-ils leurs pièces aussi
honorables, et ils les ont communes avec de grands
seigneurs qui en sont contents : on les voit sur les
litres[1] et sur les vitrages, sur la porte de leur
château, sur le pilier de leur haute-justice, où ils
viennent de faire pendre un homme qui méritoit
le bannissement : elles s'offrent aux yeux de toutes
parts ; elles sont sur les meubles et sur les serrures ;
elles sont semées sur les carrosses : leurs livrées
ne déshonorent point leurs armoiries. Je dirois
volontiers aux Sannions : « Votre folie est pré-
maturée, attendez du moins que le siècle s'achève
sur votre race ; ceux qui ont vu votre grand-père,
qui lui ont parlé, sont vieux, et ne sauroient plus
vivre longtemps. Qui pourra dire comme eux :
« Là il étaloit, et vendoit très-cher ? »

Les Sannions et les Crispins veulent encore
davantage que l'on dise d'eux qu'ils font une grande
dépense, qu'ils n'aiment à la faire. Ils font un récit
long et ennuyeux d'une fête ou d'un repas qu'ils
ont donné ; ils disent l'argent qu'ils ont perdu au
jeu, et ils plaignent fort haut celui qu'ils n'ont pas
songé à perdre. Ils parlent jargon et mystère sur
de certaines femmes ; *ils ont* réciproquement *cent*
choses plaisantes à se conter ; ils ont fait depuis peu

---

[1] *Litre*, terme de blason. C'est une bande noire sur
laquelle on peint les armoiries.

des découvertes; ils se passent les uns aux autres qu'ils sont gens à belles aventures. L'un d'eux, qui s'est couché tard à la campagne, et qui voudroit dormir, se lève matin, chausse des guêtres, endosse un habit de toile, passe un cordon où pend le fourniment, renoue ses cheveux, prend un fusil; le voilà chasseur, s'il tiroit bien. Il revient de nuit, mouillé et recru [1], sans avoir tué. Il retourne à la chasse le lendemain, et il passe tout le jour à manquer des grives ou des perdrix.

Un autre, avec quelques mauvais chiens, auroit envie de dire : *Ma meute.* Il sait un rendez-vous de chasse, il s'y trouve, il est au laisser courre; il entre dans le fort, se mêle avec les piqueurs, il a un cor. Il ne dit pas, comme *Ménalippe : Ai-je du plaisir ?* il croit en avoir. Il oublie lois et procédure : c'est un Hippolyte. *Ménandre,* qui le vit hier sur un procès qui est en ses mains, ne reconnoîtroit pas aujourd'hui son rapporteur. Le voyez-vous le lendemain à sa chambre, où l'on va juger une cause grave et capitale? il se fait entourer de ses confrères, il leur raconte comme il n'a point perdu le cerf de meute, comme il s'est étouffé de crier après les chiens qui étoient en défaut, ou après ceux des chasseurs qui prenoient le change, qu'il a vu donner les six chiens. L'heure presse; il achève de

---

[1] *Recru,* fatigué.

leur parler des abois et de la curée, et il court
s'asseoir avec les autres pour juger.

11. Quel est l'égarement de certains particuliers
qui, riches du négoce de leurs pères, dont ils
viennent de recueillir la succession, se moulent
sur les princes pour leur garde-robe et pour leur
équipage, excitent, par une dépense excessive et
par un faste ridicule, les traits et la raillerie de
toute une ville qu'ils croient éblouir, et se ruinent
ainsi à se faire moquer de soi!

Quelques-uns n'ont pas même le triste avantage
de répandre leurs folies plus loin que le quartier
où ils habitent; c'est le seul théâtre de leur vanité.
L'on ne sait point dans l'Ile qu'*André*[1] brille au
Marais, et qu'il y dissipe son patrimoine : du moins,
s'il étoit connu dans toute la ville et dans ses fau-
bourgs, il seroit difficile qu'entre un si grand
nombre de citoyens qui ne savent pas tous juger
sainement de toutes choses, il ne s'en trouvât quelqu'un qui diroit de lui : *Il·est magnifique*, et qui
lui tiendroit compte des régals qu'il fait à *Xanthe*
et à *Ariston*, et des fêtes qu'il donne à *Élamire;*
mais il se ruine obscurément. Ce n'est qu'en faveur

---

[1] Les *André* sont nombreux et de tous les temps : voilà
pourquoi les faiseurs de clefs du dix-septième siècle n'ont
pu tomber d'accord sur le personnage que La Bruyère
avait en vue.

de deux ou trois personnes qui ne l'estiment point
qu'il court à l'indigence, et qu'aujourd'hui en carrosse, il n'aura pas dans six mois le moyen d'aller
à pied.

12. *Narcisse* se lève le matin pour se coucher le
soir ; il a ses heures de toilette comme une femme ;
il va tous les jours fort régulièrement à la belle
messe aux Feuillants ou aux Minimes : il est homme
d'un bon commerce, et l'on compte sur lui au quartier de ** pour un tiers ou pour un cinquième à
l'hombre ou au reversi. Là il tient le fauteuil quatre
heures de suite chez *Aricie,* où il risque chaque soir
cinq pistoles d'or. Il lit exactement la *Cazette de
Hollande* et le *Mercure galant :* il a lu Bergerac[1],
des Marets[2], Lesclache[3], les Historiettes de Barbin[4],
et quelques recueils de poésies. Il se promène avec
des femmes à la Plaine ou au Cours ; et il est d'une
ponctualité religieuse sur les visites. Il fera demain
ce qu'il fait aujourd'hui et ce qu'il fit hier ; et il
meurt ainsi après avoir-vécu.

13. Voilà un homme, dites-vous, que j'ai vu
quelque part : de savoir où, il est difficile ; mais
son visage m'est familier. — Il l'est à bien

---

[1] Cyrano. (*Note de La Bruyère.*)
[2] Saint-Sorlin. (*Note de La Bruyère.*)
[3] Louis de Lesclache, mort en 1671.
[4] Barbin, célèbre libraire.

d'autres; et je vais, s'il se peut, aider votre mémoire. Est-ce au boulevard sur un strapontin, ou aux Tuileries dans la grande allée, ou dans le balcon à la comédie? Est-ce au sermon, au bal, à Rambouillet [1]? Où pourriez-vous ne l'avoir point vu? où n'est-il point? S'il y a dans la place une fameuse exécution ou un feu de joie, il paroît à une fenêtre de l'Hôtel de ville; si l'on attend une magnifique entrée, il a sa place sur un échafaud; s'il se fait un carrousel, le voilà entré et placé sur l'amphithéâtre; si le Roi reçoit des ambassadeurs, il voit leur marche, il assiste à leur audience, il est en haie quand ils reviennent de leur audience. Sa présence est aussi essentielle aux serments des ligues suisses que celle du chancelier et des ligues mêmes. C'est son visage que l'on voit aux almanachs représenter le peuple ou l'assistance. Il y a une chasse publique, une *Saint-Hubert*, le voilà à cheval : on parle d'un camp et d'une revue, il est à Ouilles, il est à Achères. Il aime les troupes, la milice, la guerre ; il la voit de près, et jusques au fort de Bernardi. CHANLEY sait les marches, JACQUIER les vivres, DU METZ l'artillerie : celui-ci voit, il a vieilli sous le harnois en voyant, il est spectateur de profession, il ne fait rien de ce qu'un homme doit faire, il ne

---

[1] Magnifique jardin que le financier Nicolas de Rambouillet avait fait planter au faubourg Saint-Antoine.

sait rien de ce qu'il doit savoir; mais il a vu, dit-il, tout ce qu'on peut voir; et il n'aura point regret de mourir. Quelle perte alors pour toute la ville! Qui dira après lui : « Le Cours est fermé, on ne s'y promène point; le bourbier de Vincennes est desséché et relevé, on n'y versera plus? » Qui annoncera un concert, un beau salut, un prestige de la Foire? qui vous avertira que Beaumavielle [1] mourut hier, que Rochois [2] est enrhumée, et ne chantera de huit jours? Qui connoîtra comme lui un bourgeois à ses armes et à ses livrées? Qui dira : *« Scapin porte des fleurs de lis »*, et qui en sera plus édifié? Qui prononcera avec plus de vanité et d'emphase le nom d'une simple bourgeoise? Qui sera mieux fourni de vaudevilles? Qui prêtera aux femmes les *Annales galantes* et le *Journal amoureux?* qui saura comme lui chanter à table tout un dialogue de l'*Opéra*, et les fureurs de Roland [3] dans une ruelle? Enfin, puisqu'il y a à la ville comme ailleurs de fort sottes gens, des gens fades, oisifs, désoccupés, qui pourra aussi parfaitement leur convenir?

14. *Théramène* étoit riche et avoit du mérite; il

---

[1] Beaumavielle, célèbre basse-taille de l'Opéra, mort en 1688.

[2] Marthe le Rochois, cantatrice de l'Opéra de 1678 à 1697, morte en 1701.

[3] *Roland,* opéra de Quinault et Lulli.

a hérité, il est donc très-riche et d'un très-grand
mérite. Voilà toutes les femmes en campagne pour
l'avoir pour galant, et toutes les filles pour *épouseur*.
Il va de maisons en maisons faire espérer aux mères
qu'il épousera. Est-il assis, elles se retirent pour
laisser à leurs filles toute la liberté d'être aimables,
et à Théramène de faire ses déclarations. Il tient
ici contre le mortier; là il efface le cavalier ou le
gentilhomme. Un jeune homme fleuri, vif, enjoué,
spirituel, n'est pas souhaité plus ardemment ni
mieux reçu; on se l'arrache des mains, on a à peine
le loisir de sourire à qui se trouve avec lui dans une
même visite. Combien de galants va-t-il mettre en
déroute! quels bons partis ne fera-t-il pas manquer! Pourra-t-il suffire à tant d'héritières qui le
recherchent? Ce n'est pas seulement la terreur des
maris, c'est l'épouvantail de tous ceux qui ont envie
de l'être, et qui attendent d'un mariage à remplir
le vide de leur consignation. On devroit proscrire
de tels personnages si heureux, si pécunieux, d'une
ville bien policée; ou condamner le sexe, sous peine
de folie ou d'indignité, à ne les traiter pas mieux
que s'ils n'avoient que du mérite.

15. Paris, pour l'ordinaire le singe de la cour,
ne sait pas toujours la contrefaire; il ne l'imite en
aucune manière dans ces dehors agréables et ca-
ressants que quelques courtisans, et surtout les
femmes, y ont naturellement pour un homme de

mérite, et qui n'a même que du mérite : elles ne
s'informent ni de ses contrats ni de ses ancêtres;
elles le trouvent à la cour, cela leur suffit; elles le
souffrent, elles l'estiment; elles ne demandent pas
s'il est venu en chaise ou à pied, s'il a une charge,
une terre, ou un équipage : comme elles regorgent
de train, de splendeur, et de dignité, elles se dé-
lassent volontiers avec la philosophie ou la vertu.
Une femme de ville entend-elle le bruissement
d'un carrosse qui s'arrête à sa porte, elle petille
de goût et de complaisance pour quiconque est
dedans, sans le connoître : mais si elle a vu de sa
fenêtre un bel attelage, beaucoup de livrées, et que
plusieurs rangs de clous parfaitement dorés l'aient
éblouie, quelle impatience n'a-t-elle pas de voir
déja dans sa chambre le cavalier ou le magistrat!
quelle charmante réception ne lui fera-t-elle point!
ôtera-t-elle les yeux de dessus lui? Il ne perd rien
auprès d'elle; on lui tient compte des doubles sou-
pentes, et des ressorts qui le font rouler plus mollement : elle l'en estime davantage, elle l'en aime
mieux.

16. Cette fatuité de quelques femmes de la ville,
qui cause en elles une mauvaise imitation de celles
de la cour, est quelque chose de pire que la grossièreté des femmes du peuple, et que la rusticité
des villageoises : elle a sur toutes deux l'affectation de plus.

17. La subtile invention, de faire de magnifiques présents de noces qui ne coûtent rien, et qui doivent être rendus en espèce [1]!

18. L'utile et la louable pratique, de perdre en frais de noces le tiers de la dot qu'une femme apporte! de commencer par s'appauvrir de concert par l'amas et l'entassement de choses superflues, et de prendre déja sur son fonds de quoi payer Gaultier [2], les meubles, et la toilette!

19. Le bel et le judicieux usage que celui qui, préférant une sorte d'effronterie aux bienséances et à la pudeur, expose une femme d'une seule nuit sur un lit comme sur un théâtre, pour y faire pendant quelques jours un ridicule personnage, et la livre en cet état à la curiosité des gens de l'un et de l'autre sexe, qui, connus ou inconnus, accourent de toute une ville à ce spectacle pendant qu'il dure! Que manque-t-il à une telle coutume, pour être entièrement bizarre et incompréhensible, que d'être lue dans quelque relation de la Mingrélie?

20. Pénible coutume, asservissement incommode!

---

[1] Dans toutes les éditions du dix-septième siècle on lit *espèce* au singulier : La Bruyère l'a ainsi voulu. Ce mot signifie rendus *en nature* au marchand qui les a fournis.

[2] Gaultier, que Saint-Évremond a cité dans sa comédie des *Opéras*, était un riche marchand d'étoffes de soie, d'or et d'argent, qui demeuroit rue des Bourdonnais.

se chercher incessamment les unes les autres avec
l'impatience de ne se point rencontrer; ne se rencontrer que pour se dire des riens, que pour s'apprendre réciproquement des choses dont on est
également instruite, et dont il importe peu que l'on
soit instruite; n'entrer dans une chambre précisément que pour en sortir; ne sortir de chez soi
l'après-dînée que pour y rentrer le soir, fort satis-
faite d'avoir vu en cinq petites heures trois suisses,
une femme que l'on connoît à peine, et une autre
que l'on n'aime guère! Qui considéreroit bien le
prix du temps, et combien sa perte est irréparable,
pleureroit amèrement sur de si grandes misères.

21. On s'élève à la ville dans une indifférence
grossière des choses rurales et champêtres; on distingue à peine la plante qui porte le chanvre d'avec
celle qui produit le lin, et le blé froment d'avec
les seigles, et l'un ou l'autre d'avec le méteil : on
se contente de se nourrir et de s'habiller. Ne parlez
pas à un grand nombre de bourgeois ni de guérets,
ni de baliveaux, ni de provins, ni de regains, si
vous voulez être entendu : ces termes pour eux ne
sont pas françois. Parlez aux uns d'aunage, de
tarif, ou de sol pour livre, et aux autres de voie
d'appel, de requête civile, d'appointement, d'évo-
cation. Ils connoissent le monde, et encore par ce
qu'il a de moins beau et de moins spécieux; ils
ignorent la nature, ses commencements, ses pro-

grès, ses dons et ses largesses. Leur ignorance
souvent est volontaire, et fondée sur l'estime qu'ils
ont pour leur profession et pour leurs talents. Il
n'y a si vil praticien qui, au fond de son étude
sombre et enfumée, et l'esprit occupé d'une plus
noire chicane, ne se préfère au laboureur, qui jouit
du ciel, qui cultive la terre, qui sème à propos, et
qui fait de riches moissons; et, s'il entend quelquefois parler des premiers hommes ou des patriarches, de leur vie champêtre et de leur économie, il s'étonne qu'on ait pu vivre en de tels temps,
où il n'y avoit encore ni offices, ni commissions,
ni présidents, ni procureurs; il ne comprend pas
qu'on ait jamais pu se passer du greffe, du par-
quet, et de la buvette.

22. Les empereurs n'ont jamais triomphé à Rome
si mollement, si commodément, ni si sûrement
même, contre le vent, la pluie, la poudre, et le
soleil, que le bourgeois sait à Paris se faire mener
par toute la ville : quelle distance de cet usage à
la mule de leurs ancêtres! Ils ne savoient point
encore se priver du nécessaire pour avoir le superflu, ni préférer le faste aux choses utiles. On ne
les voyoit point s'éclairer avec des bougies et se
chauffer à un petit feu; la cire étoit pour l'autel et
pour le Louvre. Ils ne sortoient point d'un mauvais
dîner pour monter dans leur carrosse; ils se per-
suadoient que l'homme avoit des jambes pour

marcher, et ils marchoient. Ils se conservoient
propres quand il faisoit sec, et dans un temps humide ils gâtoient leur chaussure, aussi peu embarrassés de franchir les rues et les carrefours, que le
chasseur de traverser un guéret, ou le soldat de se
mouiller dans une tranchée. On n'avoit pas encore
imaginé d'atteler deux hommes à une litière; il y
avoit même plusieurs magistrats qui alloient à pied
à la chambre ou aux enquêtes, d'aussi bonne grace
qu'Auguste autrefois alloit de son pied au Capitole.
L'étain dans ce temps brilloit sur les tables et sur
les buffets, comme le fer et le cuivre dans les foyers :
l'argent et l'or étoient dans les coffres. Les femmes
se faisoient servir par des femmes; on mettoit
celles-ci jusqu'à la cuisine. Les beaux noms de gou-
verneurs et de gouvernantes n'étoient pas inconnus
à nos pères : ils savoient à qui l'on confioit les enfants des rois et des plus grands princes; mais ils
partageoient le service de leurs domestiques avec
leurs enfants, contents de veiller eux-mêmes immédiatement à leur éducation. Ils comptoient en
toutes choses avec eux-mêmes : leur dépense étoit
proportionnée à leur recette; leurs livrées, leurs
équipages, leurs meubles, leur table, leurs maisons
de la ville et de la campagne, tout étoit mesuré
sur leurs rentes et sur leur condition. Il y avoit
entre eux des distinctions extérieures qui empê-
choient qu'on ne prît la femme du praticien pour

celle du magistrat, et le roturier ou le simple valet pour le gentilhomme. Moins appliqués à dissiper ou à grossir leur patrimoine qu'à le maintenir, ils le laissoient entier à leurs héritiers, et passoient ainsi d'une vie modérée à une mort tranquille. Ils ne disoient point : *Le siècle est dur, la misère est grande, l'argent est rare;* ils en avoient moins que nous, et en avoient assez, plus riches par leur économie et par leur modestie que de leurs revenus et de leurs domaines. Enfin l'on étoit alors pénétré de cette maxime, que ce qui est dans les grands splendeur, somptuosité, magnificence, est dissipation, folie, ineptie, dans le particulier.

CHAPITRE VIII.

DE LA COUR.

1. Le reproche en un sens le plus honorable que l'on puisse faire à un homme, c'est de lui dire qu'il ne sait pas la cour : il n'y a sorte de vertus qu'on ne rassemble en lui par ce seul mot.

2. Un homme qui sait la cour est maître de son geste, de ses yeux, et de son visage : il est profond, impénétrable; il dissimule les mauvais offices, sourit à ses ennemis, contraint son humeur, déguise ses passions, dément son cœur, parle, agit contre ses sentiments. Tout ce grand raffinement n'est qu'un vice que l'on appelle fausseté; quelquefois aussi inutile au courtisan, pour sa fortune, que la franchise, la sincérité, et la vertu.

3. Qui peut nommer de certaines couleurs changeantes, et qui sont diverses selon les divers jours dont on les regarde? de même, qui peut définir la cour?

4. Se dérober à la cour un seul moment, c'est y renoncer : le courtisan qui l'a vue le matin la voit le soir pour la reconnoître le lendemain, ou afin que lui-même y soit connu.

5. L'on est petit à la cour; et, quelque vanité que l'on ait, on s'y trouve tel : mais le mal est commun, et les grands mêmes y sont petits.

6. La province est l'endroit d'où la cour, comme dans son point de vue, paroît une chose admirable : si l'on s'en approche, ses agréments diminuent, comme ceux d'une perspective que l'on voit de trop près.

7. L'on s'accoutume difficilement à une vie qui se passe dans une antichambre, dans des cours, ou sur l'escalier.

8. La cour ne rend pas content; elle empêche qu'on ne le soit ailleurs.

9. Il faut qu'un honnête homme ait tâté de la cour : il découvre, en y entrant, comme un nouveau monde qui lui étoit inconnu, où il voit régner également le vice et la politesse, et où tout lui est utile, le bon et le mauvais.

10. La cour est comme un édifice bâti de marbre; je veux dire qu'elle est composée d'hommes fort durs, mais fort polis.

11. L'on va quelquefois à la cour pour en revenir, et se faire par là respecter du noble de sa province, ou de son diocésain.

12. Le brodeur et le confiseur seroient superflus, et ne feroient qu'une montre inutile, si l'on étoit modeste et sobre : les cours seroient désertes, et les rois presque seuls, si l'on étoit guéri de la vanité

et de l'intérêt. Les hommes veulent être esclaves quelque part, et puiser là de quoi dominer ailleurs. Il semble qu'on livre en gros aux premiers de la cour l'air de hauteur, de fierté, et de commandement, afin qu'ils le distribuent en détail dans les provinces[1] : ils font précisément comme on leur fait, vrais singes de la royauté.

13. Il n'y a rien qui enlaidisse certains courtisans comme la présence du prince : à peine les puis-je reconnoître à leurs visages; leurs traits sont altérés, et leur contenance est avilie. Les gens fiers et superbes sont les plus défaits, car ils perdent plus du leur; celui qui est honnête et modeste s'y soutient mieux : il n'a rien à réformer.

14. L'air de cour est contagieux, il se prend à V**[2] comme l'accent normand à Rouen ou à Falaise : on l'entrevoit en des fourriers, en de petits contrôleurs, et en des chefs de fruiterie; l'on peut avec une portée d'esprit fort médiocre y faire de grands progrès. Un homme d'un génie élevé et d'un

---

[1] C'est ainsi que Voltaire a dit des courtisans : Ils

> Vont en poste à Versaille essuyer des mépris,
> Qu'ils reviennent soudain rendre en poste à Paris.

[2] C'est Versailles que La Bruyère désigne par cette lettre initiale. Dans la première édition de ses CARACTÈRES, il n'avoit pas même employé cette lettre; le nom tout entier étoit en blanc.

mérite solide ne fait pas assez de cas de cette espèce de talent pour faire son capital de l'étudier et de se le rendre propre; il l'acquiert sans réflexion, et il ne pense point à s'en défaire.

15. N** arrive avec grand bruit; il écarte le monde, se fait faire place; il gratte, il heurte[1] presque; il se nomme : on respire, et il n'entre qu'avec la foule.

16. Il y a dans les cours des apparitions de gens aventuriers et hardis, d'un caractère libre et familier, qui se produisent eux-mêmes, protestent qu'ils ont dans leur art toute l'habileté qui manque aux autres, et qui sont crus sur leur parole. Ils profitent cependant de l'erreur publique, ou de l'amour qu'ont les hommes pour la nouveauté : ils percent la foule, et parviennent jusqu'à l'oreille du prince, à qui le courtisan les voit parler, pendant qu'il se trouve heureux d'en être vu. Ils ont cela de commode pour les grands, qu'ils en sont soufferts sans conséquence, et congédiés de même : alors ils disparoissent tout à la fois riches et décrédités, et le monde qu'ils viennent de tromper est encore prêt d'être trompé par d'autres.

---

1 Il n'étoit pas permis de « heurter aux portes de la chambre, de l'antichambre ou des cabinets du Roi, » ni même d'un « grand » quel qu'il fût : l'étiquette exigeait que l'on grattât doucement de l'ongle. (Voyez *Dictionnaire* de FURETIÈRE, au mot *Gratter*.)

17. Vous voyez des gens qui entrent sans saluer que légèrement, qui marchent des épaules, et qui se rengorgent comme une femme : ils vous interrogent sans vous regarder ; ils parlent d'un ton élevé, et qui marque qu'ils se sentent au-dessus de ceux qui se trouvent présents ; ils s'arrêtent, et on les entoure : ils ont la parole, président au cercle, et persistent dans cette hauteur ridicule et contrefaite jusqu'à ce qu'il survienne un grand qui, la faisant tomber tout d'un coup par sa présence, les réduise à leur naturel, qui est moins mauvais.

18. Les cours ne sauroient se passer d'une certaine espèce de courtisans, hommes flatteurs, complaisants, insinuants, dévoués aux femmes, dont ils ménagent les plaisirs, étudient les foibles, et flattent toutes les passions ; ils leur soufflent à l'oreille des grossièretés, leur parlent de leurs maris et de leurs amants dans les termes convenables, devinent leurs chagrins, leurs maladies, et fixent leurs couches ; ils font les modes, raffinent sur le luxe et sur la dépense, et apprennent à ce sexe de prompts moyens de consumer de grandes sommes en habits, en meubles, et en équipages ; ils ont eux-mêmes des habits où brillent l'invention et la richesse, et ils n'habitent d'anciens palais qu'après les avoir renouvelés et embellis. Ils mangent délicatement et avec réflexion ; il n'y a sorte de volupté qu'ils n'essayent, et dont ils ne puissent rendre compte. Ils

doivent à eux-mêmes leur fortune, et ils la soutiennent avec la même adresse qu'ils l'ont élevée.
Dédaigneux et fiers, ils n'abordent plus leurs pareils,
ils ne les saluent plus; ils parlent où tous les autres
se taisent; entrent, pénètrent en des endroits et à
des heures où les grands n'osent se faire voir :
ceux-ci, avec de longs services, bien des plaies sur
le corps, de beaux emplois, ou de grandes dignités,
ne montrent pas un visage si assuré, ni une contenance si libre. Ces gens ont l'oreille des plus
grands princes, sont de tous leurs plaisirs et de
toutes leurs fêtes, ne sortent pas du Louvre ou du
Château[1], où ils marchent et agissent comme chez
eux et dans leur domestique, semblent se multiplier
en mille endroits, et sont toujours les premiers visages qui frappent les nouveaux venus à une cour :
ils embrassent, ils sont embrassés; ils rient, ils
éclatent, ils sont plaisants, ils font des contes :
personnes commodes, agréables, riches, qui prêtent,
et qui sont sans conséquence.

19. Ne croiroit-on pas de *Cimon* et de *Clitandre*
qu'ils sont seuls chargés des détails de tout l'État,
et que seuls aussi ils en doivent répondre? L'un a
du moins les affaires de terre, et l'autre les mari-
times. Qui pourroit les représenter exprimeroit
l'empressement, l'inquiétude, la curiosité, l'activité,

---

[1] Versailles.

sauroit peindre le mouvement. On ne les a jamais
vus assis, jamais fixes et arrêtés : qui même les a
vus marcher? On les voit courir, parler en courant,
et vous interroger sans attendre de réponse. Ils ne
viennent d'aucun endroit, ils ne vont nulle part;
ils passent et ils repassent. Ne les retardez pas dans
leur course précipitée, vous démonteriez leur machine; ne leur faites pas de questions, ou donnez-
leur du moins le temps de respirer et de se ressouvenir qu'ils n'ont nulle affaire, qu'ils peuvent demeurer avec vous et longtemps, vous suivre même
où il vous plaira de les emmener. Ils ne sont pas
les *Satellites de Jupiter*, je veux dire ceux qui pres-
sent et qui entourent le prince; mais ils l'annon-
cent et le précèdent : ils se lancent impétueusement
dans la foule des courtisans; tout ce qui se trouve
sur leur passage est en péril. Leur profession est
d'être vus et revus, et ils ne se couchent jamais
sans s'être acquittés d'un emploi si sérieux et si utile
à la république. Ils sont au reste instruits à fond
de toutes les nouvelles indifférentes, et ils savent
à la cour tout ce que l'on peut y ignorer : il ne leur
manque aucun des talents nécessaires pour s'avancer
médiocrement. Gens néanmoins éveillés et alertes
sur tout ce qu'ils croient leur convenir, un peu
entreprenants, légers et précipités. Le dirai-je? ils
portent au vent, attelés tous deux au char de la
Fortune, et tous deux fort éloignés de s'y voir assis.

20. Un homme de la cour, qui n'a pas un assez beau nom, doit l'ensevelir sous un meilleur; mais, s'il l'a tel qu'il ose le porter, il doit alors insinuer qu'il est de tous les noms le plus illustre, comme sa maison de toutes les maisons la plus ancienne : il doit tenir aux PRINCES LORRAINS, aux ROHANS, aux CHATILLONS, aux MONTMORENCIS, et, s'il se peut, aux PRINCES DU SANG ; ne parler que de ducs, de cardinaux, et de ministres; faire entrer dans toutes les conversations ses aïeux paternels et maternels, et y trouver place pour l'oriflamme et pour les croisades ; avoir des salles parées d'arbres généalogiques, d'écussons chargés de seize quartiers, et de tableaux de ses ancêtres et des alliés de ses ancêtres; se piquer d'avoir un ancien château à tourelles, à créneaux, et à mâchecoulis; dire en toute rencontre : *ma race, ma branche, mon nom, et mes armes ;* dire de celui-ci qu'il n'est pas homme de qualité, de celle-là qu'elle n'est pas demoiselle : ou, si on lui dit qu'*Hyacinthe* a eu le gros lot, demander s'il est gentilhomme. Quelques-uns riront de ces contretemps; mais il les laissera rire : d'autres en feront des contes, et il leur permettra de conter; il dira toujours qu'il marche après la maison régnante, et à force de le dire, il sera cru.

21. C'est une grande simplicité que d'apporter à la cour la moindre roture, et de n'y être pas gentilhomme.

22. L'on se couche à la cour et l'on se lève sur l'intérêt : c'est ce que l'on digère le matin et le soir, le jour et la nuit : c'est ce qui fait que l'on pense, que l'on parle, que l'on se tait, que l'on agit; c'est dans cet esprit qu'on aborde les uns et qu'on néglige les autres, que l'on monte et que l'on descend; c'est sur cette règle que l'on mesure ses soins, ses complaisances, son estime, son indifférence, son mépris. Quelques pas que quelques-uns fassent par vertu vers la modération et la sagesse, un premier mobile d'ambition les emmène avec les plus avares, les plus violents dans leurs desirs, et les plus ambitieux : quel moyen de demeurer immobile où tout marche, où tout se remue, et de ne pas courir où les autres courent? On croit même être responsable à soi-même de son élévation et de sa fortune : celui qui ne l'a point faite à la cour est censé ne l'avoir pas dû faire; on n'en appelle pas. Cependant s'en éloignera-t-on avant d'en avoir tiré le moindre fruit, ou persistera-t-on à y demeurer sans graces et sans récompenses? question si épineuse, si embarrassée, et d'une si pénible décision, qu'un nombre infini de courtisans vieillissent sur le oui et sur le non, et meurent dans le doute.

23. Il n'y a rien à la cour de si méprisable et de si indigne qu'un homme qui ne peut contribuer en rien à notre fortune : je m'étonne qu'il ose se montrer.

24. Celui qui voit loin derrière soi un homme de son temps et de sa condition, avec qui il est venu à la cour la première fois, s'il croit avoir une raison solide d'être prévenu de son propre mérite, et de s'estimer davantage que cet autre qui est demeuré en chemin, ne se souvient plus de ce qu'avant sa faveur il pensoit de soi-même et de ceux qui l'avoient devancé.

25. C'est beaucoup tirer de notre ami, si, ayant monté à une grande faveur, il est encore un homme de notre connoissance.

26. Si celui qui est en faveur ose s'en prévaloir avant qu'elle lui échappe, s'il se sert d'un bon vent qui souffle pour faire son chemin, s'il a les yeux ouverts sur tout ce qui vaque, poste, abbaye, pour les demander et les obtenir, et qu'il soit muni de pensions, de brevets, et de survivances, vous lui reprochez son avidité et son ambition; vous dites que tout le tente, que tout lui est propre, aux siens, à ses créatures, et que, par le nombre et la diversité des graces dont il se trouve comblé, lui seul a fait plusieurs fortunes. Cependant qu'a-t-il dû faire? Si j'en juge moins par vos discours que par le parti que vous auriez pris vous-même en pareille situation, c'est précisément ce qu'il a fait.

L'on blâme les gens qui font une grande fortune pendant qu'ils en ont les occasions, parce que l'on désespère, par la médiocrité de la sienne, d'être

jamais en état de faire comme eux, et de s'attirer
ce reproche. Si l'on étoit à portée de leur succéder,
l'on commenceroit à sentir qu'ils ont moins de tort,
et l'on seroit plus retenu, de peur de prononcer
d'avance sa condamnation.

27. Il ne faut rien exagérer, ni dire des cours le
mal qui n'y est point : l'on n'y attente rien de pis
contre le vrai mérite que de le laisser quelquefois
sans récompense : on ne l'y méprise pas toujours,
quand on a pu une fois le discerner : on l'oublie,
et c'est là où l'on sait parfaitement ne faire rien,
ou faire très-peu de chose, pour ceux que l'on estime beaucoup.

28. Il est difficile à la cour que, de toutes les
pièces que l'on emploie à l'édifice de sa fortune, il
n'y en ait quelqu'une qui porte à faux : l'un de mes
amis qui a promis de parler ne parle point ; l'autre
parle mollement : il échappe à un troisième de
parler contre mes intérêts et contre ses intentions :
à celui-là manque la bonne volonté, à celui-ci
l'habileté et la prudence : tous n'ont pas assez de
plaisir à me voir heureux pour contribuer de tout
leur pouvoir à me rendre tel. Chacun se souvient
assez de tout ce que son établissement lui a coûté
à faire, ainsi que des secours qui lui en ont frayé
le chemin : on seroit même assez porté à justifier
les services qu'on a reçus des uns par ceux qu'en
de pareils besoins on rendroit aux autres, si le

premier et l'unique soin qu'on a après sa fortune faite n'étoit pas de songer à soi.

29. Les courtisans n'emploient pas ce qu'ils ont d'esprit, d'adresse, et de finesse, pour trouver les expédients d'obliger ceux de leurs amis qui implorent leur secours, mais seulement pour leur trouver des raisons apparentes, de spécieux prétextes, ou ce qu'ils appellent une impossibilité de le pouvoir faire; et ils se persuadent d'être quittes par là en leur endroit de tous les devoirs de l'amitié ou de la reconnoissance.

Personne à la cour ne veut entamer; on s'offre d'appuyer; parce que, jugeant des autres par soi-même, on espère que nul n'entamera, et qu'on sera ainsi dispensé d'appuyer : c'est une manière douce et polie de refuser son crédit, ses offices et sa médiation à qui en a besoin.

30. Combien de gens vous étouffent de caresses dans le particulier, vous aiment et vous estiment, qui sont embarrassés de vous dans le public, et qui, au lever ou à la messe, évitent vos yeux et votre rencontre! Il n'y a qu'un petit nombre de courtisans qui, par grandeur ou par une confiance qu'ils ont d'eux-mêmes, osent honorer devant le monde le mérite qui est seul, et dénué de grands établissements.

31. Je vois un homme entouré et suivi; mais il est en place. J'en vois un autre que tout le monde

aborde; mais il est en faveur. Celui-ci est embrassé et caressé, même des grands; mais il est riche. Celui-là est regardé de tous avec curiosité, on le montre du doigt; mais il est savant et éloquent. J'en découvre un que personne n'oublie de saluer; mais il est méchant. Je veux un homme qui soit bon, qui ne soit rien davantage, et qui soit recherché.

32. Vient-on de placer quelqu'un dans un nouveau poste, c'est un débordement de louanges en sa faveur qui inonde les cours et la chapelle, qui gagne l'escalier, les salles, la galerie, tout l'appartement : on en a au-dessus des yeux; on n'y tient pas. Il n'y a pas deux voix différentes sur ce personnage; l'envie, la jalousie, parlent comme l'adulation : tous se laissent entraîner au torrent qui les emporte, qui les force de dire d'un homme ce qu'ils en pensent ou ce qu'ils n'en pensent pas, comme de louer souvent celui qu'ils ne connoissent point. L'homme d'esprit, de mérite ou de valeur, devient en un instant un génie du premier ordre, un héros, un demi-dieu. Il est si prodigieusement flatté dans toutes les peintures que l'on fait de lui, qu'il paroît difforme près de ses portraits : il lui est impossible d'arriver jamais jusqu'où la bassesse et la complaisance viennent de le porter; il rougit de sa propre réputation. Commence-t-il à chanceler dans ce poste où on l'avoit mis, tout le monde passe faci-

lement à un autre avis : en est-il entièrement déchu, les machines qui l'avoient guindé si haut par l'applaudissement et les éloges sont encore toutes dressées pour le faire tomber dans le dernier mépris ; je veux dire qu'il n'y en a point qui le dédaignent mieux, qui le blâment plus aigrement, et qui en disent plus de mal, que ceux qui s'étoient comme dévoués à la fureur d'en dire du bien.

33. Je crois pouvoir dire d'un poste éminent et délicat, qu'on y monte plus aisément qu'on ne s'y conserve.

34. L'on voit des hommes tomber d'une haute fortune par les mêmes défauts qui les y avoient fait monter.

35. Il y a dans les cours deux manières de ce que l'on appelle congédier son monde ou se défaire des gens : se fâcher contre eux, ou faire si bien qu'ils se fâchent contre vous, et s'en dégoûtent.

36. L'on dit à la cour du bien de quelqu'un pour deux raisons : la première, afin qu'il apprenne que nous disons du bien de lui ; la seconde, afin qu'il en dise de nous.

37. Il est aussi dangereux à la cour de faire les avances, qu'il est embarrassant de ne les point faire.

38. Il y a des gens à qui ne connoître point le nom et le visage d'un homme est un titre pour en rire et le mépriser. Ils demandent qui est cet

homme : ce n'est ni *Rousseau* [1], ni un *Fabri* [2], ni *la Couture* [3]; ils ne pourroient le méconnoître.

39. L'on me dit tant de mal de cet homme, et j'y en vois si peu, que je commence à soupçonner qu'il n'ait un mérite importun qui éteigne celui des autres.

40. Vous êtes homme de bien, vous ne songez ni à plaire ni à déplaire aux favoris, uniquement attaché à votre maître et à votre devoir : vous êtes perdu.

41. On n'est point effronté par choix, mais par complexion : c'est un vice de l'être, mais naturel : celui qui n'est pas né tel est modeste, et ne passe pas aisément de cette extrémité à l'autre : c'est une leçon assez inutile que de lui dire : « Soyez effronté,

---

[1] Cabaretier fameux, dont la maison, située rue d'Avignon, près de la rue Saint-Denis, était le rendez-vous des courtisans et des hommes de lettres.

[2] Brûlé il y a vingt ans. (*Note de La Bruyère.*) — Dans la première édition, La Bruyère avoit mis : *Puni pour des saletés.*

[3] La Couture, tailleur d'habits de Madame la Dauphine : il étoit devenu fou ; et, sur ce pied, il demeuroit à la cour, où il faisoit des contes fort extravagants. Il alloit souvent à la toilette de Madame la Dauphine. Dans une mascarade qui a pour titre *le Mariage de la Couture avec la grosse Cathos,* mise en musique par Philidor l'aîné et représentée devant le Dauphin en 1688, il est qualifié du titre de *Prince des Petites-Maisons.*

et vous réussirez; » une mauvaise imitation ne lui profiteroit pas, et le feroit échouer. Il ne faut rien de moins dans les cours qu'une vraie et naïve impudence pour réussir.

42. On cherche, on s'empresse, on brigue, on se tourmente, on demande, on est refusé, on demande et on obtient; « mais, dit-on, sans l'avoir demandé, et dans le temps que l'on n'y pensoit pas, et que l'on songeoit même à toute autre chose : » vieux style, menterie innocente, et qui ne trompe personne.

43. On fait sa brigue pour parvenir à un grand poste, on prépare toutes ses machines, toutes les mesures sont bien prises, et l'on doit être servi selon ses souhaits : les uns doivent entamer, les autres appuyer : l'amorce est déja conduite, et la mine prête à jouer : alors on s'éloigne de la cour. Qui oseroit soupçonner d'*Artemon* qu'il ait pensé à se mettre dans une si belle place, lorsqu'on le tire de sa terre ou de son gouvernement pour l'y faire asseoir? Artifice grossier, finesses usées, et dont le courtisan s'est servi tant de fois que, si je voulois donner le change à tout le public, et lui dérober mon ambition, je me trouverois sous l'œil et sous la main du prince pour recevoir de lui la grace que j'aurois recherchée avec le plus d'emportement.

44. Les hommes ne veulent pas que l'on découvre

les vues qu'ils ont sur leur fortune, ni que l'on pénètre qu'ils pensent à une telle dignité, parce que, s'ils ne l'obtiennent point, il y a de la honte, se persuadent-ils, à être refusés; et, s'ils y parviennent, il y a plus de gloire pour eux d'en être crus dignes par celui qui la leur accorde, que de s'en juger dignes eux-mêmes par leurs brigues et par leurs cabales : ils se trouvent parés tout à la fois de leur dignité et de leur modestie.

Quelle plus grande honte y a-t-il d'être refusé d'un poste que l'on mérite, ou d'y être placé sans le mériter?

Quelques grandes difficultés qu'il y ait à se placer à la cour, il est encore plus âpre et plus difficile de se rendre digne d'être placé.

Il coûte moins à faire dire de soi : « Pourquoi a-t-il obtenu ce poste ?» qu'à faire demander : « Pourquoi ne l'a-t-il pas obtenu? »

L'on se présente encore pour les charges de ville, l'on postule une place dans l'Académie françoise; l'on demandoit le consulat : quelle moindre raison y auroit-il de travailler les premières années de sa vie à se rendre capable d'un grand emploi, et de demander ensuite sans nul mystère et sans nulle intrigue, mais ouvertement et avec confiance, d'y servir sa patrie, son prince, la république?

45. Je ne vois aucun courtisan à qui le prince vienne d'accorder un bon gouvernement, une place

éminente, ou une forte pension, qui n'assure par vanité, ou pour marquer son désintéressement, qu'il est bien moins content du don que de la manière dont il lui a été fait. Ce qu'il y a en cela de sûr et d'indubitable, c'est qu'il le dit ainsi.

C'est rusticité que de donner de mauvaise grace : le plus fort et le plus pénible est de donner; que coûte-t-il d'y ajouter un sourire?

Il faut avouer néanmoins qu'il s'est trouvé des hommes qui refusoient plus honnêtement que d'autres ne savoient donner; qu'on a dit de quelques-uns qu'ils se faisoient si longtemps prier, qu'ils donnoient si sèchement, et chargeoient une grace qu'on leur arrachoit de conditions si désagréables, qu'une plus grande grace étoit d'obtenir d'eux d'être dispensé de rien recevoir[1].

46. L'on remarque dans les cours des hommes avides qui se revêtent de toutes les conditions pour en avoir les avantages : gouvernement, charge, bénéfice, tout leur convient : ils se sont si bien ajustés que, par leur état, ils deviennent capables de toutes les graces; ils sont *amphibies,* ils vivent de l'Église et de l'épée, et auront le secret d'y joindre la robe. Si vous demandez : « Que font ces

---

[1] Tel donne à pleines mains qui n'oblige personne :
La façon de donner vaut mieux que ce qu'on donne.

(P. CORNEILLE, *le Menteur,* acte I, scène I.)

gens à la cour?» ils reçoivent, et envient tous ceux à qui l'on donne.

47. Mille gens à la cour y traînent leur vie à embrasser, serrer, et congratuler ceux qui reçoivent, jusqu'à ce qu'ils y meurent sans rien avoir.

48. *Ménophile* emprunte ses mœurs d'une profession, et d'une autre son habit : il masque toute l'année, quoique à visage découvert : il paroît à la cour, à la ville, ailleurs, toujours sous un certain nom et sous le même déguisement. On le reconnoît, ét on sait quel il est à son visage.

49. Il y a, pour arriver aux dignités, ce qu'on appelle la grande voie ou le chemin battu; il y a le chemin détourné ou de traverse, qui est le plus court.

50. L'on court les malheureux pour les envisager; l'on se range en haie, ou l'on se place aux fenétres, pour observer les traits et la contenance d'un homme qui est condamné, et qui sait qu'il va mourir : vaine, maligne, inhumaine curiosité! Si les hommes étoient sages, la place publique seroit abandonnée, et il seroit établi qu'il y auroit de l'ignominie seulement à voir de tels spectacles. Si vous êtes si touchés de curiosité, exercez-la du moins en un sujet noble : voyez un heureux, contemplez-le dans le jour même où il a été nommé à un nouveau poste, et qu'il en reçoit les complimnents; lisez dans ses yeux, et au travers d'un calme

étudié et d'une feinte modestie, combien il est content et pénétré de soi-même : voyez quelle sérénité cet accomplissement de ses desirs répand dans son cœur et sur son visage; comme il ne songe plus qu'à vivre et à avoir de la santé; comme ensuite sa joie lui échappe, et ne peut plus se dissimuler; comme il plie sous le poids de son bonheur; quel air froid et sérieux il conserve pour ceux qui ne sont plus ses égaux : il ne leur répond pas, il ne les voit pas : les embrassements et les caresses des grands, qu'il ne voit plus de si loin, achèvent de lui nuire : il se déconcerte, il s'étourdit; c'est une courte aliénation. Vous voulez être heureux, vous desirez des graces; que de choses pour vous à éviter!

51. Un homme qui vient d'être placé ne se sert plus de sa raison et de son esprit pour régler sa conduite et ses dehors à l'égard des autres : il emprunte sa règle de son poste et de son état : de là l'oubli, la fierté, l'arrogance, la dureté, l'ingratitude.

52. *Théonas,* abbé depuis trente ans, se lassoit de l'être. On a moins d'ardeur et d'impatience de se voir habillé de pourpre qu'il en avoit de porter une croix d'or sur sa poitrine; et, parce que les grandes fêtes se passoient toujours sans rien changer à sa fortune, il murmuroit contre le temps présent, trouvoit l'État mal gouverné, et n'en prédisoit rien que de sinistre : convenant en son cœur que le mérite est dangereux dans les cours à qui

vent s'avancer, il avoit enfin pris son parti, et re-
noncé à la prélature, lorsque quelqu'un accourt
lui dire qu'il est nommé à un évêché. Rempli de
joie et de confiance sur une nouvelle si peu attendue : « Vous verrez, dit-il, que je n'en demeurerai
pas là, et qu'ils me feront archevêque. »

53. Il faut des fripons à la cour auprès des grands
et des ministres, même les mieux intentionnés ;
mais l'usage en est délicat, et il faut savoir les
mettre en œuvre. Il y a des temps et des occasions
où ils ne peuvent être suppléés par d'autres. Honneur, vertu, conscience, qualités toujours respectables, souvent inutiles : que voulez-vous quelquefois que l'on fasse d'un homme de bien?

54. Un vieil auteur[1], et dont j'ose ici rapporter les propres termes, de peur d'en affoiblir le
sens par ma traduction, dit que *s'eslongner des
petits, voire de ses pareils, et iceulx vilainer et
despriser, s'accointer de grands et puissans en
tous biens et chevances, et en cette leur cointise et
privauté estre de tous esbats, gabs, mommeries, et
vilaines besoignes; estre eshonté, saffranier et sans*

---

[1] La Bruyère, dans un des chapitres précédents, s'est
amusé à écrire quelques phrases en style de Montaigne. Il
est probable qu'il a fait la même chose ici, et que le passage du prétendu *vieil auteur* n'est qu'un pastiche de sa
composition.

point de vergogne ; endurer brocards et gausseries de tous chacuns, sans pour ce feindre de cheminer en avant, et à tout son entregent, engendre heur et fortune.

55. Jeunesse du prince, source des belles fortunes.

56. *Timante,* toujours le même , et sans rien perdre de ce mérite qui lui a attiré la première fois de la réputation et des récompenses, ne laissoit pas de dégénérer dans l'esprit des courtisans : ils étoient las de l'estimer, ils le saluoient froidement, ils ne lui sourioient plus ; ils commençoient à ne le plus joindre, ils ne l'embrassoient plus, ils ne le tiroient plus à l'écart pour lui parler mystérieusement d'une chose indifférente, ils n'avoient plus rien à lui dire. Il lui falloit cette pension ou ce nouveau poste dont il vient d'être honoré pour faire revivre ses vertus à demi effacées de leur mémoire, et en rafraîchir l'idée : ils lui font comme dans les commencements, et encore mieux.

57. Que d'amis, que de parents naissent en une nuit au nouveau ministre ! Les uns font valoir leurs anciennes liaisons, leur société d'études, les droits du voisinage ; les autres feuillettent leur généalogie, remontent jusqu'à un trisaïeul, rappellent le côté paternel et le maternel : l'on veut tenir à cet homme par quelque endroit, et l'on dit plusieurs fois le jour que l'on y tient ; on l'imprimeroit volontiers ;

*C'est mon ami, et je suis fort aise de son élévation,
j'y dois prendre part, il m'est assez proche.* Hommes
vains et dévoués à la fortune, fades courtisans,
parliez-vous ainsi il y a huit jours? Est-il devenu
depuis ce temps plus homme de bien, plus digne
du choix que le prince en vient de faire? Attendiez-
vous cette circonstance pour le mieux connoître?

58. Ce qui me soutient et me rassure contre les
petits dédains que j'essuie quelquefois des grands
et de mes égaux, c'est que je me dis à moi-même :
« Ces gens n'en veulent peut-être qu'à ma fortune.
et ils ont raison ; elle est bien petite. Ils m'ado-
reroient sans doute, si j'étois ministre. »

Dois-je bientôt être en place? le sait-il? est-ce en
lui un pressentiment? il me prévient, il me salue.

59. Celui qui dit : *Je dînai hier à Tibur,* ou *j'y
soupe ce soir,* qui le répète, qui fait entrer dix fois
le nom de *Plancus* dans les moindres conversations,
qui dit : *Plancus*[1] *me demandoit... Je disois à*

---

[1] Dans ce passage, ajouté aux Caractères en 1692, un
an après la mort de Louvois, il est difficile de ne pas reconnoître, sous le nom de *Plancus*, ce fameux ministre,
enlevé par une mort si *extraordinaire,* qu'on crut ne pouvoir l'expliquer que par le poison, et laissant une mémoire
si peu regrettée, qu'on dut être tenté de lui contester ses
qualités les plus incontestables, *la science des détails,*
une heureuse mémoire, et jusqu'au titre d'*homme sévère
et laborieux.* Si *Plancus* est Louvois, *Tibur* est Meudon,

Plancus..., celui-là même apprend dans ce moment que son héros vient d'être enlevé par une mort extraordinaire. Il part de la main [1], il rassemble le peuple dans les places ou sous les portiques, accuse le mort, décrie sa conduite, dénigre son consulat, lui ôte jusqu'à la science des détails que la voix publique lui accorde, ne lui passe point une mémoire heureuse, lui refuse l'éloge d'un homme sévère et laborieux, ne lui fait pas l'honneur de lui croire parmi les ennemis de l'empire un ennemi.

60. Un homme de mérite se donne, je crois, un joli spectacle lorsque la même place à une assemblée, ou à un spectacle, dont il est refusé, il la voit accorder à un homme qui n'a point d'yeux pour voir, ni d'oreilles pour entendre, ni d'esprit pour connoître et pour juger; qui n'est recommandable que par de certaines livrées, que même il ne porte plus.

61. *Théodote* [2], avec un habit austère, a un visage

habitation où Louvois avoit fait des dépenses royales, et tenoit une cour de monarque.

[1] *Il part de la main* : expression figurée, empruntée au style de manège, pour dire : *il part en courant*, comme un cheval lancé au galop.

[2] Les clefs nomment l'abbé de Choisy. En effet, la double qualité de courtisan et d'auteur semble lui convenir assez particulièrement, et le reste du portrait s'accorde assez avec l'idée qu'on a conservée de lui.

comique et d'un homme qui entre sur la scène :
sa voix, sa démarche, son geste, son attitude, accompagnent son visage. Il est fin, *cauteleux*, doucereux,
mystérieux ; il s'approche de vous, et il vous dit à
l'oreille : *Voilà un beau temps ; voilà un grand dégel.*
S'il n'a pas les grandes manières, il a du moins
toutes les petites, et celles même qui ne conviennent
guère qu'à une jeune précieuse. Imaginez-vous
l'application d'un enfant à élever un château de
cartes, ou à se saisir d'un papillon : c'est celle de
Théodote pour une affaire de rien, et qui ne mérite pas qu'on s'en remue : il la traite sérieusement,
et comme quelque chose qui est capital ; il agit,
il s'empresse, il la fait réussir : le voilà qui respire
et qui se repose, et il a raison : elle lui a coûté
beaucoup de peine. L'on voit des gens enivrés,
ensorcelés de la faveur : ils y pensent le jour, ils
y rêvent la nuit ; ils montent l'escalier d'un ministre, et ils en descendent ; ils sortent de son antichambre, et ils y rentrent ; ils n'ont rien à lui
dire, et ils lui parlent ; ils lui parlent une seconde
fois : les voilà contents, ils lui ont parlé. Pressez-
les, tordez-les, ils dégouttent l'orgueil, l'arrogance,
la présomption : vous leur adressez la parole, ils
ne vous répondent point, ils ne vous connoissent
point, ils ont les yeux égarés et l'esprit aliéné :
c'est à leurs parents à en prendre soin et à les renfermer, de peur que leur folie ne devienne fureur,

et que le monde n'en souffre. Théodote a une plus douce manie : il aime la faveur éperdument; mais sa passion a moins d'éclat : il lui fait des vœux en secret, il la cultive, il la sert mystérieusement; il est au guet et à la découverte sur tout ce qui paroît de nouveau avec les livrées de la faveur : ont-ils une prétention, il s'offre à eux, il s'intrigue pour eux, il leur sacrifie sourdement mérite, alliance, amitié, engagement, reconnoissance. Si la place d'un CASSINI devenoit vacante, et que le suisse ou le postillon du favori s'avisât de la demander, il appuieroit sa demande, il le jugeroit digne de cette place, il le trouveroit capable d'observer et de calculer, de parler de parélies et de parallaxes. Si vous demandiez de Théodote s'il est auteur ou plagiaire, original ou copiste, je vous donnerois ses ouvrages, et je vous dirois : « Lisez, et jugez. » Mais, s'il est dévot ou courtisan, qui pourroit le décider sur le portrait que j'en viens de faire? Je prononcerai plus hardiment sur son étoile. Oui, Théodote, j'ai observé le point de votre naissance; vous serez placé, et bientôt : ne veillez plus, n'imprimez plus; le public vous demande quartier.

62. N'espérez plus de candeur, de franchise, d'équité, de bons offices, de services, de bienveillance, de générosité, de fermeté, dans un homme qui s'est depuis quelque temps livré à la cour, et qui secrètement veut sa fortune. Le reconnoissez-

vous à son visage, à ses entretiens? Il ne nomme
plus chaque chose par son nom : il n'y a plus pour
lui de fripons, de fourbes, de sots, et d'impertinents :
celui dont il lui échapperoit de dire ce qu'il en
pense est celui-là même qui, venant à le savoir,
l'empêcheroit de *cheminer*; pensant mal de tout le
monde, il n'en dit de personne; ne voulant du
bien qu'à lui seul, il veut persuader qu'il en veut
à tous, afin que tous lui en fassent, ou que nul du
moins lui soit contraire. Non content de n'être pas
sincère, il ne souffre pas que personne le soit; la
vérité blesse son oreille : il est froid et indifférent sur les observations que l'on fait sur la cour
et sur le courtisan; et, parce qu'il les a entendues,
il s'en croit complice et responsable. Tyran de la
société et martyr de son ambition, il a une triste
circonspection dans sa conduite et dans ses discours,
une raillerie innocente, mais froide et contrainte,
un ris forcé, des caresses contrefaites, une conversation interrompue, et des distractions fréquentes. Il a une profusion, le dirai-je? des tor-
rents de louanges pour ce qu'a fait ou ce qu'a dit
un homme placé et qui est en faveur, et pour tout
autre une sécheresse de pulmonique; il a des formules de compliments différents pour l'entrée et
pour la sortie à l'égard de ceux qu'il visite ou dont
il est visité; et il n'y a personne de ceux qui se
payent de mines et de façons de parler qui ne sorte

d'avec lui fort satisfait. Il vise également à se faire
des patrons et des créatures : il est médiateur,
confident, entremetteur, il veut gouverner. Il a
une ferveur de novice pour toutes les petites pra-
tiques de cour; il sait où il faut se placer pour
être vu; il sait vous embrasser, prendre part à
votre joie, vous faire coup sur coup des questions
empressées sur votre santé, sur vos affaires; et,
pendant que vous lui répondez, il perd le fil de sa
curiosité, vous interrompt, entame un autre sujet;
ou, s'il survient quelqu'un à qui il doive un discours
tout différent, il sait, en achevant de vous congratuler, lui faire un compliment de condoléance; il
pleure d'un œil, et il rit de l'autre. Se formant
quelquefois sur les ministres ou sur le favori, il
parle en public de choses frivoles, du vent, de la
gelée : il se tait au contraire, et fait le mystérieux,
sur ce qu'il sait de plus important, et plus volontiers encore sur ce qu'il ne sait point.

63. Il y a un pays[1] où les joies sont visibles,
mais fausses, et les chagrins cachés, mais réels.
Qui croiroit que l'empressement pour les spectacles,
que les éclats et les applaudissements aux théâtres
de Molière et d'Arlequin, les repas, la chasse, les
ballets, les carrousels, couvrissent tant d'in-
quiétudes, de soins et de divers intérêts, tant de

[1] La cour.

craintes et d'espérances, des passions si vives, et
des affaires si sérieuses?

64. La vie de la cour est un jeu sérieux, mélan-
colique, qui applique : il faut arranger ses pièces
et ses batteries, avoir un dessein, le suivre, parer
celui de son adversaire, hasarder quelquefois, et
jouer de caprice; et après toutes ses rêveries et
toutes ses mesures, on est échec, quelquefois mat.
Souvent, avec des pions qu'on ménage bien, on
va à dame, et l'on gagne la partie : le plus habile
l'emporte, ou le plus heureux.

65. Les roues, les ressorts, les mouvements,
sont cachés; rien ne paroît d'une montre que son
aiguille, qui insensiblement s'avance et achève son
tour : image du courtisan d'autant plus parfaite,
qu'après avoir fait assez de chemin, il revient
souvent au même point d'où il est parti.

66. « Les deux tiers de ma vie sont écoulés; pourquoi tant m'inquiéter sur ce qui m'en reste? La
plus brillante fortune ne mérite point ni le tour-
ment que je me donne, ni les petitesses où je me
surprends, ni les humiliations, ni les hontes que
j'essuie : trente années détruiront ces colosses de
puissance qu'on ne voyoit bien qu'à force de lever
la tête; nous disparoîtrons, moi qui suis si peu de
chose, et ceux que je contemplois si avidement, et
de qui j'espérois toute ma grandeur : le meilleur
de tous les biens, s'il y a des biens, c'est le repos,

la retraite, et un endroit qui soit son domaine. »
N** a pensé cela dans sa disgrace, et l'a oublié
dans la prospérité.

67. Un noble, s'il vit chez lui dans sa province, il
vit libre, mais sans appui; s'il vit à la cour, il est
protégé, mais il est esclave : cela se compense.

68. *Xantippe*, au fond de sa province, sous un
vieux toit, et dans un mauvais lit, a rêvé pendant
la nuit, qu'il voyoit le prince, qu'il lui parloit, et
qu'il en ressentoit une extrême joie : il a été triste
à son réveil; il a conté son songe, et il a dit :
«Quelles chimères ne tombent point dans l'esprit
des hommes pendant qu'ils dorment! » Xantippe a
continué de vivre : il est venu à la cour, il a
vu le prince, il lui a parlé; et il a été plus loin
que son songe, il est favori.

69. Qui est plus esclave qu'un courtisan assidu,
si ce n'est un courtisan plus assidu?

70. L'esclave n'a qu'un maître; l'ambitieux en
a autant qu'il y a de gens utiles à sa fortune.

71. Mille gens à peine connus font la foule au
lever pour être vus du prince, qui n'en sauroit voir
mille à la fois; et, s'il ne voit aujourd'hui que
ceux qu'il vit hier et qu'il verra demain, combien
de malheureux!

72. De tous ceux qui s'empressent auprès des
grands et qui leur font la cour, un petit nombre
les honore dans le cœur, un grand nombre les re-

cherche par des vues d'ambition et d'intérêt, un plus grand nombre par une ridicule vanité ou par une sotte impatience de se faire voir.

73. Il y a de certaines familles qui, par les lois du monde, ou ce qu'on appelle de la bienséance, doivent être irréconciliables. Les voilà réunies ; et où la religion a échoué quand elle a voulu l'entreprendre, l'intérêt s'en joue, et le fait sans peine.

74. L'on parle d'une région [1] où les vieillards sont galants, polis, et civils, les jeunes gens au contraire durs, féroces, sans mœurs ni politesse : ils se trouvent affranchis de la passion des femmes dans un âge où l'on commence ailleurs à la sentir ; ils leur préfèrent des repas, des viandes, et des amours ridicules. Celui-là chez eux est sobre et modéré, qui ne s'enivre que de vin : l'usage trop fréquent qu'ils en ont fait le leur a rendu insipide. Ils cherchent à réveiller leur goût déja éteint par des eaux-de-vie, et par toutes les liqueurs les plus violentes : il ne manque à leur débauche que de boire de l'eau-forte. Les femmes du pays précipitent le déclin de leur beauté par des artifices qu'elles croient servir à les rendre belles : leur coutume est de peindre leurs lèvres, leurs joues, leurs sourcils, et leurs épaules, qu'elles étalent avec leur gorge, leurs bras, et leurs oreilles,

1 La cour.

comme si elles craignoient de cacher l'endroit par
où elles pourroient plaire, ou de ne pas se montrer assez. Ceux qui habitent cette contrée ont une
physionomie qui n'est pas nette, mais confuse,
embarrassée dans une épaisseur de cheveux étrangers qu'ils préfèrent aux naturels, et dont ils
font un long tissu pour couvrir leur tête : il descend
à la moitié du corps, change les traits, et empêche
qu'on ne connoisse les hommes à leur visage. Ces
peuples d'ailleurs ont leur dieu et leur roi : les
grands de la nation s'assemblent tous les jours, à
une certaine heure, dans un temple qu'ils nomment
église; il y a au fond de ce temple un autel
consacré à leur dieu, où un prêtre célèbre des
mystères qu'ils appellent saints, sacrés, et redou-
tables; les grands forment un vaste cercle au pied
de cet autel, et paroissent debout, le dos tourné
directement aux prêtres et aux saints mystères,
et les faces élevées vers leur roi, que l'on voit
à genoux sur une tribune, et à qui ils semblent
avoir tout l'esprit et tout le cœur appliqué. On ne
laisse pas de voir dans cet usage une espèce de
subordination : car ce peuple paroît adorer le
prince, et le prince adorer Dieu. Les gens du pays
le nomment ***[1] ; il est à quelque quarante-huit

---

[1] La Bruyère ayant parlé de la cour en style de relation,
et comme d'un pays lointain et inconnu, il y a eu quelque

degrés d'élévation du pôle, et à plus de onze cents
lieues de mer des Iroquois et des Hurons.

75. Qui considérera que le visage du prince fait
toute la félicité du courtisan, qu'il s'occupe et se
remplit pendant toute sa vie de le voir et d'en être
vu, comprendra un peu comment voir Dieu peut
faire toute la gloire et tout le bonheur des saints.

76. Les grands seigneurs sont pleins d'égards
pour les princes; c'est leur affaire, ils ont des inférieurs. Les petits courtisans se relâchent sur ces
devoirs, font les familiers, et vivent comme gens
qui n'ont d'exemples à donner à personne.

77. Que manque-t-il de nos jours à la jeunesse?
Elle peut, et elle sait; ou du moins quand elle
sauroit autant qu'elle peut, elle ne seroit pas plus
décisive.

78. Foibles hommes! un grand dit de *Timagène*,
votre ami, qu'il est un sot, et il se trompe. Je ne
demande pas que vous répliquiez qu'il est homme
d'esprit; osez seulement penser qu'il n'est pas un
sot.

De même il prononce d'*Iphicrate* qu'il manque
de cœur; vous lui avez vu faire une belle action :
rassurez-vous, je vous dispense de la raconter,

sottise de la part des éditeurs modernes à écrire en toutes
lettres le nom de *Versailles :* c'étoit d'un seul mot anéantir
tout l'esprit du passage.

pourvu qu'après ce que vous venez d'entendre vous vous souveniez encore de la lui avoir vu faire.

79. Qui sait parler aux rois, c'est peut-être où se termine toute la prudence et toute la souplesse du courtisan. Une parole échappe, et elle tombe de l'oreille du prince bien avant dans sa mémoire, et quelquefois jusque dans son cœur : il est impossible de la ravoir ; tous les soins que l'on prend et toute l'adresse dont on use pour l'expliquer ou pour l'affoiblir servent à la graver plus profondément et à l'enfoncer davantage. Si ce n'est que contre nous-mêmes que nous ayons parlé, outre que ce malheur n'est pas ordinaire, il y a encore un prompt remède, qui est de nous instruire par notre faute, et de souffrir la peine de notre légèreté ; mais, si c'est contre quelque autre, quel abattement ! quel repentir ! Y a-t-il une règle plus utile contre un si dangereux inconvénient, que de parler des autres au souverain, de leurs personnes, de leurs ouvrages, de leurs actions, de leurs mœurs, ou de leur conduite, du moins avec l'attention, les précautions, et les mesures dont on parle de soi ?

80. « Diseurs de bons mots, mauvais caractère : » je le dirois, s'il n'avoit été dit[1]. Ceux qui nuisent à la réputation ou à la fortune des autres, plutôt

---

[1] PASCAL, *Pensées*, première partie, art. IX, 22, t. Ier, p. 182, édition Lefèvre et Brière ; 1824, in-32.)

que de perdre un bon mot, méritent une peine in-
famante : cela n'a pas été dit, et je l'ose dire.

81. Il y a un certain nombre de phrases toutes
faites que l'on prend comme dans un magasin, et
dont l'on se sert pour se féliciter les uns les autres
sur les événements. Bien qu'elles se disent souvent
sans affection, et qu'elles soient reçues sans reconnoissance, il n'est pas permis avec cela de les
omettre, parce que du moins elles sont l'image de
ce qu'il y a au monde de meilleur, qui est l'amitié,
et que les hommes, ne pouvant guère compter les
uns sur les autres pour la réalité, semblent être
convenus entre eux de se contenter des apparences.

82. Avec cinq ou six termes de l'art, et rien de
plus, l'on se donne pour connoisseur en musique,
en tableaux, en bâtiments et en bonne chère : l'on
croit avoir plus de plaisir qu'un autre à entendre,
à voir et à manger ; l'on impose à ses semblables,
et l'on se trompe soi-même.

83. La cour n'est jamais dénuée d'un certain
nombre de gens en qui l'usage du monde, la politesse ou la fortune, tiennent lieu d'esprit, et sup-
pléent au mérite. Ils savent entrer et sortir ; ils se
tirent de la conversation en ne s'y mêlant point ;
ils plaisent à force de se taire, et se rendent importants par un silence longtemps soutenu, ou tout
au plus par quelques monosyllabes ; ils payent de
mines, d'une inflexion de voix, d'un geste, et d'un

sourire : ils n'ont pas, si je l'ose dire, deux pouces de profondeur ; si vous les enfoncez, vous rencontrez le tuf.

84. Il y a des gens à qui la faveur arrive comme un accident ; ils en sont les premiers surpris et consternés. Ils se reconnoissent enfin, et se trouvent dignes de leur étoile ; et comme si la stupidité et la fortune étoient deux choses incompatibles, ou qu'il fût impossible d'être heureux et sot tout à la fois, ils se croient de l'esprit ; ils hasardent, que dis-je ? ils ont la confiance de parler en toute rencontre, et sur quelque matière qui puisse s'offrir, et sans nul discernement des personnes qui les écoutent. Ajouterai-je qu'ils épouvantent ou qu'ils donnent le dernier dégoût par leur fatuité et par leurs fadaises ? Il est vrai du moins qu'ils déshonorent sans ressource ceux qui ont quelque part au hasard de leur élévation.

85. Comment nommerai-je cette sorte de gens qui ne sont fins que pour les sots ? Je sais du moins que les habiles les confondent avec ceux qu'ils savent tromper.

C'est avoir fait un grand pas dans la finesse que de faire penser de soi que l'on n'est que médiocrement fin [1].

---

[1] La Rochefoucauld exprime la même pensée quand il dit : « C'est une grande habileté que de savoir cacher son habileté. » (*Maxime* 245.)

⁌ La finesse n'est ni une trop bonne ni une trop mauvaise qualité; elle flotte entre le vice et la vertu. Il n'y a point de rencontre où elle ne puisse, et peut-être où elle ne doive, être suppléée par la prudence.

La finesse est l'occasion prochaine de la fourberie; de l'une à l'autre le pas est glissant : le mensonge seul en fait la différence; si on l'ajonte à la finesse, c'est fourberie.

Avec les gens qui par finesse écoutent tout, et parlent peu, parlez encore moins; ou, si vous parlez beaucoup, dites peu de chose.

86. Vous dépendez, dans une affaire qui est juste et importante, du consentement de deux personnes. L'un vous dit : « J'y donne les mains, pourvu qu'un tel y condescende; » et ce tel y condescend, et ne desire plus que d'être assuré des intentions de l'autre. Cependant rien n'avance : les mois, les années, s'écoulent inutilement : « Je m'y perds, dites-vous, et je n'y comprends rien : il ne s'agit que de faire qu'ils s'abouchent, et qu'ils se parlent. » Je vous dis, moi, que j'y vois clair, et que j'y comprends tout : ils se sont parlé.

87. Il me semble que qui sollicite pour les autres a la confiance d'un homme qui demande justice, et qu'en parlant ou en agissant pour soi-même on a l'embarras et la pudeur de celui qui demande grace.

88. Si l'on ne se précautionne à la cour contre les piéges que l'on y tend sans cesse pour faire tomber dans le ridicule, l'on est étonné, avec tout son esprit, de se trouver la dupe de plus sots que soi.

89. Il y a quelques rencontres dans la vie où la vérité et la simplicité sont le meilleur manège du monde [1].

90. Êtes-vous en faveur, tout manège est bon, vous ne faites point de fautes, tous les chemins vous mènent au terme [2] : autrement tout est faute, rien n'est utile, il n'y a point de sentier qui ne vous égare.

91. Un homme qui a vécu dans l'intrigue un certain temps ne peut plus s'en passer : toute autre vie pour lui est languissante.

92. Il faut avoir de l'esprit pour être homme de cabale : l'on peut cependant en avoir à un certain point que l'on est au-dessus de l'intrigue et de la cabale, et que l'on ne sauroit s'y assujettir; l'on va alors à une grande fortune ou à une haute réputation par d'autres chemins.

---

1 « Il est difficile de juger si un procédé net, sincère et honnête est un effet de probité ou d'habileté. » (LA ROCHEFOUCAULD, *Maxime* 170.)

2 « La fortune tourne tout à l'avantage de ceux qu'elle favorise. » (LA ROCHEFOUCAULD, *Maxime* 60.)

93. Avec un esprit sublime, une doctrine universelle, une probité à toutes épreuves, et un mérite très-accompli, n'appréhendez pas, ô *Aristide*, de tomber à la cour ou de perdre la faveur des grands, pendant tout le temps qu'ils auront besoin de vous.

94. Qu'un favori s'observe de fort près; car, s'il me fait moins attendre dans son antichambre qu'à l'ordinaire, s'il a le visage plus ouvert, s'il fronce moins le sourcil, s'il m'écoute plus volontiers, et s'il me reconduit un peu plus loin, je penserai qu'il commence à tomber, et je penserai vrai.

L'homme a bien peu de ressources dans soi-même, puisqu'il lui faut une disgrace ou une mortification pour le rendre plus humain, plus traitable, moins féroce, plus honnête homme.

95. L'on contemple dans les cours de certaines gens, et l'on voit bien à leurs discours et à toute leur conduite qu'ils ne songent ni à leurs grands-pères ni à leurs petits-fils : le présent est pour eux; ils n'en jouissent pas, ils en abusent.

96. *Straton*[1] est né sous deux étoiles : malheureux,

---

[1] Ce n'est pas ici un caractère, c'est-à-dire la peinture d'une espèce d'hommes; c'est le portrait d'un individu, d'un homme à part; et cet homme est évidemment le duc de Lauzun, dont la destinée, le caractère, et l'esprit, offrirent tous les extrêmes, et réunirent tous les contraires, que La Bruyère a marqués dans cette peinture.

heureux dans le même degré. Sa vie est un roman : non, il lui manque le vraisemblable. Il n'a
point eu d'aventures, il a eu de beaux songes, il
en a eu de mauvais : que dis-je, on ne rêve point
comme il a vécu. Personne n'a tiré d'une destinée
plus qu'il a fait; l'extrême et le médiocre lui sont
connus : il a brillé, il a souffert, il a mené une vie
commune; rien ne lui est échappé. Il s'est fait
valoir par des vertus qu'il assuroit fort sérieusement
qui étoient en lui; il a dit de soi : *J'ai de l'esprit,
j'ai du courage;* et tous ont dit après lui : *Il a de
l'esprit, il a du courage.* Il a exercé dans l'une et
l'autre fortune le génie du courtisan, qui a dit de
lui plus de bien peut-être et plus de mal qu'il n'y
en avoit. Le joli, l'aimable, le rare, le merveilleux,
l'héroïque, ont été employés à son éloge; et tout le
contraire a servi depuis pour le ravaler : caractère
équivoque, mêlé, enveloppé; une énigme, une
question presque indécise.

97. La faveur met l'homme au-dessus de ses
égaux; et sa chute au-dessous.

98. Celui qui, un beau jour, sait renoncer ferme-
ment ou à un grand nom, ou à une grande autorité,
ou à une grande fortune, se délivre en un moment
de bien des peines, de bien des veilles, et quelquefois de bien des crimes.

99. Dans cent ans le monde subsistera encore en
son entier : ce sera le même théâtre et les mêmes

décorations; ce ne seront plus les mêmes acteurs. Tout ce qui se réjouit sur une grace reçue, ou ce qui s'attriste et se désespère sur un refus, tous auront disparu de dessus la scène. Il s'avance déja sur le théâtre d'autres hommes qui vont jouer dans une même pièce les mêmes rôles : ils s'évanouiront à leur tour; et ceux qui ne sont pas encore, un jour ne seront plus : de nouveaux acteurs ont pris leur place; quel fond à faire sur un personnage de comédie!

100. Qui a vu la cour a vu du monde ce qui est le plus beau, le plus spécieux, et le plus orné : qui méprise la cour, après l'avoir vue, méprise le monde.

101. La ville dégoûte de la province; la cour détrompe de la ville, et guérit de la cour.

Un esprit sain puise à la cour le goût de la solitude et de la retraite.

FIN DU PREMIER VOLUME.

TABLE

DES MATIÈRES CONTENUES DANS CE VOLUME.

FIN DE LA TABLE.

Lightning Source UK Ltd.
Milton Keynes UK
UKHW041204130219
337000UK00006BA/402/P